北京市支援合作办公室资助项目

北京扶贫支援典型案例集

连玉明 主编
北京国际城市发展研究院 首都科学决策研究会 编

北京出版集团
北京人民出版社

图书在版编目（CIP）数据

京心聚力：北京扶贫支援典型案例集 / 连玉明主编；北京国际城市发展研究院，首都科学决策研究会编. — 北京：北京人民出版社，2022.7
ISBN 978-7-5300-0556-9

Ⅰ. ①京… Ⅱ. ①连… ②北… ③首… Ⅲ. ①扶贫—案例—北京 Ⅳ. ① F127.1

中国版本图书馆 CIP 数据核字（2022）第 094461 号

地图审图号：GS 京（2022）0874 号

总　策　划：高立志	责任编辑：侯天保
责任印制：燕雨萌	封面设计：田　晗
责任营销：猫　娘	

京心聚力
北京扶贫支援典型案例集
JING XIN JU LI
连玉明　主编
北京国际城市发展研究院　首都科学决策研究会　编

出　　　版	北京出版集团
	北京人民出版社
地　　　址	北京北三环中路 6 号
邮　　　编	100120
网　　　址	www.bph.com.cn
总　发　行	北京出版集团
印　　　刷	北京华联印刷有限公司
经　　　销	新华书店
开　　　本	710 毫米 × 1000 毫米　1/16
印　　　张	22.5
插　　　图	124
字　　　数	357 千字
版　　　次	2022 年 7 月第 1 版
印　　　次	2022 年 7 月第 1 次印刷
书　　　号	ISBN 978-7-5300-0556-9
定　　　价	98.00 元

如有印装质量问题，由本社负责调换
质量监督电话　010-58572393

全国脱贫攻坚总结表彰大会现场

脱贫攻坚精神

上 下 同 心

尽 锐 出 战

精 准 务 实

开 拓 创 新

攻 坚 克 难

不 负 人 民

北京市扶贫协作总结表彰大会现场

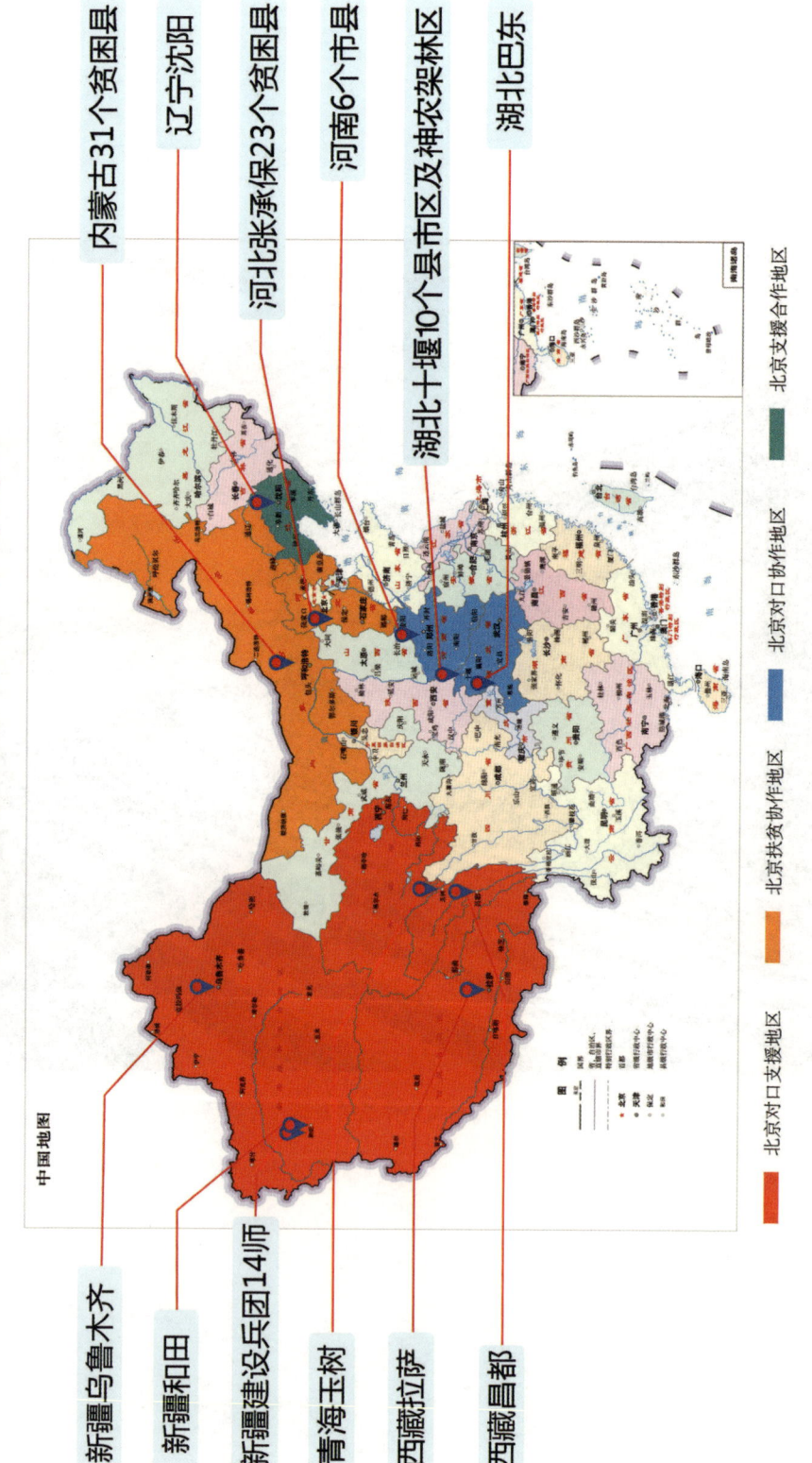

顾　问

丁　勇　　姚忠阳　　汪兆龙　　孙占生　　梁　义

赵振业　　周　健　　李明宗　　赵　勇　　张俊丰

孙燕清　　何晓刚　　邵明阳　　向传杰　　孙德康

郝延鸿　　闫　石　　孟爱琴　　李洪涛　　袁　振

编辑委员会

主　　　编　连玉明

执 行 主 编　石龙学

主要编写人员　石龙学　孙　胜　李雪菲

美 术 编 辑　胡　凯　张照荷

前　言

贫困是人类社会的顽疾，摆脱贫困一直是困扰全球发展和治理的突出难题。党的十八大以来，以习近平总书记为核心的党中央团结带领全党全国各族人民，组织推进人类历史上规模空前、力度最大、惠及人口最多的脱贫攻坚战，让近1亿人摆脱绝对贫困，完成了消除绝对贫困的艰巨任务，提前10年实现联合国可持续发展议程确定的减贫目标，创造了减贫治理的中国样本，为全球减贫事业做出了重大贡献。

东西部扶贫协作和对口支援，是推动区域协调发展、协同发展、共同发展的大战略，是加强区域合作、优化产业布局、拓展对内对外开放新空间的大布局，是实现先富帮后富，最终实现共同富裕目标的大举措。北京市没有国家标准下的贫困人口，脱贫攻坚战期间，北京市承担着党中央交给的对口帮扶内蒙古自治区呼和浩特市、乌兰察布市、赤峰市、通辽市、兴安盟、锡林郭勒盟、呼伦贝尔市等7个盟市的原31个国家级贫困旗县，以及河北省张家口市、承德市、保定市的23个区县的扶贫协作任务，对口支援西藏自治区拉萨市"两区两县"（城关区、堆龙德庆区、当雄县、尼木县），新疆维吾尔自治区和田地区"一市三县"（和田市、和田县、墨玉县、洛浦县）及新疆生产建设兵团第十四师5个团场，青海省玉树州"一市五县"（玉树市、囊谦县、治多县、称多县、曲麻莱县、杂多县），共73个县级地区纳入国家脱贫攻坚考核。此外，北京还对口支援湖北省恩施州巴东县（三峡库区移民县之一），与湖北、河南两省南水北调中线工程水源区（湖北省十堰市所属县区和神农架林区、河南省6个县市）开展对口协作（这17个县市区有扶贫帮扶项目但不纳入国家脱贫攻坚考核）。

北京市始终坚持以习近平扶贫工作重要论述为指引，深入贯彻党中央、国务院脱贫攻坚决策部署，时刻牢记"看北京首先从政治上看"的要求，把扶贫支援作为光荣的政治任务、义不容辞的责任和分内之事，立标杆、作示范。"十三五"期间，全市共投入市区两级财政帮扶资金292亿余元，实施项目7234个，选派干部人才8115人次，培训各类人员25.4万人次，推动消费扶贫达530多亿元。经过援受双方持续不懈努力，北京市帮扶的纳入中央考核的73个贫困县级地区全部摘帽、200.6万贫困人口全部脱贫，解决了区域性整体贫困，圆满完成了党中央、国务院交给的任务，为受援地区乡村振兴打下坚实基础。北京市连续3年在国家东西部扶贫协作考核评价中位居全国前列，7名个人和3家单位获全国脱贫攻坚奖，25人获全国脱贫攻坚先进个人、20个单位获全国脱贫攻坚先进集体荣誉称号。

在扶贫支援工作中，北京市充分发挥首都教育、医疗、科技、文化、信息、人才、市场等优势，结合受援地区资源禀赋和实际需求，充分调动各方面的积极性，扶贫和扶志扶智相结合，造血与输血并重，着力增强受援地区自我发展能力，精准施策，锐意创新，在产业帮扶、消费帮扶、就业帮扶、教育帮扶、健康帮扶、科技帮扶、文旅帮扶和社会帮扶等方面深入探索，形成生动实践，创造了一批典型经验案例，打造出一批北京特色扶贫支援品牌。我们选取56个具有典型代表性、效果好受益广、特色鲜明、创新性和可持续性强的典型案例，汇编成《京心聚力——北京扶贫支援典型案例集》一书。这些案例是北京市扶贫支援工作成效的具体体现，以点带面反映了北京市扶贫支援工作成果。编辑出版此书既是从一个侧面对北京市扶贫支援工作的总结，也是讲好中国脱贫攻坚北京故事的一个尝试。

作为彰显我国社会主义集中力量办大事的政治优势的一项制度，和党中央着眼推动区域协调发展、促进共同富裕做出的重大决策，东西部协作和对口支援将长期坚持下去。顺应全党"三农"工作重心历史性地转移到全面推进乡村振兴上的大趋势，北京市正深入贯彻落实习近平总书记关于东西部协作和对口支援工作的指示精神和新要求，立足新发展阶段、贯彻新发展理念、构建新发展格局，坚持首善标准，与受援地携手巩固拓展脱贫攻坚成果，全面推进乡村振兴，朝着共同富裕的目标稳步迈进，努力谱写支援合作工作的新篇章，此书的出版对于进一步做好北京市支援合作工作也具有借鉴参考意义。

编　者

2021年12月

目 录
contents

产业帮扶篇

让小土豆变成农民脱贫致富的"金豆豆"
　　——凯达恒业乌兰察布马铃薯产业园案例 / 3

打造服务首都的"中央厨房"和内蒙古乡村振兴的"助推器"
　　——乌兰察布宏福现代农业产业园案例 / 9

创新扶贫模式　带动整村脱贫
　　——锡华集团结对帮扶宁城县大窝铺村案例 / 16

"光伏"照亮贫困群众脱贫致富路
　　——昌平区帮扶太仆寺旗打造"光伏+"产业案例 / 21

传承非遗文化　"绣"出一片新天地
　　——通州区帮扶科右中旗发展壮大蒙古刺绣产业案例 / 26

你"疏"我"接"　协作共赢
　　——怀柔丰宁共建怀丰产业园案例 / 31

小硒鸽做成脱贫致富大产业
　　——阜平硒鸽健康产业园案例 / 36

荒山变"金山"　一地生四金
　　——滦平晶润能源科技有限公司帮扶案例 / 42

京藏牵手让尼木藏鸡飞出"山坳坳"
　　——拉萨市尼木县藏鸡产业发展案例 / 47

栽好梧桐树　引来金凤凰
　　——北京市以标准化厂房建设为突破构建产业援疆新模式案例／52
扎根大漠织出产业援疆路
　　——京和纺织厂项目案例／57
羊小肠"废物利用"为和田人找到致富路
　　——和田秋实昆仑雪公司案例／62
从"筑巢引凤"到"引凤驻巢"
　　——北京产业援疆探索园区专业化托管运营案例／66
走出一条"三生共赢"的高原生态畜牧业可持续发展之路
　　——北京助力青海玉树打造牦牛全产业链案例／72

消费帮扶篇

搭建全社会参与消费帮扶长效平台机制
　　——北京首农供应链管理有限公司案例／81
打造"批发市场+种植基地"全产业链消费帮扶模式
　　——北京新发地市场消费扶贫案例／89
京蒙协作"参与式"消费帮扶的创新实践
　　——"我在扎赉特有一亩田"项目案例／94
打通电商扶贫通道　解决农产品销售难题
　　——通州区助力奈曼旗发展电商扶贫中心案例／100
探索"互联网+新媒体+消费扶贫"新模式
　　——字节跳动助力内蒙古打造特色优质农畜产品和文旅产业品牌案例／105

教育帮扶篇

让优质教育资源在雪域高原生根
　　——北京"组团式"教育援藏案例／111
以宏志精神助力拉萨脱贫奔小康
　　——拉萨北京实验中学"京藏宏志班"案例／118

用智能化手段推动教育对口支援转型升级
　　——"首都教育远程互助工程"和田项目案例／125
"造血式""集团式""共享式"教育帮扶的典范
　　——东城区对口帮扶阿尔山市教育案例／131
打造高端协作平台　整体提升教育质量
　　——京保实施"名校长工作室"工程案例／137
让大山里的孩子也能登上世界舞台
　　——"北京老校长下乡"送教工程案例／145
企业参与职教扶贫的范本
　　——阜平"职教协作拔穷根"工程案例／152
对口帮扶助发展　合作办学促均衡
　　——北京景山学校崇礼分校案例／157

健康帮扶篇

大病不出藏　北京有良方
　　——北京"组团式"医疗援藏案例／165
一座高原医院的现代化之路
　　——北京援青医疗队打造"院长＋团队＋改革"帮扶模式案例／172
智慧分级诊疗打通健康扶贫"最后一公里"
　　——中关村华医研究院扶贫案例／177
在"家门口"也能享受北京医疗专家服务
　　——京张携手打造协同发展医联体案例／182
用互联网架起北京与帮扶地区之间的"健康桥"
　　——北京尤迈慈善基金会远程医疗扶贫案例／188
创新社会力量参与健康帮扶新机制
　　——水滴公司参与北京扶贫协作案例／193

科技帮扶篇

让沙土地种上科技种、结出致富花
　　——新疆沙田农业综合开发有限公司案例／199

科技帮扶建三链　创新驱动塑优势
　　——北京市农林科学院助力通辽玉米产业升级案例／205
把小秸秆做成绿色循环大产业
　　——爱放牧推动兴安盟秸秆资源化综合利用案例／211
滤粹生命甘泉　造福一方百姓
　　——北京科泰兴达高新技术有限公司案例／215
"三金一订单"模式助力脱贫增收
　　——北京绿山谷芽菜有限责任公司案例／220
帮农民轻松创业　助农民科学致富
　　——北京天安农业探索科技扶贫新路径案例／226

文旅帮扶篇

打造京藏文化交往交流交融的名片
　　——"首都艺术家拉萨行"活动案例／235
德吉藏家：北京文旅援藏的样板
　　——拉萨市堆龙德庆区"德吉藏家"项目案例／241
"文旅融合"让牧区百姓吃上文化饭
　　——当雄县《天湖·四季牧歌》项目案例／247
打造中华文化标识　铸牢中华民族共同体意识
　　——和田文化中心案例／252
文化润疆　北京担当
　　——"我们的中国梦·中华文化耀和田"首都文化月活动案例／262
老城改造惠民生　产城融合促就业
　　——和田市老城区（团城）改造项目案例／268
让"三江源"生态旅游品牌响亮世界
　　——北京助力玉树打造高端旅游目的地案例／273

智力帮扶篇

发挥专业优势　创新智力支援
　　——北京援藏团队实施分领域"小组团"援建案例／281

以"党建"带"队建"促援建

——北京援青团队建设案例／286

培养全面推进乡村振兴的先锋

——北京援建青海玉树州基层干部学院案例／292

就业帮扶篇

打造脱贫温暖家园　促进在京稳定就业

——东城区建立"在京务工人员之家"帮扶就业案例／299

"设站布点"精准帮扶

——朝阳区开展劳务协作对口帮扶案例／303

社会帮扶篇

免费学、包就业、助脱贫

——北京商鲲教育控股集团扶贫案例／311

"体教扶贫"开创社会帮扶新领域

——北京"姚基金"公益基金会扶贫案例／316

千里之外　北京有爱

——和田孩子与"北京爸爸北京妈妈"结对认亲活动
案例／321

"保险＋公益扶贫"构筑大病致贫返贫防线

——北京人寿开展金融扶贫案例／326

"一只羊"助力科左中旗残疾人贫困户脱贫致富

——顺义区开展"我在内蒙有只羊"公益项目案例／331

后　记／334

图表目录

图1 凯达恒业马铃薯加工基地 / 4

图2 中国薯都马铃薯博物馆 / 5

图3 凯达恒业与察右前旗三中签订"扶贫帮困100"计划资助贫困学生 / 6

图4 北京宏福集团与内蒙古乌兰察布市察右前旗政府签订乌兰察布宏福现代农业产业园建设合作框架协议 / 10

图5 乌兰察布宏福现代农业产业园占地30万平方米的"大玻璃房" / 11

图6 打工的村民在乌兰察布宏福现代农业产业园大棚内辛勤劳作 / 13

图7 锡华集团与宁城县一肯中乡大窝铺村探讨合作开展精准帮扶工作 / 17

图8 锡华集团董事长张杰庭（右一）和村民们一同采收药材 / 19

图9 太仆寺旗光伏电站 / 22

图10 太仆寺旗草莓育苗基地 / 25

图11 科右中旗京蒙刺绣扶贫车间 / 27

图12 绣娘刘玉清在刺绣基地参加培训 / 28

图13 2019年6月3日，科右中旗图什业图王府刺绣与北京市民见面，绣娘现场展示刺绣方法 / 30

图14 王宝东曾靠种地生活，怀丰产业园建好后，他成了汽配厂的一名横梁铆接工 / 33

图15 阜平硒鸽实业有限公司 / 37

图16 北京援派技术人员李复煌在阜平硒鸽健康产业园鸽舍工作 / 38

图17 阜平硒鸽深加工产品 / 40

图18 滦平县于营村林光互补光伏扶贫发电项目航拍图 / 43

图19 拉萨市尼木县藏鸡原种保护育种基地 / 47

图20 航拍尼木县藏鸡养殖场 / 49

图21 墨玉县北京纺织工业园标准化厂房 / 55

图22 京和纺织科技有限公司生产的高科技温室大棚 / 58

图23 京和纺织科技有限公司总经理朱振启（右一）在生产线上与职工交流 / 60

图24 秋实昆仑雪公司羊肠衣加工车间 / 62

图25 和田市服装纺织产业园 / 68

图26 2021年9月26日，墨玉县有关负责人在南昌市举行的"锦绣南疆 大美和田"——新疆和田地区招商引资推介会上做推介 / 69

图27 玉树牦牛 / 73

图28 2019年12月19日，青海省玉树藏族自治州首届高原特色农畜产品（北京）推介展销会在北京全国农业展览馆举办，图为人们正在品尝玉树牦牛肉 / 76

图29 南三环草桥东路上的北京消费扶贫双创中心（现更名为北京消费帮扶双创中心）/ 81

图30 北京消费帮扶双创中心保定馆 / 82

图31 北京市民在消费帮扶双创中心新疆馆内选购 / 84

图32 中国建设银行推出消费扶贫爱心卡，助力北京消费扶贫 / 86

图33 双创中心"五大特点""五大功能""五大目标" / 86

图34 北京新发地市场各类农产品交易厅 / 89

图35 北京新发地涞源重点扶贫基地 / 90

图36 2019年5月22日，在北京市丰台区委、区政府，扎赉特旗委、旗政府共同举办的推介招商会上，"我在扎赉特有一亩田"订制认领100多亩 / 94

图37 扎赉特旗订制稻田 / 96

图38 奈曼旗电商扶贫运营中心 / 100

图 39　奈曼旗电商扶贫运营中心的主播正对着手机镜头介绍当地产品 / 102

图 40　"山货上头条"活动宣传海报 / 106

图 41　阿尔山—驼峰岭天池 / 107

图 42　2019 年 8 月 6 日，新一批北京援藏教师抵达拉萨贡嘎机场 / 112

图 43　北京市援建的拉萨北京实验中学 / 113

图 44　2019 年 9 月 28 日，"京藏宏志班"学生赴京游学到天安门广场观看升旗进行爱国主义教育 / 122

图 45　2019 年 9 月 11 日，"首都教育远程互助工程"和田项目在京启动 / 125

图 46　"首都教育远程互助工程"和田国家通用语言文字提升专项培训模式图 / 127

图 47　2020 年 5 月 17 日，"首都教育远程互助工程"和田项目之教育教学能力提升专项工作推进暨培训会在线召开 / 129

图 48　北京市第二中学与内蒙古自治区兴安盟阿尔山市第一中学签署合作办学协议 / 132

图 49　北京二中阿尔山分校校园一角 / 133

图 50　2019 年 11 月 9 日，阿尔山市第一中学·北京二中阿尔山分校师生一行 13 人前往北京二中开启为期两周的研学旅程 / 134

图 51　北京教育学院—保定市贫困县名校长（园长）工作室运行模式图 / 139

图 52　李梅校长工作室揭牌仪式 / 140

图 53　北京教育学院高级研修中心与交流培训中心"四精"培训模式图 / 142

图 54　北京教育学院高级研修中心与交流培训中心"八度"直播模式图 / 142

图 55　保定市贫困县幼儿园园长工作室成员参加北京教育学院组织的跟岗实践活动 / 144

图 56　"老校长下乡"阜平助教团 / 147

图 57　刘建文在半沟小学带孩子们上手工课 / 148

图58　北京榜样颁奖典礼上"老校长"们合影 / 149

图59　北汽技师学院的老师在为阜平县职业技术教育中心的学生讲解 / 153

图60　阜平职教中心的学生正在学习新能源汽车技术 / 154

图61　2018年8月，北京景山学校崇礼分校揭牌 / 158

图62　胡彦丽（左一）与崇礼分校老师们在一起 / 159

图63　吴广国（右）指导崇礼分校青年教师进行电磁线圈炮实验制作和演示 / 160

图64　北京"组团式"对口支援的拉萨市人民医院 / 165

图65　2018年1月，拉萨市人民医院"三级甲等"综合医院揭牌仪式 / 167

图66　拉萨市人民医院北京援藏医疗团队在做手术中 / 169

图67　北京援青医生深入玉树州牧区为患者看病 / 175

图68　北京援青医生在医疗一线开展帮扶工作 / 176

图69　青海省人民医院与中关村华医移动医疗技术创新研究院签署框架合作协议 / 178

图70　中关村华医移动医疗技术创新研究院分级诊疗项目示意图 / 179

图71　北京天坛医院（张家口）脑科中心开展5G远程操控颅脑手术 / 183

图72　同仁医院耳鼻喉科专家王丹妮在张家口第四医院给患者做检查 / 184

图73　张家口市第二医院与北京积水潭医院举行远程医学会诊 / 185

图74　协和专家通过尤迈远程医疗系统进行会诊 / 189

图75　北京尤迈慈善基金会发起的"春播计划"部分专家讲师授课 / 191

图76　水滴集团与乌兰察布市卫健委签署协议 / 194

图77　水滴筹"3+1"大病救助工作框架 / 195

图78　新疆沙田农业综合开发有限公司技术人员指导村民育苗栽培 / 200

图79　北京援疆干部张锐在和田国家农业科技园先导区大棚里查看育苗情况 / 204

图 80　通辽市举办京科 968 丰收现场观摩会 / 206

图 81　通辽市老科协与北京市农林科学院举办玉米小科技园良种良法技术培训班 / 207

图 82　2021 年 10 月 19 日，内蒙古通辽市的 30 多位京科系列玉米种植大户代表专程来到北京市农林科学院玉米所，送来一面写有"造福农民增产增收，振兴通辽农业十年硕果累累"的特制锦旗 / 209

图 83　北京市农林科学研究院的李红霞（左二）在内蒙古自治区兴安盟对农户进行现场培训指导 / 212

图 84　施用爱放牧生物质炭基肥的农田 / 213

图 85　科泰兴达锡林郭勒盟苏尼特右旗饮用水水质提升工程项目 / 216

图 86　北京科泰兴达高新技术有限公司承建商都县七台镇不冻河净水厂 / 218

图 87　绿山谷芽苗菜加工车间 / 221

图 88　芽苗菜种植户收到劳务费 / 222

图 89　绿山谷创始人张桂琴在芽苗菜车间查看生产情况 / 223

图 90　天安兴农创客空间 / 228

图 91　天安农业订单生产种植基地 / 229

图 92　天安农业蔬菜生产、加工、物流、销售全产业链信息管理系统 / 230

图 93　"送欢乐　下基层"文艺志愿服务拉萨行北京艺术家表演 / 237

图 94　2020 年 9 月 19 日，西藏自治区拉萨市城关区，首都艺术家"奋进新时代　同心奔小康"文艺志愿服务拉萨行活动现场 / 238

图 95　德吉藏家旅游民宿村，村口矗立一块"北京援建　德吉藏家"的巨石 / 241

图 96　"德吉藏家"项目功能布局图 / 243

图 97　堆龙德庆区"德吉藏家"异地搬迁民宿项目外景 / 243

图 98　堆龙德庆区"德吉藏家"异地搬迁民宿项目内景 / 244

图 99　当雄县天湖·四季牧歌有氧剧场 / 248

图 100　《天湖·四季牧歌》宣传海报 / 250

图 101　和田地区图书馆 / 252

图 102　和田博物馆 / 253

图 103　和田文化馆 / 254

图 104　和田影剧院 / 255

图 105　2018 年 10 月 17 日，首都图书馆开展"京和书香　共建共享"文化支援活动 / 259

图 106　2018 年 10 月 23 日，国家大剧院，北京市援疆和田指挥部组织新玉歌舞团赴京开展文化交流演出 / 259

图 107　北京市文物局和田文博培训基地揭牌 / 260

图 108　2020 年 10 月 11 日，新疆维吾尔自治区和田地区和田市团结广场，"我们的中国梦·中华文化耀和田"首都文化月演出活动现场 / 263

图 109　北京艺术家来到和田参与"我们的中国梦·中华文化耀和田"活动 / 265

图 110　和田市团城新貌 / 269

图 111　和田市团城街巷新貌 / 271

图 112　玉树农牧民以民族歌舞欢迎远方游客 / 275

图 113　"京玉 1 号"巴塘房车营地 / 275

图 114　玉树州在京举办旅游推介活动 / 276

图 115　北京援藏干部团队参加植树造林活动 / 281

图 116　北京援藏干部开展城市规划建设管理专题培训 / 283

图 117　第三批北京援青干部人才到玉树州抗震救灾纪念馆参观学习 / 286

图 118　玉树基层干部学院培训学员 / 292

图 119　2018 年 9 月 19 日，东城区"在京务工人员之家"揭牌 / 300

图 120　东城区"务工人员之家"的"四个一"工作模式图 / 301

图 121　朝阳区在唐县组织就业扶贫培训班 / 304

图 122　朝阳区纪委监委驻区人力社保局纪检监察组联合区人力社保局在河北省阳原县进村入户检查贫困人员劳务技能培训开展情况 / 305

图 123　商鲲教育集团密云校区为 2018 级新生进行礼仪培训 / 312

图 124　2020 年 5 月 22 日，内蒙古自治区扶贫办与北京市扶贫支援办、北京商鲲教育控股集团有限公司签署三方协议，共同启动贫困家庭孩子免费上大学、包就业行动 / 314

图 125　2019 年 8 月 16 日，2019 姚基金希望小学篮球季集训及联赛（全国）闭幕式暨表演赛在贵州铜仁圆满落幕 / 317

图 126　2020 年 6 月 17 日，北京市东城区人民政府与姚基金公益基金会召开战略合作座谈会并签署协议 / 318

图 127　2020 年 10 月 30 日，"中国人寿·姚基金百校体育扶贫计划"体育器材包捐赠仪式在青海省玉树藏族自治州治多县吉尕小学举行 / 319

图 128　2018 年 6 月 20 日，"我在北京有个家"——北京爸爸北京妈妈结对认亲启动仪式 / 322

图 129　"我在北京有个家"春风送暖行动和田行启动仪式 / 324

图 130　北京人寿保险股份有限公司与北京市援疆和田指挥部、和田地区行署、兵团第十四师昆玉市签署"保险+健康扶贫"战略合作协议 / 327

图 131　"我在内蒙有只羊"公益项目宣传海报 / 331

表 1　2021 年联东集团协助开展的"锦绣南疆　大美和田"招商专项活动 / 70

表 2　北京消费帮扶双创中心九大体系 / 83

表 3　"京藏宏志班"课程设置情况 / 119

表 4　保定名校长工作室"主持人+双导师"一览 / 141

产业帮扶篇

习近平总书记指出，"发展产业是实现脱贫的根本之策。要因地制宜，把培育产业作为推动脱贫攻坚的根本出路"。脱贫攻坚时期，北京市立足受援地区资源禀赋，充分发挥自身优势，因地制宜大力开展产业扶贫，市管国企投资1800多亿元兴建千余个产业扶贫项目，市工商联引导1000多家民营企业参与"万企帮万村"精准扶贫行动，助力受援地十几万人实现稳定就业。

让小土豆变成农民脱贫致富的"金豆豆"
——凯达恒业乌兰察布马铃薯产业园案例

北京凯达恒业农业技术开发有限公司（简称"凯达恒业"）是一家以生产果蔬脆片和豆类深加工产品为主，集产、学、研、种、贸于一体的现代化农业高新技术企业，为美国百事集团、美国好事多集团、澳洲DJ&A、泰国正大集团、日本7-Eleven和中国三只松鼠、盼盼集团、浙江小王子等国内外知名食品企业代工，拥有35项自主研发的国家专利和60多项企业核心技术，是名副其实的行业技术"标杆"。内蒙古乌兰察布市有着悠久的马铃薯种植历史，是全国重要的种薯、商品薯和加工专用薯生产基地，马铃薯种植面积和总产量均排在全国前三位，其产量占到全国产量的10%以上，被中国食品工业协会命名为"中国马铃薯之都"。在京蒙协作背景下，凯达恒业在乌兰察布市察右前旗投资建厂，结合当地马铃薯区域优势与自身农产品深加工技术优势，打造马铃薯产业园，为察右前旗脱贫摘帽做出了贡献，并依托产业园推动当地马铃薯全产业链发展，继续助力当地全面实现乡村振兴。

京蒙协作助力脱贫攻坚的先锋

2015年5月，凯达恒业董事长刘长安参加北京援蒙挂职干部团队组织的"京蒙合作项目对接会"，了解到贫困面广、贫困程度深、脱贫难度大的乌兰察布有"中国马铃薯之都"的称号，一年生产土豆400多万吨，但产业化尚处于低端水平，迫切需要通过现代化的马铃薯深加工技术来提升效益。经过深入考察和市场分析，凯达恒业决定在乌兰察布投资5亿元，发展马铃薯深加工项目，响应中央脱贫攻坚号召，履行企业的社会责任。

2016年3月，凯达恒业在察右前旗成立内蒙古薯都凯达食品有限公司，规划马铃薯现代产业园建设，一期工程投资5亿元，占地200亩，实现当年开工建设并竣工投产，包含休闲薯条加工厂、中国薯都马铃薯博物馆、科普观光走廊等，年加工马铃薯7万吨，年产值6.4亿元，薯条、果蔬脆片等产品远销美国、澳大利亚、韩国等。

图1 凯达恒业马铃薯加工基地

建设加工基地打造马铃薯全产业链

如何让更多的农民因小土豆而增收致富，如何让贫困户脱贫不返贫？凯达恒业审时度势，顺应马铃薯产业发展趋势，决定在乌兰察布建设中国最大的马铃薯加工产业基地，并从北京引进了6家产业链上下游企业，同时建成中国薯都马铃薯产品研发检测中心、中国薯都马铃薯仓储交易中心、中国薯都马铃薯种薯繁育中心三个中心。2020年底，80%以上实现投产，产品出口到30多个国家和地区，如乐事、三只松鼠、百草味、良品铺子等大品牌的薯条原料均来自凯达恒业。园区占地面积也从200亩扩建到1900亩，从投资5个亿到计划投资32个亿，从建筑面积5万平方米到50万平方米，在一片荒地上从一个工厂建成了国家级的马铃薯现代产业园。

2021年全部建成投产后，产业园区可实现年加工马铃薯67万吨、冷凉蔬菜8万吨、大豆6万吨，年存储鲜薯50万吨、冻品15万吨。马铃薯年交易量可达200万吨，年产值达40亿元，利税4亿元，带动产业链产值24亿元，将有3万农户参与50万亩基地的种植。

图2　中国薯都马铃薯博物馆

"3+2" 精准扶贫措施致力帮扶全覆盖

在产业带动的基础上，刘长安带领凯达恒业探索多种造血扶贫机制，帮助贫困户脱贫增收致富，具体可以概括为"3个措施、2种方式"。

一是采取订单帮扶措施。实行"公司+合作社（村集体）+农户"的订单农业经营模式，以保护价与农村经济合作社（村集体）签订购销合同，由农村经济合作社组织贫困户种植。这一举措使农户在种植过程中获得技术支持、收获后拥有固定销路，解除农户后顾之忧。凯达恒业先后与80多个合作社、大户建立了订单合作。拥有订单种植面积8万多亩，带动5000余户农民参与种植。

二是采取就业帮扶措施。公司预置出多个就业岗位，专门接纳周边建档立卡贫困户，在薪资待遇上采用固定底薪加绩效工资的方式，鼓励多劳多得，实际收入达到4000—9000元/月。

三是采取爱心帮扶措施。公司时刻关注周边弱势群体，针对因贫辍学的贫困生，给予经济上的精准帮扶。与察右前旗三中签订了"扶贫帮困100"计划，5年内每年资助20名贫困学生。未来公司还将建立长期助学模式，帮助更多因贫辍学的孩子重返课堂。

图 3 凯达恒业与察右前旗三中签订"扶贫帮困 100"计划资助贫困学生

四是采取参与"万企帮万村"的帮扶方式。公司积极响应并参与"万企帮万村",先后与察右前旗、察右中旗共计 6 个深度贫困村结成了帮扶对子,结合各村特色量身定制帮扶方案。如对东油坊村采取两种扶贫方式:其一是公司结合东油坊村农田多的特点,出资 110 万元为村集体无偿捐献进口拖拉机、植保机、马铃薯收获机等 5 台农机具,壮大集体资产,发展村集体经济。其二是公司帮助东油坊村建立合作社,并且进行订单采购。公司与东油坊村集体合作,指导并建立马铃薯种植专业合作社,组织贫困户参与订单种植,提供相关技术指导和培训,帮助贫困户种植高产、高质、高价果蔬产品,并常年以稳定价格收购,精准控制种植成本,截止到 2019 年底,在东油坊村发展订单种植面积 1000 亩,每亩纯收入可达 1200 元以上。

五是采取建设扶贫车间的帮扶方式。京蒙两地政府给予公司 3000 万元的京蒙帮扶资金,用于购置 30 套果蔬生产设备(油浴锅及附属设备),采取资产托管方式进行产业扶贫,设备所有权归 30 个村集体经济组织所有,村集体经济组织以资产租赁的方式委托给公司生产经营使用,公司采取连续 10 年向村集体经济组织支付租赁费的方式进行分红,每个村集体经济组织每年分红 10 万元,再由村集体经济组织分配红利给贫困户,并且公司优先收购村集体经济组织的农产品，村民优先就业，实现贫困户增收、脱贫、致富。

2020年4月，察右前旗国家现代农业产业园顺利落地，凯达恒业马铃薯产业园成为其核心区。而刘长安也先后获得全国脱贫攻坚奖（奉献奖）和全国脱贫攻坚先进个人荣誉称号。下一步，凯达恒业将继续把东部地区科技与西部地区资源优势相结合，把马铃薯现代产业园打造成为通过二、三产业引领带动一产业发展，进而促进当地乡村全面振兴的京蒙合作产业示范园区。

实现企业、农民、地方三赢

2016年之前，凯达恒业的生产基地只有北京房山一处，占地面积仅有100亩。从2016年开始，凯达恒业在内蒙古察右前旗投资建厂，实现了从一个加工厂到国家级马铃薯现代产业园的飞跃，既助力当地脱贫攻坚和乡村振兴，帮助农民实现了增收致富，也拓展了企业自身的发展空间，其经验至少有三点可借鉴。

一是选准产业，通过产业提升脱贫质量。凯达恒业紧紧抓住"精准"这个关键词，从察右前旗自然资源禀赋、农业基础条件、产业结构出发，精准选择马铃薯作为产业扶贫的根本之策，同时充分考虑贫困群体现状，致力做大做强马铃薯产业，实现"村村有扶贫产业，户户有产业帮扶"目标，充分利用贫困群体的人力资本，实现产业稳定持续带富。

二是精准施策，保证产业扶贫全覆盖。产业扶贫的出发点和落脚点是贫困群众脱贫增收，只有贫困群众全员参与，整体脱贫的目标才有望实现。因此，必须在产业带动的覆盖面上下足功夫。凯达恒业根据每个贫困村参与马铃薯产业的意愿、自身实际条件和能力，帮助其发展壮大村集体经济，流转贫困群众土地，统一由村集体管理。通过土地流转贫困户能增加部分收入，有劳动能力的贫困户还可以选择到村集体经济就业，参与马铃薯种植也能增加部分收入，从而实现了产业扶贫的全覆盖。

三是延伸产业链，确保可持续稳定增收。要让农民脱贫致富，必须从长远出发，结合当地的特色和优势，为当地创造出能够持久发展的产业。凯达恒业围绕马铃薯形成种薯繁育、规模化种植、科技创新、现代加工、

仓储交易、循环经济等全程可追溯的特色农业产业园区，促进一、二、三产业的深度融合，激发产业活力，提升价值链，带动了当地经济发展，真正做到了让贫困群众站在产业链上增收创收，实现了企业、农民、地方的三赢。

打造服务首都的"中央厨房"和内蒙古乡村振兴的"助推器"
——乌兰察布宏福现代农业产业园案例

成立于1996年的宏福集团，是一家综合性产业集团，总部坐落于北京市昌平区北七家镇郑各庄村宏福大社区。2015年宏福集团布局现代农业，引进荷兰原种和技术，先后在北京大兴、黑龙江大庆市林甸县投资建设宏福现代科技产业园。2020年，北京宏福集团积极响应国家东西部协作和对口帮扶号召，由大兴区政府牵线，落户内蒙古乌兰察布市察右前旗，建设宏福现代农业产业园。乌兰察布宏福现代农业产业园以智能温室设施农业为核心，利用察右前旗在地理位置、气候条件上能够与北京优势互补的便利，打造服务首都的"中央厨房"及安全果蔬食品供应保障基地，同时也希望通过产业帮扶，推动乌兰察布市察右前旗乡村振兴。

提前谋划"后脱贫时代"京蒙产业协作蓝图

乌兰察布市在交通运输、清洁能源、旅游资源等方面极具优势，而且有临近北京的区位便利条件。近年来，在北京市的对口帮扶下，乌兰察布在绿色农牧业、旅游业等领域有所发展，但还存在农业种植规模有限、产品质量未实现标准化、景区酒店配套设施不够完善等短板。因此，乌兰察布市急需一个有实力的合作企业，加快各行各业的发展步伐。而宏福集团的发展领域和未来发展方向与乌兰察布市的需求高度契合，农业产业园建成后既可以持续保障首都市民的菜篮子，为宏福农业积累新的种植管理输出经验；同时还能带动察右前旗产业升级。近年来，察右前旗紧抓京蒙协作和区域合作机遇，依托区位优势，坚持发展规模化、机械化、智能化、品牌化现代农业，进一步提升全旗农业生产基础、设施装备和现代技术水平，打造高端果蔬品牌。宏福集团的落地为该旗农业产业升级提供了新的契机。

2020年7月，在北京市扶贫支援办推动下，北京宏福集团与乌兰察布市察右前旗政府签订了乌兰察布宏福现代农业产业园建设合作框架协议，双方将共同投资建设"乌兰察布宏福现代农业产业园"。产业园总规划4000亩，远期规划1.2万亩，总投资60亿元，分三期建设，计划5年左右建成100万平方米的现代化智能温室及乡村旅游、乡村康养等综合体，每年可生产生鲜果蔬近4万吨，年产值达12.6亿元，预计将吸引游客10万人次，接待养老1万人次，持续推动结对地区乡村全面振兴，带动当地农民6800人稳定就业，全力实现百姓富、产业兴、生态美的统一。

谈及在乌兰察布建设现代农业产业园的初衷，北京宏福集团董事局主席黄福水表示，近年来，随着京蒙协作力度的不断加大，他多次来到乌兰察布，发现这里光照充足、气候条件适宜、交通便利，尤其是这里的农民朋友勤劳纯朴，所以特别喜欢这里，也由衷希望用宏福集团的工程技术、工业化装备，助力乌兰察布农业现代化建设和乡村振兴。2020年，在综合考虑地理位置、气候条件和政策、能源等因素后，宏福集团计划在乌兰察布市察右前旗投资建设大型现代农业产业园。

图4　北京宏福集团与内蒙古乌兰察布市察右前旗政府
签订乌兰察布宏福现代农业产业园建设合作框架协议

打造京津冀智能果蔬生产供应新基地

2021年9月，察右前旗宏福农业首期建设面积约30万平方米的"全智能温室"竣工，完成投资8亿元，建设期间直接带动当地300余名农村劳动力就业，人均增收3500元以上。2021年12月31日，乌兰察布宏福现代农业产业园正式开园，标志着30万平方米智能温室、包装、仓储和冷链车间于一体的农业现代化示范区在乌兰察布市正式"营业"，每年预计将生产生鲜果蔬近1.2万吨，新增就业岗位500多个，达产后可实现年产值近3亿元。届时，宏福现代农业产业园将成为京津冀等地区重要的果蔬供应新基地，新鲜的番茄、樱桃、彩椒将快马加鞭，通过全国2000余家品牌商超，出现在千家万户的餐桌上。

乌兰察布宏福现代农业产业园引进吸收荷兰先进生产设备及先进温室建造技术、智能化管理技术，集温控、湿控、雨水收集、二氧化碳回收、屋顶冲洗除尘、营养液精准灌溉、计算机智能监控等十大系统于一体，植物生长所需的温度、湿度、光照及灌溉等因素全部实现自动化管控。

为了真正实现绿色发展，宏福现代农业产业园在种植过程中综合使用物理防治和生物防治，最大程度减少农药使用。灌溉用水要经过严格过滤，确保产品无污染、无农药残留。在追求"绿色"的同时，园区也努力向着

图5 乌兰察布宏福现代农业产业园占地30万平方米的"大玻璃房"

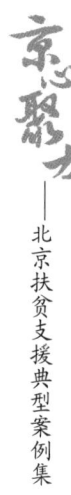

"能源双控""碳达峰碳中和"目标做有益尝试。园区智能温室的冬季取暖,充分利用了察右前旗天皮山工业园的工业废水,从工业废水的余热中提取热量,最大限度减少冬季取暖的能源消耗和大气污染物排放,在设法推进园区高质量发展的同时,也为乌兰察布的天更蓝、地更绿、水更清贡献一分力量。

产业园催生察右前旗"六变"

乌兰察布宏福现代农业产业园项目是京蒙协作的重大产业成果,也是宏福集团助力乡村振兴的样板工程。产业园的投产对促进察右前旗产业结构优化和经济高质量发展将产生积极而深远的影响,标志着察右前旗现代农业产业化发展实现了全新转变。

"一变":资源变资金。打造"资源变资金,农户变租户"的利益联结机制。将农民的土地进行统一流转,整合土地资源,引导村民调整产业结构,将"死地"变为"活财",开辟村民增收致富新路径。产业园一、二期工程共流转土地1600亩,耕地流转费为500元/年·亩、每5年每亩增加100元。流转费每5年支付一次,签订协议即一次性支付5年。流转价格和付款方式均为全旗及周边区域最高标准,仅此一项为312户农民每年增收90万元。

"二变":资产变资本。打造"资产变资本,投入变收入"的利益联结机制。为了给村集体经济提供稳定收入来源和创造更多的就业岗位,察右前旗整合18个村集体资金3500万元,为产业园配套建设2万平方米加工包装车间。扶贫资金投入形成的资产纳入全旗扶贫资产管理范畴,企业作为运营主体租赁运营并在10年内完成资产回购,每年可带动周边18个村集体经济增收180万元,不但有效促进了集体资产的保值增值,同时稳定带动村集体经济增收。此外,加工包装车间投入运营后,还可新增就业岗位近200个,农民增收渠道进一步扩宽。

"三变":农闲变农忙。察右前旗冬季气候寒冷,闲置劳动力较多。宏福现代农业产业园智能温室,冬季温暖舒适,用工需求量大,恰好解决了闲置劳动力就业问题。一期建设期间,产业园就近吸纳建筑用工50余人,同时为提前做好项目投产的用人准备,产业园在建设期间就近吸纳200名有意愿的村民进行岗位培训。目前，一期工程已投产，用工总人数达到210人，其中就近吸纳就业人员186人，本土就业人数占比达88%；首期种植番茄挂果，收获期已提供季节性就业岗位350个，每个岗位月工资3000—5000元。

55岁的白玉娥原是察右前旗巴音镇古力脑包大队的农民，现在成为宏福产业园的一名种植工人。最初，她也对这个外来企业抱有怀疑，心想乌兰察布的冬天这么冷，怎么可能结出番茄？但当她走进智能温室，发现种苗进棚，不过短短几个月的时间，一串串的新鲜番茄就成熟了。在技术人员培训下，白玉娥现在已经可以熟练地在番茄田间进行疏花疏果、果实挑拣等工作。园区开通了免费班车，中午还安排午餐。"早八晚五"的工作时间、绿意盎然的工作环境及优厚的工资待遇，让这些打工的村民真正过上了"上班族"的踏实日子。

图6　打工的村民在乌兰察布宏福现代农业产业园大棚内辛勤劳作

"四变"：农田到商超。宏福现代农业产业园所在的巴音塔拉镇是察右前旗设施农业发展水平最高、具有深厚蔬菜种植基础的地区，也是全旗"五区一带一轴"中高效设施农业带的核心区域。宏福现代农业产业园以先进的有机蔬菜种植技术、成熟的农业技术人员团队及稳定的产品销售渠道为支撑，通过"产业园+村集体""产业园+农户"的模式，带动周边村庄发展有机蔬菜种植，促进区域内蔬菜产业转型升级，为察右前旗实施"净菜进京"行动打下扎实基础，同时也为打造服务首都绿色农畜产品生产加工基地提供坚实保障。目前产业园产品已有家乐福、物美、山姆等大型商超生鲜采购部来基地现场考察，一期产量已被全部订购。下一步，将借助宏福农业的市场带动效应，推动全旗更多特色农产品与品牌商超达成订单化直采，让农民"借船出海"，在增加收入的同时增加农业效益。

"五变"：废能变动能。产业园冬季取暖利用天皮山工业园区工业废水余热，可解决园区冬季70%—80%的供热量；废气中的二氧化碳作为番茄种植肥料，减少废水废气能源消耗和污染物排放，直接变废为宝，工农互补，为"能源双控"树立样板。目前，察右前旗天皮山园区到产业园的管道建设全部完工，管道灌水及水质软化工作基本完成。该工程预计每年可从余热中提取热量29万GJ，减排二氧化碳6.8万吨。

"六变"：乡村变小镇。宏福现代农业产业园全面推进巴音塔拉镇周边村庄协同发展，共同参与项目建设，打造建成集现代农业、养老、旅游、孵化、培训、物流于一体的综合性现代服务小镇，通过产业项目开发、产业结构调整、高端设施农产品以及高科技农业技术的展示和农业生态休闲业的发展，将为劳动力提供城市化的就业岗位，并发挥其设施装备先进、人才资源丰富、组织管理高效的优势，构建起农业专家、农技人员和农民有机联系、沟通直接的新型信息传播网络，为培养有文化、懂技术、会经营的新型农民打造一批实训基地，形成热爱农业、关心农业、重视农业的良好氛围。同时，伴随二期、三期项目的推进，宏福产业园将带动周边村庄群落集聚和乡村振兴，形成现代化美丽富裕的番茄小镇。

推动京蒙产业协作再上新台阶

"十三五"时期，北京市累计投入京蒙协作财政帮扶资金超过50亿元，实施项目2419个，引导190家企业投资127亿元，共建46个京蒙产业园，为内蒙古全面打赢脱贫攻坚战做出了重要贡献。近年来，随着京蒙协作的进一步深入推进，重大项目越来越多，参与的市场主体力量越来越强，从而推动京蒙协作加快从帮扶向协作转型升级。乌兰察布宏福现代农业产业园的成功开园，为全面深化京蒙协作探索出产业振兴新路径，推动京蒙协作再上一个新台阶。该产业园的建成投产，为当地农业发展带来了先进的技术与管理经验，推动察右前旗走出一条生态与经济可持续发展的道路，完善了乌兰察布现代农业几大产业全产业链生态，有利于进一步巩固京蒙帮扶成果、推动察右前旗全面实现乡村振兴，也是帮助乌兰察布紧扣产业链、供应链，部署创新链，不断提升乌兰察布农业科技支撑能力的重大实践。随着未来双方不断升级合作关系和产业园的全面建成，以科技为导向，以生态可持续为势能，京蒙协作与产业协同发展必将达到新高度。

创新扶贫模式　带动整村脱贫
——锡华集团结对帮扶宁城县大窝铺村案例

西部山峦起伏,中部丘陵广阔,沿河平川狭长,"五山四丘一分川"是内蒙古赤峰市宁城县给人的印象。拥有耕地面积142万亩,森林覆盖率达45.6%的宁城县,自夏商以来,就先后有鲜卑、契丹、女真等十几个民族在此生息繁衍。然而,作为人口大县、农业大县,这个千年被山水环绕的美丽古都,却因基础设施薄弱、产业发展滞后、自身财力不足等问题导致2018年仍未脱贫。

党的十九大报告指出:"要动员全党全国全社会力量,坚持精准扶贫、精准脱贫。"习近平总书记强调,"扶贫开发是全党全社会的共同责任,要动员和凝聚全社会力量广泛参与""要通过多种形式,积极引导社会力量广泛参与深度贫困地区脱贫攻坚,帮助深度贫困群众解决生产生活困难"。

积力所举无不胜,众智所为无不成。2018年1月,北京锡华实业投资集团(简称"锡华集团")成立扶贫工作小组,董事长张杰庭任扶贫工作小组组长,积极带领集团党员职工参与北京对口帮扶地区的扶贫工作,当年在石景山区结对帮扶的内蒙古宁城县一肯中乡大窝铺村开展农业扶贫产业园建设,为该村建立持续稳定的增收渠道做出了突出的贡献。

摸清贫困底数,开启村企对口帮扶新征程

2018年8月,锡华集团董事长张杰庭专门派人和石景山区工商联一起对宁城县一肯中乡大窝铺村进行实地考察。大窝铺村人口377户,辖12个村民小组,户籍人口1745人,常住人口1249人,当时有贫困户67户贫困

人口206人。大窝铺村所在的一肯中乡以丘陵山地为主，水资源匮乏，属于典型的旱作农业区，发展设施农业区域广、起步早，有一定的产业基础。项目调研组连日实地考察了大窝铺村农业产业发展情况，并与驻村第一书记、村两委相关负责人深入沟通，详细了解村产业基础情况、村集体发展思路及村民的真实意愿，初步选定对大窝铺村扶贫产业园项目进行扶持。

图7　锡华集团与宁城县一肯中乡大窝铺村探讨合作开展精准帮扶工作

2018年10月，锡华集团与宁城县一肯中乡大窝铺村签订结对帮扶协议，正式开启了对口帮扶的新征程。

创新合作方式，为贫困村产业发展提供新路径

（一）项目设计

大窝铺村扶贫产业园项目是一个10年的规划，以"合作社＋当地政府资金扶持及公益捐赠＋农户"的方式实行产业化经营，种植中华钙果和中草药材，并进行深加工。该项目（一期）占地600亩，种植中华钙果200亩，中草药材（牛膝）400亩，预计总投资1341万元，其中：建设期总投资377万元，生产期总投资964万元。项目共分三期，第一期为建设期，2018年建设园区600亩；第二期为规模扩大期，2019年园区扩大到1000亩

（其中中华钙果 400 亩，中草药材 600 亩），带动种植 2000 亩以上；第三期为附加值开发期，包括中华钙果茶叶厂、果脯厂、罐头厂、中草药材初加工厂。建设期投资，由宁城县苍波种养殖专业合作社向当地政府及村民自筹 177 万元，调动村民内生动力，锡华集团捐赠 200 万元，保障建设期项目顺利开展；生产期投资，通过每年利润提取的部分和后续茶叶厂、罐头厂产生的附加值来解决。

（二）运营模式

锡华集团通过向基金会捐赠资金再投资的方式进入苍波种养殖专业合作社，按投资比例取得相应利润，但全部利润继续用于项目的开展，锡华集团及基金会均不收取任何回报。除通过项目入股分红、效益分红外，村民还可通过土地流转、务工、种植等多种方式参与产业园运营，获得资产性收入和劳务报酬，从而解决农村劳动力剩余问题。此外对于特殊贫困户，也同样做出了制度性安排。建设期完成的第二年，所有投资主体按股份进行利润分配，其中合作社投资部分收回应得纯利润部分的 80%，剩余 20% 应得股份的利润再加上基金会捐赠和国家扶持资金所获得的纯利润，这两项加在一起拿出 80% 进行循环投资，剩下的 20% 对剩余贫困户当中的因病、因残、因学、因缺劳动力致贫及边缘户进行无偿分红慰问，受益贫困户 27 户 61 人（70% 的贫困户没有劳动能力）。变"输血"为"造血"，建立各方持续受益的体制机制，扶贫项目自循环，扶贫效果可持续，并形成产业健康发展。

（三）管理体系

项目成立领导小组，一肯中乡政府作为项目主管单位，大窝铺村三委作为项目监督单位，合作社作为项目实施主体。项目实行负责制，村委会制定责任状，做到规范运行。建立扶贫专款账户，捐赠款汇入宁城县扶贫专款账户，专款专用。与此同时建立风险管控机制，项目实施预决算制度，每个项目开工都要做出工程预算，工程结束做出财务决算，并于每年的年中及年末形成工作报告，夯实项目基础，确保项目落地。

变"输血"为"造血"，走出乡村振兴新路子

该项目具有较强的示范带动作用，老百姓可以通过土地流转、务工赚

钱、入股分红、效益分红、自己种植等多种方式实现发家致富。一是可以推进宁城县设施农业规模的扩大，尽快实现全县设施农业生产的规模化、园区化、产业化发展；二是有利于将分散的农户经营组织起来，可解决农村劳动力剩余问题，增加农民收入；三是可以提供新技术，提高全县设施农业科技创新能力，提高科技含量和质量，为壮大主导产业提供科技支持；四是可以加快农村经济结构调整步伐，发展高效农业，增加农民收入。

截止到2019年6月末，产业园区扩展到1280亩，200亩中华钙果、1080亩的中草药材全部种植完成。园区内打井5口，围挡完成10000米，园区路、看护房和景观台等均已建设完成。该项目带动大窝铺村67户贫困户206人全部实现脱贫，所有贫困人口年均增加收入2500元，全村实现持续稳定增收。2018—2020年间，该村所有村民通过土地流转获得收益212.42万元，贫困户获得收益分红41万元，村集体经济获得收益9万元，所有务工人员获得收益193.77万元，三年村民获得收益合计456.19万元。

图8　锡华集团董事长张杰庭（右一）和村民们一同采收药材

从"万企帮万村"到"万企兴万村",民企持续发力

2018年11月1日,习近平总书记在民营企业座谈会上明确指出,民营企业是推动经济社会发展的重要力量,并充分肯定了"万企帮万村"行动中民营企业的作用和贡献。"十三五"期间,动员全国1万家以上民营企业参与,帮助1万个以上贫困村加快脱贫进程,为打好扶贫攻坚战、全面建成小康社会贡献力量——这项被称为"万企帮万村"的行动,由全国工商联、原国务院扶贫办、中国光彩会发起,以民营企业为帮扶方,以建档立卡的贫困村、贫困户为帮扶对象,以签约结对、村企共建为主要形式。脱贫攻坚期间,北京上千家企业参与"万企帮万村"行动,锡华集团结对帮扶宁城县一肯中乡大窝铺村就是典型之一。锡华集团在北京市、石景山区工商联的指导下,用自身专长,设计创新,整合多方资源,变"一次性捐助"为"可持续传递",建设宁城县一肯中乡大窝铺村农业扶贫产业园,打造品牌扶贫项目,不仅创造出了一条"造血式"的致富通道,还通过产业帮扶、就业帮扶、土地流转,帮助农民及村集体经济增收,使大窝铺村最终实现脱贫,并建立了扶贫开发长效机制。更值得关注的是,此扶贫项目持续10年,将彻底解决扶贫工作"后三年"和"三年后"的问题,切实实现巩固拓展脱贫成果与乡村振兴有效衔接。锡华集团也从参与"万企帮万村"到继续投身"万企兴万村",在参与京蒙协作、助力乡村振兴道路上持续发力。

"光伏"照亮贫困群众脱贫致富路
——昌平区帮扶太仆寺旗打造"光伏+"产业案例

太仆寺旗是内蒙古锡林郭勒盟面积最小、人口最多的旗县，也是国家级扶贫开发重点旗。2013年，全旗有贫困嘎查村73个，建档立卡贫困人口累计达到16092人，贫困人口中弱、半劳动力占到近1/3。自2018年3月与内蒙古太仆寺旗建立结对帮扶关系以来，北京市昌平区坚持以精准脱贫为目标，从强化对接交流、推进项目实施、动员社会帮扶等方面全面落实对口帮扶工作要求。在京蒙扶贫协作框架下，昌平区充分发挥各级财政援助资金和社会资源作用，把光伏扶贫作为造福贫困地区、贫困群众的民生工程来抓，助力太仆寺旗实施村级光伏项目，探索出了一条绿色高效可持续的产业发展道路，有效破解了贫困村产业匮乏和集体经济薄弱难题，取得了良好的经济效益和社会效益。从2019年开始，太仆寺旗光伏扶贫工程开始源源不断地将太阳能转化为促进贫困群众脱贫的财富，为全旗脱贫攻坚注入强劲动力，让贫困村民享受到了真正的"阳光红利"。

用好政策集中力量铺就脱贫"光明路"

光伏扶贫项目作为扶贫领域投资规模较大、建设集中、政策效应明显、效益周期长的一项产业扶贫工程和开展资产收益扶贫的重要途径，是太仆寺旗决战决胜脱贫攻坚的一项重要举措。按照国家《关于实施光伏发电扶贫工作的意见》《内蒙古自治区人民政府关于实施光伏发电扶贫工作的意见》及国家能源局、原国务院扶贫办《关于下达"十三五"第一批光伏扶贫项目计划的通知》，太仆寺旗村级光伏扶贫电站建设规模达15170千瓦。

昌平区作为太仆寺旗结对帮扶区，按照国家光伏扶贫政策要求和北京市扶贫工作安排，把光伏发电作为产业扶贫的核心项目来抓，借用光伏为百姓增收脱贫铺就一条"光明路"。

项目开展以来，昌平区积极主动派遣脱贫干部前往太仆寺旗开展光伏扶贫对接工作，深入项目村开展调研工作，了解光伏扶贫落地政策和条件；坚持政府主导、社会支持的原则，整合各种扶贫资金，调动社会各方力量，帮助解决技术和建设资金问题，确保项目的稳步推进。项目承建单位积极参与脱贫攻坚，开启全程绿色通道，带头履行社会责任，全力以赴抓进度。为保障工程按期完工，及时并网发电，让群众尽早受益，盟、旗两级北京挂职干部主动参与，积极协调与盟委、盟发改委、能源局、电业局等相关部门的工作，开展会商研判，推动项目落实；扶贫办挂职干部紧盯项目进度，及时汇总上报，发现问题，及时解决；积极配合太仆寺党委政府扶贫专项工作组开展专项扶贫工作，从扶贫办、发改委、供电局等部门抽调人员成立专班，构建牵头抓总、分工明确、协同配合、共同推进的工作模式，做到"月有调度、周有推进、日有进展"。京蒙两地干部相互协作、通力配合，为项目如期高质量推进奠定了坚实基础。

2018年3月以来，太仆寺旗利用京蒙扶贫协作资金建设4个联村电站，

图9　太仆寺旗光伏电站

使光伏发电项目与扶贫工作有机结合，很好地解决了贫困地区"无业可扶，无力脱贫"的难题。其中，红旗镇红旗村光伏扶贫项目是锡盟"十三五"第一批村级光伏扶贫电站中首个并网投产的项目，也是内蒙古自治区第一个全容量并网投运的联村电站。4个联村光伏发电项目总规模20.325兆瓦，总投资13210万元（其中使用京蒙协作帮扶资金1000余万元），惠及73个贫困嘎查村3525户贫困户，可以持续扶贫20年。截至2020年4月底，4个已建成的村级电站累计上网电量3950万千瓦时，目前已结算售电收入1015.42万元，并按程序向73个贫困嘎查村进行了收益分配。与此同时，创新光伏扶贫收益使用分配管理机制试点工作在全旗21个嘎查村同步开展。

创新收益分配管理模式提高扶贫成效

为确保扶贫成效，太仆寺旗北京挂职干部协助当地结合具体实际，研究制订了《太仆寺旗开展创新光伏扶贫收益使用分配管理机制试点工作方案》。一是统筹光伏扶贫电站收益使用分配管理。将村级光伏扶贫收益和集中式光伏扶贫收益统筹使用管理，旗级以上分渠道归结，苏木乡镇以下实行统一的使用分配管理办法，嘎查村分配额度兼顾电站规模、建档立卡贫困人口数量。以现行村级扶贫电站收益使用分配管理为主体，将集中式扶贫电站收益分配方式涵盖其中，全部纳入嘎查村集体经济收入管理，以便于基层管理和操作。二是明确光伏扶贫收益受益对象具体范围。通过试点进一步明确集中式光伏扶贫受益对象的具体范围和刚性标准条件，制定了《太仆寺旗特殊救急难建档立卡贫困户认定标准》，完善推选审批程序，按照坚持标准、"宁缺毋滥"原则，适时进行动态调整，并允许相关资金年度节余和进行村际调剂。三是拓宽村级光伏扶贫电站收益分配范围。在现行村级光伏扶贫电站收益分配范围（设置公益岗位、开展小型公益事业、设立奖励补助三类）基础上，增加集体经济积累和建设集体资产收益项目两类分配使用方式，同时将设立奖励补助具体化为奖励先进和救急救难两个方面，通过奖勤罚懒、扶危济困，弘扬正气、移风易俗，引领乡村社会新风。

为确保建档立卡贫困户直接受益，太仆寺旗实施"集体经济+合作社+贫困户"模式，建立京蒙扶贫协作基金，一部分收益形成物化资产，归村集体所有，并通过设立公益性岗位等方式进行二次分配，带动近700户贫困户实现稳定增收。对光伏发电收益形成的村集体经济收入，在扣除电站日常管理运维等费用后，要求各村每年发电收益主要用于集体经济积累、公益岗位补助和奖励资助救助扶贫等，并进行资金使用的公示，建立光伏扶贫电站收益分配的使用账目，确保建档立卡贫困户直接受益。同时，加强光伏扶贫电站收益分配使用的监督管理，确保收益资金合理使用、有效管理，对违反光伏扶贫资金使用的行为一旦发现，将严肃追究，确保光伏扶贫电站能够长期稳定高效运营。

探索发展"光伏+"产业为乡村振兴注入新活力

在村级光伏电站建设基础上，昌平区本着因地制宜的原则，充分依托内蒙古丰富的自然光照资源和农牧业资源，探索"光伏+"产业特色模式。各种光伏扶贫项目从设计到建设都与传统农牧业紧密相连，比如在光伏大棚下开展林下经济、家禽家畜养殖等，提高复种指数，改变种植模式，全面推进产业升级，实现综合发展。同时，利用旅游资源优势，开展生态采摘、农家乐等旅游项目，提高设施附加收入，为脱贫致富和乡村振兴注入新的活力。除了发展新型的光伏畜牧业外，进一步把传统农业与新能源、休闲观光农业和农产品加工业融为一体，打造农业园区，促进多种产业交叉发展，实现农企利益联结，打造光农产业链，走循环经济发展模式，达到生态效益、经济效益和社会效益的有机统一。

2018年，在昌平区挂职干部的牵线搭桥下，昌平将草莓种苗繁育这一特色高效农业引入太仆寺旗。太仆寺旗充分利用昌平支持太仆寺旗发展草莓育苗的有利时机，2020年利用京蒙扶贫协作资金112万元继续扩大草莓种苗繁育规模，以边墙村草莓育苗基地为依托，通过昌平育苗合作企业提供的技术服务和销售渠道，在宝昌镇和千斤沟镇鼓励贫困户建设草莓育苗大棚，每座大棚0.5亩，其中宝昌镇边墙村种植80座、千斤沟镇六号村种植40座、大圪洞村种植60座、西大井村6座。通过资金补贴，鼓励以建档立卡贫困户为主的合作社、致富带头人带动建档立卡贫困户参与草莓育苗。186个大棚，每个大棚都能使1个贫困户收益，如果连贫困户土地流转红利算在一起，草莓种苗繁育项目约有超200名贫困户受益。而经过大半年培育，这些草莓苗又将回到昌平，为昌平区带来更高的经济价值，有效助力两地经济共同发展。

图 10　太仆寺旗草莓育苗基地

村级光伏小电站撬动产业大作为

北京市昌平区通过光伏扶贫将帮扶从"输血"变为"造血"，并围绕光伏发展多种产业，调动了贫困群众劳动脱贫的积极性和主动性，照亮了贫困群众的致富路，为增加建档立卡无劳动能力贫困人口收益和壮大贫困村集体经济开辟了新路径，为太仆寺旗脱贫攻坚培育了新产业。光伏发电作为清洁环保、技术可靠、收益稳定、可持续性受益的新兴能源产业，在我国实现"碳达峰、碳中和"进程中具有重要作用。2022 年 2 月，国家发展改革委、国家能源局发布《关于完善能源绿色低碳转型体制机制和政策措施的意见》提出，以沙漠、戈壁、荒漠地区为重点，加快推进大型风电、光伏发电基地建设；鼓励利用农村地区适宜分散开发风电、光伏发电的土地，探索统一规划、分散布局、农企合作、利益共享的可再生能源项目投资经营模式。在"十三五"京蒙扶贫协作中，实施了一大批村级光伏扶贫项目，下一步，可以加大力度推进与光伏配套的农牧业等项目的建设，充分发挥龙头企业的带动作用，促进一、二、三产业的融合发展，让"光伏＋"产业成为乡村全面振兴的助推器。

传承非遗文化 "绣"出一片新天地
——通州区帮扶科右中旗发展壮大蒙古刺绣产业案例

蒙古族刺绣起源于清代,是世袭传承的一种蒙古族民间工艺美术技艺,传承至今已有 300 年的历史。内蒙古兴安盟科尔沁右翼中旗(简称"科右中旗")图什业图王府刺绣在兴安盟作为蒙古族刺绣的一种,以非物质文化遗产"活态传承"的形式、纤细考究的制作工艺、活灵活现的展示手法,向全世界展示着传统文化的魅力。党的十八大以来,北京市通州区深入学习贯彻习近平总书记关于扶贫工作的重要论述,坚决落实党中央决策部署,把帮扶科右中旗作为一项重大政治任务扛在肩上、抓在手上,举全区之力助力科右中旗脱贫。2016 年,科右中旗决定将传承发展"王府刺绣"作为脱贫攻坚的重要产业,通州区与科右中旗携手,将刺绣产业与脱贫攻坚、乡村振兴、新时代农牧民素质提升相结合,助力科右中旗走出了一条"文化扶贫、脱贫攻坚"的致富新路,有力助推了脱贫攻坚及乡村振兴进程。

建立实训基地,京蒙协作绣出"新风貌"

乘着保护传承非物质文化遗产的"东风",近年来,兴安盟积极探索蒙古族刺绣产业发展方式,探索出了一条"居家就业、巧手致富"的脱贫攻坚新模式,点燃了全盟上万名绣娘一同致富奔小康的激情。分散在全盟各地的草原绣娘们重拾起刺绣这门"与生俱来"的技艺,因"绣"得业,以"绣"兴业,开启了奔向美好生活的新篇章。

图 11 科右中旗京蒙刺绣扶贫车间

为了传承传统技艺，实现刺绣产业扶贫，2019年北京市通州区政府援助100万元，科右中旗人民政府配套100万元，共同在科右中旗中等职业学校建立京蒙扶贫车间、京蒙劳务协作实训基地，积极培育绣娘。三年来，通州区累计向科右中旗王府刺绣产业投入京蒙帮扶资金390万元，组织教师通过集中培训、上门辅导、手把手教授等方式，大力推广刺绣，助力该旗超过2万名草原绣娘实现了稳定增收。

一是常年集中培训。科右中旗职业技术学校蒙古刺绣培训基地把"图什业图王府刺绣"作为精品培训科目进行打造，对农牧民及建档立卡贫困人口开展长期、定向、高层次的培训。二是开展全域分散培训。组织王府刺绣传承人和刺绣骨干承担起刺绣教学的任务，深入嘎查艾里，为广大农牧民和建档立卡贫困人口教授刺绣工艺及技能操作、刺绣图案设计、色彩搭配等刺绣知识。三是在刺绣材料（底料）供给上，利用京蒙扶贫协作资金为建档立卡贫困户提供针线、布料等，调动贫困人口生产积极性，激发内生动力，提高贫困人口收入。四是对建档立卡贫困户实行一对一上门服务。把贫困户的产品销售出去后，把结算的资金送到贫困户手中，并记录在扶贫档案上，做到每天统计一次，每个月对外发布一次。

2016年，因丈夫患病，王金莲一家被列为贫困户。2017年，王金莲通过京蒙帮扶组织的培训班学习刺绣，经过学习和刻苦练习，王金莲的刺绣

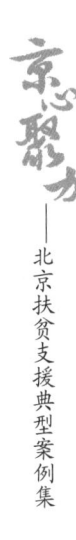

技能越来越娴熟，近一米的绣品，她不出三天时间就能绣完，能挣到350余元。2019年，王金莲靠刺绣挣了1万多元。2020年，已经成为刺绣带头人的王金莲，在疫情期间组织"云教学"，通过微信群发布作品图片、语音、视频，对所在嘎查的93位"绣娘徒弟"开展微课堂教学。"我受益非常多，自己当绣娘老师，也是希望能帮到更多的人。微课堂刺绣群是希望大家在疫情期间也能相互学习，共同进步。"

创新运营模式，基地绣出"大产业"

为推进蒙古族刺绣产业培训、设计、生产、销售和品牌建设等一条龙产业发展，科右中旗成立了由图什业图民族手工艺协会、大学生创业就业扶贫服务协会、祥瑞刺绣扶贫服务有限公司组成的图什业图王府刺绣基地，形成"基地+企业+协会+农牧户"的产业运营模式，采用订单制，由协会发展客户、建立销售渠道，企业与客户签订合同，根据订单需求回收刺绣作品，销售给客户。基地配有缝纫车间、刺绣车间、成品室、研发室、展览室，能同时容纳1000人工作，企业与绣工的合作以统一培训管理、统一材料发放、统一成品回收、统一收入结算的方式进行。协会组建了以大学生为主体的产品研发团队和市场销售团队，互相合作，共同发力。

图12 绣娘刘玉清在刺绣基地参加培训

为推进产品推广、销售，协会组织开展市场营销人员培训，在全国建立销售网点。截至 2019 年 7 月，相继打开北京、陕西、深圳、长沙、长春等地的市场，已与十几家企业、用户签订 2000 多万元购销合同订单，在区内外建立 37 家销售网点。而通州区除了助力培训绣娘、保障刺绣产业的供给侧稳定，还积极在消费侧为科右中旗刺绣产业发展提供帮助。2019 年 8 月，新建不久的科右中旗刺绣扶贫车间就接到了一个来自北京的 1000 万元订单，主要是为羊绒和皮制品进行刺绣工艺，绣娘们纷纷表示，"这笔订单就是及时雨，让我们全旗的绣娘们都能有事干、有钱收"。

锐意创新进取，合作绣出"大舞台"

面对前景广阔的刺绣市场，兴安盟的蒙古族刺绣没有故步自封、随波逐流，而是以开放包容的姿态迎接着来自各地的新观念、新创意。2018 年，湖南长沙市组织 12 名湘绣专业技师，在科右中旗举办 10 期"蒙湘牵手绣美生活"刺绣技能培训班，让王府刺绣与湘绣实现深度融合，在保留了民族韵味的同时增加了时尚元素，还在科右中旗设立蒙绣研究所，共同开发和推广刺绣产品。为加强产品的设计与技术创新，兴安盟与深圳等地的创意设计力量合作，对蒙古族刺绣工艺进行全面研究和创新提升，融汇多种针法，大胆借鉴苏绣、湘绣等高端刺绣技巧，打破蒙绣粗放质朴的传统风格，用"柔中带刚、粗中有细"的表现形式，在竞争激烈的刺绣市场中赢得青睐，有效打造了蒙古族刺绣作为非遗传统工艺的品牌形象。

如今，在被授予"中国蒙古族刺绣之乡""中国蒙古族刺绣文化传承保护基地"的科右中旗，刺绣不仅享誉国内，还阔步迈上国际舞台，向世界展示令人惊叹的美。一项项突破和奇迹在这里接连创造：一幅《芍药绽放》，被深圳非遗生活文化产业有限公司作为礼品赠送给了马耳他国家驻华大使，获得高度赞誉；产品亮相巴黎服装服饰采购展及意大利米兰时装周、中国国际时装周、第六届中国公益慈善项目交流展示会，让草原之风在世界绽放光彩；登上深圳文博会，成为整场活动中的最大亮点；曾三次代表内蒙古参加全国性展览活动，在内蒙古成立 70 周年大庆兴安盟文创大赛中获得金奖；万人刺绣培训大会，10573 名绣娘创造"规模最大的蒙古族刺绣技艺展演"大世界吉尼斯纪录……2021 年，图什业图刺绣正式入选国家级非物质文化遗产代表性项目名录。

图 13 2019 年 6 月 3 日，科右中旗图什业图王府刺绣与北京市民见面，绣娘现场展示刺绣方法

非遗传承与产业发展，双赢才是真的好

在北京帮扶下，内蒙古兴安盟科右中旗成功地将图什业图王府刺绣这一非物质文化遗产转化为一种可持续发展的产业，形成了规模效应，既给当地的贫困户带来了致富的手段，又精心建立了共赢的文化传承。通过京蒙协作搭建的桥梁，历经数百年沧桑的蒙古族刺绣，从宫廷走向民间，从衰败走向繁荣；分散各地的草原绣娘走到一起，重拾技艺，因"绣"得业，以"绣"兴业，在助力广大农牧民脱贫摘帽后，还继续在为科右中旗和兴安盟全面实现乡村振兴发力。银针引领方向，寄托幸福向往，编织壮美画卷，共绘盛世华章。如今在兴安盟，不断发展中的蒙古族刺绣正焕发出新的生机与活力，正在以开放包容的姿态，从草原走向全国，从国内走向国际，向世界彰显其独特的魅力和民族风范。

你"疏"我"接" 协作共赢
——怀柔丰宁共建怀丰产业园案例

作为首都的"北大门",河北省承德市丰宁满族自治县(简称丰宁县)距北京市怀柔区仅18公里,4个乡镇8个村与怀柔交界长达62公里。由于自然条件差,开发开放晚,贫困面大,贫困程度深,丰宁县一度有174个贫困村,建档立卡贫困人口近10万人,先后被列为国家扶贫开发工作重点县、燕山—太行山集中连片特困地区重点县,是"十三五"期间河北省着力攻坚的10个深度贫困县之一。

2016年初,在京冀东西部扶贫协作下,怀柔区与丰宁县签订了《携手奔小康行动协议书》,明确了在产业合作、教育合作、医疗卫生合作、旅游合作、生态环保合作、劳务协作、干部双向挂职交流等7个方面的帮扶重点,其中,积极疏解非首都功能、建设怀丰产业园是两地产业合作的一个重点。

怀丰产业园落户丰宁开发区

着眼于承接北京非首都功能,怀柔、丰宁两地结合实际,利用丰宁土地、劳动力等优势资源,依托原丰宁县经济开发区规划,谋划建设了怀丰产业园。怀丰产业园地处京北重要交通节点,距首都机场150公里,距京承高速120公里、张承高速28公里,区内有贯穿南北的国道111线,交通便利。

丰宁县处在京津冀水源涵养功能区的核心区,是京津生态屏障和饮用水源地,供北京市饮用水的潮河就发源于此。围绕正确处理经济发展同生

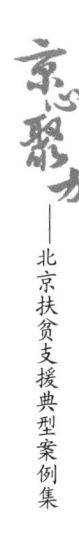

态环境保护的关系，怀柔与丰宁在产业园建设中，自觉推动绿色发展、循环发展、低碳发展，编制了高质量的发展规划。产业园总规划面积为4.1平方公里，重点规划了三个功能区：非首都功能疏解区、科技成果转化区、绿色有机食品生产区。非首都功能疏解区主要承接怀柔外迁符合环保要求的一般制造业；科技成果转化区主要建设怀柔科学城科技成果转化实验基地，以科学城作为研发平台，将中科院的科研成果进行转化，发挥科技生产力；绿色有机食品生产区发展有机蔬菜、有机杂粮、功能性营养食品和食用菌等绿色有机食品深加工产业。这三个板块建成，可以实现优质生产要素合理流动，加速产业结构升级，加快民生改善进程。

贫困户"变身"产业工人

丰宁县虽然距离怀柔仅有18公里，但两地发展差距很大，要想改变这种现状，产业扶贫是重中之重，促进就业是提高收入之本。怀柔与丰宁共同建立怀丰产业园，其目的就是让更多的贫困人口通过产业带动实现就业，通过鱼渔兼予，彻底解决丰宁的整体贫困问题。

王宝东来自丰宁县黄旗镇哈拉海湾村，以前种20多亩山坡地，忙活一年也就挣一万多块钱。家里两个孩子要上学，还要赡养老人，日子非常拮据。怀丰产业园建成之后，产业园将一批"京企"带到丰宁，王宝东随即成为汽配厂的一名横梁铆接工。他工作的宏亭汽车部件有限公司搬迁之前，作为福田戴姆勒汽车的供应商，是一家北京企业，已经扎根怀柔近10年。现在，王宝东在厂里一个月能挣4000来块钱，还有五险一金，他自豪地说："这比之前种地强多了！"因为离家近，他的爱人也得以在工厂做保洁，每个月还有2000多元的收入。

丰宁县黄旗镇哈拉海湾村的闫青龙，以前曾和不少乡亲一起到怀柔打工。但干了没多长时间，就因为父母看病难、孩子上学难等问题接踵而至，只得在家当一个面朝黄土背朝天的庄稼汉，那时，他心里一直有个念想：要是家门口能有怀柔的工厂就好了。随着汽车部件有限公司入驻怀丰产业园，他在家门口上班的愿望终于实现了。

像王宝东、闫青龙一样在怀丰产业园上班的还有李晓伟，现在他在一家生产橡胶密封圈的工厂做硫化工，每个月工资三四千左右。把产业发展

图14 王宝东曾靠种地生活，怀丰产业园建好后，
他成了汽配厂的一名横梁铆接工

起来，群众的钱包就会鼓起来。北京的产业扶贫为受援地的经济发展插上了翅膀，使得当地贫困群众在家门口就能就业，脱贫致富成为可能。入驻企业对有劳动能力的贫困户开展技能培训，帮助当地百姓进入怀丰产业园企业务工，到2020年初，园区建成企业共用工人600余人，预计全部引进项目投产后可带动整个园区及周边劳动力3000多人就业。

"京北小县"蜕变为产业高地

依托怀丰产业园，丰宁县出台了《承接非首都功能疏解外迁企业优惠政策》，针对非首都功能疏解外迁企业制定了更加优惠的措施。对于入园项目，丰宁县推行项目牵头领办制，提供一站式服务，对项目审批过程实行"代办制"保姆式服务及企业跟踪服务制，为企业发展和项目建设提供效率更高、成本最低、政策最优的发展环境，助力企业跨越式发展。

怀柔区则依托怀柔科学城、国际会都、中国影都的建设，引进一批产业项目落户丰宁。其中，王宝东工作的宏亭汽车部件有限公司便是经过怀

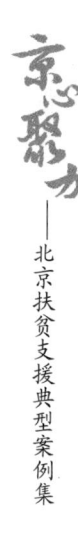

柔相关部门推介落户在怀丰产业园的。公司副总经理黄祥新介绍，工厂员工200多人，基本都是当地人。

李晓伟工作的三昌橡胶密封圈厂原来也是怀柔企业，据公司副总经理沈振山介绍，随着非首都功能疏解，公司最终选择怀丰产业园是综合考虑，这里物流成本比之前高，但是离怀柔比较近，怀柔老员工来这里上班比较方便。当地也有一定优惠政策，怀柔还给了100多万元现金补贴。此外，这里厂房是现成的，公司能够尽快投入生产。

雁阳公司原位于怀柔区雁栖经济开发区内，主要生产汽车车架、保险杠及零部件上漆，是怀柔区较大的一家汽车配件生产企业。因政策调整及经营成本等问题，雁阳公司也落户丰宁，目前已开展部件喷漆等业务。未来雁阳公司将把怀柔区的业务全部转移至丰宁。

像雁阳公司这样的北京企业，截至2021年底，怀丰产业园已成功引进19家，形成汽车零部件制造、新型建材、绿色食品加工三大主导产业，昔日的"京北小县"已迅速蜕变成汽车配件基地、新能源装备基地、大健康产业基地。特别是汽车配件产业，除了河北雁阳汽配一期、河北宏亭汽配，入园的日本三昌、河北骏驰、河北敏航、圣宝达源机械制造、伊祥玻璃等企业也已投产运营，该产业园已成为京北最大的汽车配件生产基地。

产业园的快速发展不仅增加了当地财政收入，带动了周边区域基础设施建设，还带火了园区外餐饮、零售店铺等商业的发展。怀丰两地未来将继续深入开展合作，预计到2025年，怀丰产业园区将实现年产值30亿—50亿元，税收实现3亿—5亿元，成为丰宁承接北京产业转移和科技成果转化的重要平台和载体，为县域经济高质量发展增添强劲动力。

京津冀协同发展的典型样本

在东西部扶贫协作框架下，怀柔区与丰宁县密切协作，在对口帮扶的基础上，共建怀丰产业园，一方面推进了非首都功能疏解，实现"腾笼换鸟"，助力怀柔科学城建设；另一方面，怀丰产业园也成为带动当地劳动力务工就业和承接非首都功能疏解重要平台，对丰宁县打赢脱贫攻坚战和经济长久良性发展发挥了重要作用。

怀丰产业园也是疏解非首都功能，推进京津冀协同发展的一个缩影。

2015年2月，习近平总书记在中央财经领导小组第九次会议上指出，疏解北京非首都功能、推进京津冀协同发展，要走出一条内涵集约发展的新路子，促进区域协调发展，形成新增长极。自2014年京津冀协同发展战略实施7年多来，北京已经疏解一般制造业企业累计约3000家，北京现代沧州工厂、京投装备河北京车智能制造基地、金隅·曹妃甸协同发展示范产业园等一批重大项目建成投产，京津冀三地产业对接协作进入快速融合通道。通过积极承接北京产业转移，利用北京科创资源助力传统产业转型升级，推动创新链、产业链、供应链联动，有力地促进了河北高质量发展，京津冀优势互补、相互促进的区域经济格局正在加快形成。

小硒鸽做成脱贫致富大产业
——阜平硒鸽健康产业园案例

河北省保定市阜平县位于太行深山区，耕地面积少，俗称"九山半水半分田"，人均仅有的九分地也大都是土石混合，土壤质地差、农业产量低是造成贫困的主要原因之一。京冀建立东西部扶贫协作关系后，阜平县与北京市西城区建立结对帮扶关系，两地坚持因地制宜、精准聚焦，把阜平远离城市、山场面积大的劣势变成优势，在国家机关事务管理局、北京市政府的推动下，于2018年成功引入北京野谷健康产业集团旗下硒鸽项目，和当地共同建起阜平硒鸽健康产业园，通过"政府+龙头企业+基地+贫困户"的模式，打造起以肉鸽养殖为纽带的生态循环产业集合体，为当地致富产业发展注入新的活力。

北京"资金+技术"助力阜平崛起千亩硒鸽养殖基地

阜平硒鸽健康产业园以硒鸽养殖为核心打造生态循环产业集合体，包含种鸽繁育、硒鸽养殖、饲料加工、食品深加工、鸽粪加工、中草药种植、特色餐饮、观光旅游等，实现产业绿色可持续发展。项目总投资3.7亿元，其中利用京冀扶贫协作资金建设鸽舍34栋。项目全部投产后，可达到存栏种鸽55万对，每年可向市场提供优质种鸽60万对，富硒乳鸽1000余万只。

为支持硒鸽产业落地生根、做大做强，阜平当地国有龙头企业与北京野谷健康产业集团合作，联合成立了阜平硒鸽实业有限公司。阜平县从优惠政策、企业发展扶持、优质水资源及其他公共服务配套方面给予了全方位支持。

一切从零做起。硒鸽产业园的设计、标准化鸽舍的建设、鸽舍环境的科学调控、培训当地贫困户成为合格饲养员……为积极推进硒鸽项目落地生根，北京市农业农村局积极组织李复煌等专业技术人员参与当地科技扶贫工作。作为硒鸽科学养殖技术的带领人，李复煌努力把自己在广东、上海这些地方学到的肉鸽养殖知识本地化。比如在鸽舍的建造上，南方重在通风，北方还需注重保暖；免疫程序要实行一场一策，先对场子内的种鸽进行抗体特定，再制定免疫程序；南北方原粮能量有差异，也需要先评定营养价值，再重新配置比例。在传统模式下，一对种鸽一般哺育两只乳鸽，是"2+2"的生产模式。经过试验，李复煌采用了"2+3"的模式，即一对种鸽带三只乳鸽，产量一下就提高了50%，但这也意味着一对种鸽需要多喂养一只乳鸽，种鸽的营养日粮需要调整，饲养员要掌握人工孵化等多项技术。截至2020年底，李复煌带领科技人员在京津冀共计培训人员300余人，使阜平硒鸽健康产业园生产水平达到国内领先。

图15 阜平硒鸽实业有限公司

图16　北京援派技术人员李复煌在阜平硒鸽健康产业园鸽舍工作

2019年，阜平硒鸽实业有限公司还培育出了适合本地养殖的"天翔一号"种鸽，成为全国首个通过国家畜禽遗传资源委员会审定的肉鸽原种。此外，公司还牵头起草实施了《种鸽场建设规程》和《鲜（冻）乳鸽出厂标准》2项团体标准，制定了6项企业标准。

在现在的阜平硒鸽健康产业园，以前的贫瘠土地已被占地1000多亩的养鸽基地替代，而鸽粪进行有机化处理后可以改善土地有机质含量，基地周边还培育了近千亩专门喂养硒鸽用的中草药种植基地。

"三金+两促收"模式让农民在家门口就业增收

作为肉鸽中的精品，硒鸽通身洁白，鸽肉营养丰富，煮熟的鸽蛋晶莹剔透，市场前景非常广阔。阜平硒鸽采用有机高粱、玉米、小麦、豌豆与硒元素按科学配比进行喂养，一只硒鸽体内硒元素的含量是普通肉鸽的几十倍，深受市场欢迎。

为最大限度发挥"小硒鸽"的扶贫效益，阜平硒鸽项目设计了"三金+两促收"扶贫模式。"三金"即土地流转让农民每年收租金、从企业年收益中提取让贫困群众受益的公益金和农民就业挣薪金，"两促收"即以阜平硒鸽品牌影响力带动旅游产业发展促增收，就地收购当地种植的优质玉米、豌豆等饲养原料带动农业发展促增收。

家住阜平县草场口村的白富慧一家七口人，上有老下有小，可家里的顶梁柱只有丈夫一人。以前家里主要是靠她丈夫去外地务工挣钱，但是一年到头在外面也干不了两三个月。而她没有工作，每天就只能在家照顾孩子老人。直到她看到了硒鸽基地的招聘广告，"洁净的工作环境、规律的作息时间、实用技术指导、首月2500元的工资……"随后她就报名来到园区上班。在基地学习养鸽子的工人，培训期就有工资。三个月技术达到考核标准后，就可以承包鸽舍。在白富慧的带动下，其丈夫也来到硒鸽厂，两人一起承包鸽舍，养殖硒鸽首月就赚了1万元。如今，已有三年硒鸽养殖经验的白富慧夫妇，在鸽场独立养殖了4800对鸽子。仅2021年9月一个月，夫妻二人就赚了14600元。目前依靠易地扶贫搬迁政策，白富慧一家也搬进新楼房，养鸽子赚钱还买了家用汽车，过着像城里人一样的幸福日子。

同样，曾是贫困户的李勃谊过去在外打工，每个月能挣4000元左右，但是离家远、生活成本很高。自从阜平建起硒鸽养殖基地，他就回来到园区上班，每月能拿到3000元基本工资，加上村土地流转的1000元，合计起来比在外打工挣得多。靠在硒鸽养殖场打工，李勃谊的日子越过越滋润。

目前，阜平县共养鸽子55万对，所有鸽舍实行承包制，产业带动当地600多人就业，饲养员平均工资达5000元。

"深加工+新品开发"推动"阜平料理"走红

早在硒鸽养殖项目落地阜平时，公司就着手谋划建设硒鸽食品加工项目。2020年，在北京援派干部协调下，阜平硒鸽健康产业园再次获得帮扶资金1500万元，用于建设熟食加工车间，从屠宰加工下游环节倒逼养殖环节的生产结构调整和优化，促进肉鸽全产业链向纵深方向发展。如今，园区内屠宰加工、熟食加工、冷库仓储等项目先后投产，解决了疫情期间肉鸽生鲜产品销售遇阻的难题。一只只鸽子经过就地屠宰、深加工等多个工序后，被制成富硒乳鸽汤、罐头、烧鸽等20多种熟食产品，不仅方便储存转运和线上销售，实现硒鸽产业链的前伸后延，还提升了产品附加值。

图17 阜平硒鸽深加工产品

与此同时,阜平积极开发硒鸽美食新品,推出独具特色的风味硒鸽宴,在2020年中国·阜平骆驼湾硒鸽美食文化节、第三届保定市旅游产业发展大会上,阜平县骆驼湾鸽子宴声名鹊起,尤其是烧鸽子系列,以其皮脆肉滑、骨香脆爽的特点赢得大众的好评。

为助力阜平硒鸽产业发展,进一步开发当地食材,挖掘推广阜平县农副产品,2020年10月,冬奥崇礼菜单设计大师陈爱军受邀来到阜平县骆驼湾美食街。随后,陈爱军大师工作室依据阜平县特有的饮食习惯与烹饪技法,运用当地生产的食材进行创新研发,"阜平料理"再度升级,包括"四干四鲜""八凉八热",还有茶汤、小吃和主食。阜平的硒鸽产业逐渐形成了自种自养自产自销、循环生态农业与一、二、三产业联合带动的发展态势。

截至2021年11月,阜平硒鸽产业项目已先后与中国科学院、中国农业科学院、浙江省农业科学院、华南农业大学、河北农业大学、广东科贸职业学院、广东省家禽科学研究所等签订了战略合作协议,开展新品种、新技术、新成果、新装备的引进试验、示范、推广和试用。注册"阜平硒鸽""硒全食美""大鸽大""小鸽大厨"等品牌,并通过ISO9001体系认证。每年可向全国市场提供优质种鸽60万对,富硒乳鸽1000余万只,年实现销售收入6.6亿元,利润1亿元。

从脱贫攻坚走向乡村振兴，阜平具有标志性意义

作为革命老区、太行深山曾经的贫困地区，阜平是习近平总书记深深牵挂的地方。2013 年元旦前夕，党的十八大提出全面建成小康社会目标后不久，总书记第二次考察就专程来到这里，阜平也成为吹响全国脱贫攻坚战号角的地方。在京冀东西部扶贫协作下，北京市西城区与阜平县紧密结合，全力推进脱贫攻坚工作，2020 年 2 月 29 日，阜平县退出贫困县序列，正式脱贫"摘帽"。

在北京帮扶阜平的诸多产业中，最具代表性的就是北京市农业产业化重点龙头企业野谷健康产业集团落户阜平，和当地共同建起阜平硒鸽健康产业园，打造起以肉鸽养殖为纽带的生态循环产业集合体，它也成为全国最大的硒鸽产业扶贫富民示范项目。脱贫摘帽不是终点，而是新生活、新奋斗的起点。北京市西城区贯彻执行"摘帽不摘帮扶"要求，进一步深化与阜平的宽领域、多层次协作，整合资源优势互补、巩固拓展脱贫成果，推动京津冀协同发展迈上新台阶，仅 2020 年，西城区引入阜平县的 12 家北京企业新增投资就达 4.2 亿元。随着一个个项目先后落地、建设、投产，该县特色农业产业持续提质升级，一、二、三产业融合发展的全产业链体系正在加速形成，助力阜平县在厚植生态优势基础上，巩固拓展脱贫成果，夯实脱贫质量，全面实现乡村振兴。

荒山变"金山" 一地生四金
——滦平晶润能源科技有限公司帮扶案例

河北省承德市滦平县位于"首都水源涵养功能区"和"京津冀生态环境支撑区"的最前沿，是"全国生态文明建设示范区"，曾是距离北京最近的国家级贫困县之一。在北京帮扶下，2019年，滦平县正式摘掉贫困县的帽子。在打赢脱贫攻坚战中，该县创新建立的"一地生四金"模式，被财政部列为资产收益扶贫典型案例在全国推广。而该县于营村与滦平晶润能源科技有限公司对接引进光伏扶贫发电项目，正是"一地生多金"扶贫产业发展效果的典型体现。

山场建起光伏电站 贫困村实现整体脱贫

滦平县平坊乡于营村距离县城不到10公里，开车只要十几分钟，但却长期成为"发展盲区"：离县城虽近，但自身没有任何产业，无法形成发展链条，多数村民的营生仅靠着家中的几亩地。因此，于营村成了平坊乡的贫困村之一，2014年时贫困发生率高达36.11%。贫困户的困境亟待解决，于营村的状况亟待改变。

在京冀东西部扶贫协作下，2016年11月，北京中科新润能源科技有限公司和滦平县国有控股平台公司瑞丰农业科技开发有限公司按照9∶1的出资比例，共同成立了滦平晶润能源科技有限公司，实施60兆瓦光伏扶贫发电项目。

于营村紧紧抓住机会，引进了这一项目。该项目由华能集团下属公司华能天成融资租赁有限公司提供融资，总投资金额4.5亿元。项目承诺通过土地流转、庭院卫生奖补、合作建光伏等多种形式，辐射带动包括于营村在内的全县 2000 户建档立卡户稳定增收。

  2018 年 6 月 30 日，于营村村后的山场光伏电站开始并网发电，村子的状况和村民的生活都发生了改变。当年，于营村实现了整体脱贫，贫困发生率从 2014 年的 36.11% 下降至 0.22%。贴在孙国忠家墙上的精准脱贫结对帮扶连心卡显示，2018 年老两口总收入 15145.94 元，其中来自县级光伏收益及合作建光伏收益就有 4200 元。同时，于营村利用产业扶贫资金与光伏企业合作，带动全村 18 户贫困户，当年户均实现收益 1200 元，未来每年将提高到 3000 元。2019 年，全村最后一户未脱贫户——孙佳美姐弟也实现脱贫。

图 18 滦平县于营村林光互补光伏扶贫发电项目航拍图

受益的不只是于营村，按照计划，60兆瓦光伏扶贫发电项目每30千瓦可带动一户贫困户，整个项目可带动2000户建档立卡贫困户，每户每年可获得扶贫资金3000元，共计600万元。同时，项目将按照滦平县政府要求支付扶贫资金，持续扶贫20年，累计支付扶贫资金将达到1.2亿元。

20多年前，于营村8组社员康瑞芝家属因为脑血栓丧失劳动能力，养活一家人的重担就落在了她一个人身上。康瑞芝原本借钱买了个板车在滦平卖水果，一个月平均收入能有2000元。现如今，她回到村里在光伏电站上班，负责大家一日三餐的伙食，一个月能挣3000元。目前，于营村超过200人次在滦平晶润能源科技有限公司务工，人均月增收3000多元。

"一地生四金" 村庄换新颜

结合滦平县的实际情况，滦平晶润能源科技有限公司通过光伏发电项目实现了"一地生四金"的产业扶贫模式。

一是土地流转得租金。项目租用于营村6000亩山场，建设60兆瓦光伏产业扶贫发电和全扶贫模式农光融合发展产业园区项目，山场原本荒芜且无经济收入，光伏电站建设租用村民土地，增加了村民租金收入，村民最多出租1000亩山场年收入10万元，最少出租30亩年收入3000元。同时农户把土地租给公司统一经营，亩均获得地租收益850元左右。

二是入股企业得股金。贫困户利用扶贫资金到产业基地入股，户入股资金1.2万元，每年每户贫困户按10%分红，年分红1200元。

三是务工就业得薪金。电站优先雇用村里的贫困户进行光伏厂区运营维护，从事光伏组件清洗、除草等工作，对于无劳动能力的贫困户，可雇用其子女或亲属务工，增加贫困户收入。另外，还吸收贫困户到产业园区进行务工就业，通过务工就业年人均工资收入12000元左右。

四是发展产业得现金。在滦平县扶贫办、平坊乡政府协助下，晶润能源公司按照3千瓦/户脱贫标准，采取"扶贫补贴+企业垫付"的融资模式在平坊乡建设总规模为699千瓦屋顶分布式光伏扶贫电站项目。电站运营期为25年，前10年确保贫困户年最低收入2000元，如由于技术及天气等不可抗力因素原因导致发电量不足影响收益，由企业补足贫困户保底收益，后15年所有收益为全体贫困户所有。

现在，于营村发生了巨大变化。路灯亮了，道路通了，旧房翻新了。仅 2019 年，村里新修柏油路 2 公里，新建桥梁 7 座，新垒筑河坝约 10 公里。于营村的村民日子过得越来越好。

推动农光融合发展　助力乡村全面振兴

围绕光伏扶贫产业项目，滦平晶润能源科技有限公司还同步规划了滦平县平坊乡农光融合发展产业园区，以打造全县产业扶贫模式的样板区、乡村振兴发展模式的引领区为目标，重点发展中药材、设施蔬菜、特色养殖、林果采摘园、休闲旅游等产业实现融合发展。

一是建设中药材产业园区。重点围绕光伏区种植中药材，打造以黄芩为重点的中药材产业园区及中药材旅游观光基地，实现农光融合发展。

二是发展现代农业园区。以升压站周边日光温室为主，建设新品种、新技术试验、示范园区。智能温室重点种植小番茄，同时逐步发展深加工产品。

三是规划康养运动体验园区。以"体验宋辽文化、乐享康养运动"的主题，重点选取较为合适的光伏阵列进行道路改造，打造运动体验项目。同时选取于营村内西沟或后沟与农户采取租赁、合同建房等模式，打造康养休闲旅游项目。

四是参与建设光伏小镇。围绕于营村乡村振兴示范村主题定位，积极参与光伏小镇建设。规划实施不同光伏发电模式，吸引不同光伏企业进行产品展示，建设光伏发电模式的展示区。以光伏发电取暖为重点，优选科学适用的太阳能光伏取暖技术，推动当地实施清洁取暖。

"协作+协同"携手向共同富裕迈进

光伏扶贫作为一种资产收益扶贫的有效方式，体现了稳定带动贫困户增收脱贫、有效保护生态环境等诸多价值。滦平晶润能源实施光伏扶贫以来，在实践中创新探索的"一地生四金"扶贫收益模式，使昔日的荒山借"光"兴业发展成了村民们增收致富的"摇钱树"，是北京开展东西部扶贫协作成果的一个充分体现。根据中央安排，脱贫攻坚取得全面胜利后，北京与河北不再开展东西部协作，后续工作纳入京津冀协同发展重点，但是帮扶项目不能停、企业协作不能撤，要继续巩固拓展脱贫成果，结合企业和地方实际共商未来发展蓝图，不断促进当地经济发展。希望滦平晶润能源项目按照科学规划，依托光伏发电项目进一步打造好农光融合发展产业园，为全面实现乡村振兴和逐步实现共同富裕提供源源不断的强劲动力。

· 产业帮扶篇 ·

京藏牵手让尼木藏鸡飞出"山坳坳"
——拉萨市尼木县藏鸡产业发展案例

在雅鲁藏布江中游北岸,坐落于西藏自治区前、后藏的交界之处,有一处藏族文字的发源之地,叫作"尼木",藏语意为"麦穗"。因为地理位置的原因,尼木县群众世代以传统农牧业种植养殖为主。在下辖3275.8平方公里的土地上,近4万人拥有耕地面积仅为4.18万亩,人均不足1.2亩。到尼木县考察的北京扶贫工作人员发现,当地是西藏原种藏鸡的自然栖息

图19 拉萨市尼木县藏鸡原种保护育种基地

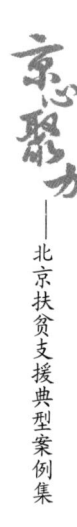

地之一，在历史记载中，一直有饲养藏鸡的传统。经过多方调研论证，尼木藏鸡产业应运而生，并通过牵线搭桥，北京德青源进驻尼木县，开启藏鸡产业发展新模式。

引入北京企业开展藏鸡保护与开发利用

我国是畜产品生产大国，光鸡的品种就有几十种，清远鸡、文昌鸡、泰和鸡……这些优质的地方鸡品种均以其独特的生产性能"称霸一方"。而作为西藏的禽类品种——藏鸡，也凭借高原气候、营养独特、无污染、纯天然等特点独树一帜。由于藏鸡生长在高原土净、水净、空气净的环境中，不仅是一种安全的绿色食品，而且藏鸡肉质好，营养价值高，与藏红花、藏虫草并称为"藏域三宝"。藏鸡蛋中铁、锌等微量元素含量也明显高于低海拔鸡蛋，其价值是普通鸡产品的3—10倍。尽管价格不菲，但在很多沿海城市、一线大城市市场，藏鸡产品很受欢迎。

有需求就会有市场，有市场必然会有竞争。虽然拉萨农牧民很早就有养藏鸡的习惯，但由于饲养方式粗放，经济效益差，始终没有形成产业。有些人为了追求更多的经济效益，开始引进外来鸡品种与纯种藏鸡杂交，或者进行近亲繁殖，纯种藏鸡的生理性能和繁殖性能遭到了破坏，出现了杂化、血统混乱等现象，降低了其纯正性。

为此，尼木县政府立足藏鸡资源优势，在充分调研的基础上，最终"握手"北京德青源农业科技有限公司，组建了西藏德青源农业科技有限公司，开展藏鸡保护与开发利用，鼓励、支持和引导更多的农牧民参与到藏鸡产业中，希望改变传统养殖方式，形成"产供销"一体的完整产业链，为农牧民创造更多的经济效益。

尼木藏鸡形成规模化经营、链条式延伸、产业化发展

从脑中"一张蓝图"到眼前"一幅实景"，离不开强有力的资金支撑。从2016年藏鸡产业项目实施至2019年，北京先后投入援藏资金13427.06万元，建设占地面积443亩、建筑面积20515.5平方米的尼木藏鸡原种保护育种基地。截至2019年12月底，尼木县藏鸡存栏52000羽，全年实现经济

收益 300 余万元，直接带动建档立卡贫困户、低收入户 65 户 390 人年均增收 1.2 万余元。

经过两年的品种培育，尼木藏鸡从每年原产蛋 50—80 枚提升到 160 枚，产蛋量提高了 3 倍左右。2019 年 12 月，尼木藏鸡原种保护育种基地出雏了 3000 多只小藏鸡，这是北京援藏尼木县德青源藏鸡保护育种项目孵化的第一批小鸡，标志着该项目的运营初见成效。本次藏鸡保护育种出雏分三批，合计出雏 12000 多只。这批雏鸡育成到 13 周左右，5500 只分给尼木县的 4 个合作社进行放养，之后会按照青年鸡 65 元/只、老母鸡 100 元/只、藏鸡蛋 1.8 元/枚的价格回收，帮助合作社养鸡农牧民增收。

德青源原种藏鸡保种与二期扩繁项目位于拉萨市尼木县现代农业高新技术产业示范园区，建有藏鸡生命仓、智能鸡舍、孵化厂、饲料加工厂、实验室等一系列现代化养殖车间，着力构建藏鸡种鸡孵化、商品鸡放养、蛋品鸡回收的产业化经营体系，实现规模化经营、链条式延伸、产业化发展，既可以增加群众务工收入，又可以解决群众养殖藏鸡的鸡苗、技术、

图 20　航拍尼木县藏鸡养殖场

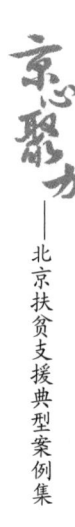

防疫、销售等方面的问题。二期稳定达产后，预计年收入过千万元，直接带动 50 个建档立卡贫困户就业帮助他们增收，辐射全县 2000 人实现可持续增收。

在北京对口援藏工作的助推下，尼木县藏鸡产业度过了"爬坡过坎"的关键时期，现已基本形成集藏鸡品种培育、鸡苗育雏、饲料加工、鸡肉及蛋制品生产加工和集中养殖、林下养殖、庭院养殖于一体的藏鸡循环产业链条，因地制宜建立了"党组织＋龙头企业＋合作社＋贫困户"的扶贫利益联结机制（西藏德青源农业科技有限公司负责技术指导，项目经营主体为卡如乡加纳日绿色农业发展农牧民专业合作社）。目前该县正大力实施"五年十万蛋鸡工程"。此外，借力北京技术，尼木县还搭建起藏鸡科技工作站、藏鸡院士工作站等科研平台，建立了藏鸡产业化配套体系，优化了高原地区孵化技术。如今，"尼木藏鸡""尼木藏鸡蛋"有机认证产品卖到了拉萨、北京市场，贫困群众在藏鸡产业发展中鼓起了腰包，切身感受到了产业发展带来的红利。

特色产业帮扶开创京藏合作新模式

产业脱贫是实现脱贫的根本之策，贫困地区发展产业，要紧扣资源优势，做足特色文章。北京在对口支援拉萨市尼木县中，瞄准藏鸡这一特色资源，引入具有先进技术和现代运营模式的龙头企业，大力发展当地特色产业，在获得经济效益的同时，帮助其建立起一条循环产业链，带动了就业和农牧民脱贫增收。现在，"尼木藏鸡""尼木藏鸡蛋"已经申报了国家地理标志证明商标，有效提升了品牌形象。同时，与西藏德青源农业科技有限公司就品牌创建和商标使用达成协议，推进该县农牧业发展从生产型向市场经营型转变，更加有效地促进农牧业增效和农牧民增收。

在脱贫攻坚战中，面对产业基础薄弱、长期无支柱性产业的窘境，尼木县委、县政府明确了重点发展"藏香、藏鸡、有机农业、全域旅游产业，推进尼木现代农业产业示范园区、拉萨经开区尼木产业园区和尼木尼弘元仓经济港物流园区建设"的"四产业三园区"发展布局。这当中，北京的支援对尼木产业发展壮大功不可没。可以说，在尼木"四产业三园区"发展中，都有北京的贡献。除了藏鸡产业，北京还帮助尼木发展了高原特色生猪养殖产业、建立藏香非遗工坊、吞弥现代农业园、打造卡如村特色民俗文化展示体验中心等众多特色产业和文旅项目，助力尼木于 2018 年脱贫摘帽。如今，在北京的持续对口支援下，尼木继续以藏香文化产业、藏鸡产业、有机农业、全域旅游业等四大主导产业为依托，大步向乡村振兴迈进。相信在不久的将来，尼木这棵"麦穗"将以崭新的姿态屹立于雪域高原。

栽好梧桐树　引来金凤凰
——北京市以标准化厂房建设为突破构建产业援疆新模式案例

"十三五"以来,北京认真贯彻落实全国第六、七、八次对口支援新疆工作会议精神,立足和田地区经济社会发展现状,以标准化厂房建设为突破点,遵循产业转移规律,实施"1233"招商模式,系统构建产业援疆体系,增强受援地造血功能,实现产业援疆新发展。

工业化、城镇化率低,后发优势明显

和田地处祖国的西北边陲,由于特殊的地理和自然环境,社会经济发展缓慢,工业化和城镇化率很低。与其他地区相比,和田地区具有四大突出特点:一是地理位置偏远。和田位于新疆最南端,处于轨道交通、航空等网络系统神经末梢位置。二是生态环境极度脆弱。常年干旱少雨,沙漠化趋势不断加重,人口、产业承载能力十分有限。三是经济发展滞后。经济以农业为主,工业化、城镇化处于起步阶段,人均GDP、人均收入、财政收入等重要经济指标在新疆甚至全国居后。四是维护社会稳定任务重。

虽然自然条件相对较差,但和田地区产业发展仍有很大的机遇。一是政策优势。中央、自治区、和田地区对产业发展都给予了特殊的政策支持,从税收、用地、用工、用电及交通运输等方面都有相关的优惠政策。二是成本优势。和田地区255万人口中16—65岁的劳动力人口占总人口的60%,有富余劳动力60多万,人口红利明显。此外和田地区的水、电、气和用工用地等综合成本比较低,综合制造成本优势明显。三是资源优势。

和田素有"金玉之邦、粮棉之仓、丝绸之路、瓜果之乡"的美称，石油、天然气、铅锌等矿产资源丰富，特别是由于独特的地理气候条件和具有独创性的生产管理技术，和田农产品品质优良、病虫害少，生产的农产品天然、绿色、环保无污染，是全疆乃至全国优质特色农产品的集聚区。四是历史机遇。国家"一带一路"倡议、中巴经济走廊建设给南疆带来的战略机遇，对基础设施建设、城市化进程、新型工业化、商贸物流等有巨大拉动作用。和田地区处于工业化的初级阶段，有很大的产业发展空间。

找准突破点，以标准化厂房解企业后顾之忧

基于和田地区的特殊情况，北京市援疆指挥部一直把通过发展产业促进就业、助力精准脱贫作为北京援疆的重中之重，"十三五"期间以标准化厂房建设为突破点，遵循产业转移规律，实施精准招商，助力和田地区经济快速发展。

通过几年招商积累的经验，北京援疆团队发现来和田投资考察的企业最担心的是大量固定资产投入后，因市场变化和其他不确定因素导致企业经营困难后无法及时转移。针对这一问题，北京援疆指挥部经过系统的调研和分析，将标准化厂房建设作为突破点，解决企业最担心的不动产投资问题。建设标准化厂房的优势主要有以下几个方面：

一是降低企业风险。支持受援地建设标准化厂房、硬件设施等不动产政府来投资，企业只需要投入机器设备和原材料，增强了企业灵活性，解决了企业担忧。二是提升投产效率。政府统一建设标准化厂房，审批手续快，效率高，减少企业做基础设施建设的繁杂手续，企业拎包入住，至少减少半年时间的建设周期。三是体系化构建，适应产业发展方向。重点建设符合和田实际、符合产业转移规律的标准化厂房，通用性和专业性相结合，高水平设计、高质量建设。北京援疆指挥部聘请北京工业设计院设计了三套方案，分别适应纺织服装、电子加工、农产品深加工类企业需求。四是鼓励企业回购。厂房免费使用3—5年，企业可以回购，折旧费政府买单，也可以长期租用。回购资金或租金增加了当地政府财政收入，政府可以循环使用，扩大新的厂房建设，发挥援疆资金的最大效益。

从2016年开始，北京援疆指挥部加大标准化厂房建设力度，2016—

2019年累计投入资金12.35亿元，帮助和田建设标准化厂房及附属配套设施58.24万平方米。

实施"1233"精准招商战略，五大工业园区形成

以标准化厂房建设为突破口，北京援疆指挥部进一步通过招商引资引进增量，扩大和田经济总量。在开展招商引资工作中，北京援疆指挥部立足和田实际，精准定向招商，实施"1233"战略，即支持发展1个重点产业——工业。紧抓两大契机——北京非首都功能疏解和东部沿海产业转移。聚焦3个行业——纺织服装、电子加工、生物食品。精准招商3类企业：一是原材料和市场两头在外，对运输成本不敏感的电子产品加工企业；二是对劳动力素质和技能要求不高、能够大量吸收当地农民就业、中央有优惠政策支持的纺织服装企业；三是对和田优质特色农副产业进行精深加工、提高产品科技含量和附加值，能大幅增加农牧民收入的食品加工企业。此外也引进一些在内地有市场、有品牌、有技术，因内地综合成本提高，有强烈意愿向成本更低的地方转移的其他类型企业。

通过标准化厂房建设、完善工业园区配套设施和大力招商引资，北京援疆构建了和田地区一市三县及新疆生产建设兵团第十四师五大工业园区整体格局：和田市北京工业园区已建成19.8万平方米标准化厂房和配套服务楼，有10家服装和食品加工企业入驻，企业总投资4.9亿元，解决了4371人就业，其中建档立卡贫困人口1756人，已初步形成以服装、食品生物为主的产业布局；和田县北部经济新区已建成6.1万平方米标准化厂房，有7家服装企业入驻，企业总投资0.56亿元，解决了1222人就业，其中建档立卡贫困人口678人，初步形成以服装、新型建材为主的产业布局；墨玉县北京工业园区新建22.5万平方米标准化厂房和配套服务楼，引进4家制鞋生产企业，企业总投资0.4亿元，解决了2000人就业，其中建档立卡贫困人口700余人，形成以纺织和鞋业制造为主的产业布局；洛浦县北京工业园区已建成5.6万平方米标准化厂房，有8家服装企业入驻，企业总投资1.23亿元，解决了887人就业，其中建档立卡贫困人口221人，初步形成以服装、电子产品初加工为主的产业布局；兵团第十四师皮墨北京工业园区已建成4.3万平方米标准化厂房，有5家服装纺织、建材和食品加工企业

入驻，企业总投资5.48亿元，解决了929人就业，其中建档立卡贫困人口67人，初步形成以服装纺织和新型建材为主的产业布局。

图21　墨玉县北京纺织工业园标准化厂房

同时，园区配套设施不断完善。重点规划建设产业发展区、产业配套生活区、商业开发区并配套医院、学校等公共服务设施，在援疆资金的大力支持下，进一步加快了城镇化进程和产业结构转型，为和田地区社会经济发展奠定了坚实基础。

以产业促就业解民生，夯实长治久安基础

在新疆，特别是在南疆，就业是最大的民生工程、民心工程。要大量解决就业，扩大就业容量，尤其是有效转移农村富余劳动力，就必须下功夫发展能够大量增加就业岗位的产业。南疆地处偏远，自然环境脆弱，产业发展滞后，未形成完整的产业链条。此外，产品运输距离较远，一些企业水土不服，导致企业平均寿命较短，难以形成完整产业体系。针对这种实际情况，北京产业援疆以标准化厂房建设为突破口，着力解决企业投资后顾之忧；在此基础上大力开展精准定向招商，在对口支援的和田地区4个

市县及新疆生产建设兵团第十四师打造了五大工业园区，引进一批适合当地发展的劳动密集型企业，为受援地群众在家门口实现就地就近就业提供了机会，增加了他们的收入，为和田地区打赢脱贫攻坚战贡献了力量，无形中也增加了稳定的力量，促进了民族团结，为和田乃至新疆长治久安打下了基础。

习近平总书记2020年9月在第三次中央新疆工作座谈会上指出，发展是新疆长治久安的重要基础。要发挥新疆区位优势，以推进丝绸之路经济带核心区建设为驱动，把新疆自身的区域性开放战略纳入国家向西开放的总体布局中，丰富对外开放载体，提升对外开放层次，创新开放型经济体制，打造内陆开放和沿边开放的高地。要推动工业强基增效和转型升级，培育壮大新疆特色优势产业，带动当地群众增收致富。在"十三五"标准化厂房建设和形成五大工业园区的基础上，"十四五"时期，北京产业援疆进一步实施"五大园区提升工程"，通过完善园区配套设施、优化园区发展环境，提升产业承载力；探索实施"特色园区托管计划"，以五大工业园为引擎，引导上下游产业集聚，打造特色产业集群，推动和田经济迈向高质量发展新阶段。

扎根大漠织出产业援疆路
——京和纺织厂项目案例

2015年9月,在国家"一带一路"政策的指引下,在北京对口支援新疆和田指挥部积极协调下,北京时尚控股有限责任公司、北京光华纺织集团有限公司、北京佳华泰科技有限公司决定共同投资,在新疆和田市成立京和纺织科技有限公司,以实际行动参与北京对口援疆工作。

建设一流企业,改写和田工业历史

作为北京产业援疆的标杆企业,京和纺织成立之初就清晰地提出,产业援疆不是产业转移,更不是落后产能的搬家。因此,筹备建厂伊始,京和纺织就把建厂的标准定得特别高,目标是在和田地区设立研发生产基地,生产具有自主知识产权的节能保温棚房及相关制品,并向新疆、甘肃等高寒地区和"一带一路"沿线国家和地区推广。这个定位意味着,京和纺织要做的是全产业链搬迁,是产品升级、产业升华,要把一流的技术、一流的设备、一流的管理、一流的人员,直接从北京转到和田来。

坚持"科学援疆、全面援疆、真情援疆",京和纺织就这样从漫天黄沙的昆仑山下戈壁滩中崛起。建设者从祖国心脏、舒适的首都北京来到新疆和田,他们除了要"顶得住风沙、耐得住寂寞、扛得起责任",还要有过硬的技术、一流的产品、澎湃的热情和润物细无声的交流沟通管理技巧。

2016年2月,京和纺织厂房正式破土动工建设,仅仅几个月时间,企业就从一纸合同变成了崭新的现代化工厂,4座巍峨的穹顶式厂房屹立在玉

图22 京和纺织科技有限公司生产的高科技温室大棚

龙喀什河东岸,成为当地一处地标式建筑。项目实现了当年动工建设、当年达产见效,改写了和田地区单个工业企业年销售收入不超过5000万元的历史。投产以来,在团队的努力经营下,已经陆续把织布、涂层、制成品等产业用纺织的全产业链生产从北京迁到和田。

从2015年9月投资建设至2021年,京和纺织厂已完成投资2亿元,累计实现销售收入7亿元,实现利税2200多万元。

培养产业工人队伍,增强自我造血功能

对口援疆、助力脱贫不仅要提供项目产品,更重要的是为当地培养一支产业工人队伍,增强自我造血能力,支撑产业可持续发展。京和纺织投产时,3个月内招录了当地815名农牧民进厂当工人,但由于农牧民产业工人文化水平低,再加上语言不通,理解问题的角度不一样,企业的规章制度难以落实。面对这种情况,京和纺织带领北京管理团队,认真仔细地研究职工的心态,把各种规章制度简化成直观数据,逐条翻译成维语,张贴在传达室、车间和食堂,对企业进行"润物细无声"式的管理。总经理朱

振啟还独创了一套行之有效的管理办法，在公平、公正、互相尊重的基础上对维吾尔族职工全面施行国企标准管理。他把计件工资制度带到京和纺织，让维吾尔族职工享受到与北京相同的计件工资标准，计件分值向职工公布，每天出多少产量，挣多少钱，让职工心里有数。在一系列先进管理制度的激励下，职工也从"让我干"转变成"我要干"，通过精心培育，一支维吾尔族产业工人队伍逐步成长起来。

经过不懈的努力，5年来，公司为近3000名维吾尔族员工提供了就业岗位，其中337人来自建档立卡贫困户。企业员工月平均工资近3000元，基本实现"一人就业，全家脱贫"。

研发推广膜结构棚房，改变和田产业结构

京和纺织的成立，除了增加职工就业，改变当地产业工人队伍的精神面貌之外，还直接改变了当地农民的生产生活方式。

2013年，北京佳华泰科技有限公司研制出一种新的产业用纺织产品——膜结构棚房。这种产品研制出来以后，在国内的推广并不顺利，主要是因为这是一种崭新的产品，跟大多数中国老百姓想象中的住宅不一样，怎么用也说不好。想不到在新疆歪打正着，棚房变成了经济适用的羊圈，一下子打开了公司思路。

为了把这种高大上的膜结构棚房转化成真正适应新疆气候条件的现代化羊圈，北京佳华泰科技有限公司总工程师魏晓军带头开展了技术攻关，经过几十次反反复复的试验，在保温棚布中间又增加了一层企业独创的"夹心棉膜"，确保即使在最冷的冬季连续一周不出太阳，棚内温度也可以保持在5℃以上。技术革新就这样在市场需求面前实现了跨越式的突破，被国家科技部确认为国内领先水平的科学技术成果，填补了目前市场上该类产品行业标准的空白。

在中央产业援疆政策的强力推动下，新疆的资源优势正在迅速地转换为产业优势、经济优势，也给膜结构保温棚房提供了市场。由于这种保温棚房价格实惠，安装便捷，还可抵御十级大风，与传统土坯、砖混日光温室相比更是大幅度提高30%—40%的土地利用率，而且甩开了人工加热这个麻烦事，很快引起新疆领导的关注。在北京援疆指挥部的牵线搭桥下，

京和纺织开始生产这种简便实用的惠民产品。在附近的和田县、墨玉县、洛浦县甚至更远的喀什地区，京和纺织也拿到了很多订单。

京和纺织在和田大跨步发展，不仅打破了当地第二产业不足造成的诸多困境，而且促进了和田农业产业实现升华，完全改变了当地几千年形成的农业"望天收"的生产局面，真正做到了合作发展、多方共赢。如今，京和纺织的新型膜结构日光温室大棚已在新疆全面开花，使广大农作物种植户增加了收益，成为脱贫攻坚中的农业设施"利器"。京和纺织将抓住国家政策红利和市场需求，进一步开发符合国家乡村振兴战略的现代化农业设施，为乡村振兴、当地就业、企业发展而不懈努力。

以产业为载体深化交往交流交融促民族团结

京和纺织来到和田第一天，就要求全体援疆干部和职工，要以仁爱之心爱人，以善举之意做人。在朱振启的带领下，京和纺织成立了爱心基金会，号召全厂职工互相帮助，互相关心，做善良的人，以实际行动带动和影响职工。图尔荪古丽·杰力力的孩子患先天性肠外露，病情危急，需要尽快去乌鲁木齐做手术。朱振启得知后告诉图尔荪古丽·杰力力，全厂职

图23 京和纺织科技有限公司总经理朱振启（右一）在生产线上与职工交流

工都会帮助她，孩子会得到及时医治。他带头捐款1万元，在他的带动下，汉族职工和维吾尔族职工积极参加，共捐助了3万元，挽救了孩子的生命。在京和纺织长期教育和感召下，很多职工已经树立了"做好事、做好人、用自己的力量去帮助朝夕相处的同事，绝不做伤害别人的事"的理念。

"京和人"不仅互助互爱，他们的善意还滋润了和田更多的乡亲。朱振啟与和田市吉亚乡5个残疾村民和4个贫困职工结成"一家亲"，鼓励他们克服自卑心理，大胆走出家门，去工作，去挣钱，用自己的力量换取生活保障，用自己的力量分担家庭责任。他多次到维吾尔族"亲戚"家嘘寒问暖，帮助他们解决了很多实际困难。在他的鼓励下，维吾尔族乡亲大胆地走出家门，开始了新的生活，贫困职工也在岗位上勤恳工作，努力提高家庭的生活质量。"京和人"全身心投入，用真情、智慧和汗水在产业精准扶贫上取得显著成果，为民族团结"一家亲"做出了贡献。

羊小肠"废物利用"为和田人找到致富路
——和田秋实昆仑雪公司案例

分割、加工完羊肉,剩下的羊肠能做什么?以往在新疆和田地区,养殖户或屠宰场大都一扔了之,最大的用途是在夜市变身为烤羊肠。但在和田秋实昆仑雪生物科技有限公司投产后,情况有了转变。2017年以来,这家公司每年将1000多万根羊肠加工成肠衣或生物制品。如今,和田羊肠衣已进入国际市场,端上许多国家的家庭餐桌。从"边角废料"到"优质肠衣",和田羊肠的变身,折射出当地产业结构的深刻转变。新疆通过延伸传统产业优势、挖掘隐性产业优势、巧借域外产业优势,一批像羊肠加工业这样的"特字牌""独字号"产业在不断壮大,拓展了产业发展新空间。

图24 秋实昆仑雪公司羊肠衣加工车间

京企转移和田带来岗位助贫困户增收

北京秋实农业股份有限公司是一家以高新技术为先导，国内顶尖的集天然肠衣和动物胶原蛋白肠衣系列产品生产、副产品深加工和国际贸易于一体的大型集团公司，具备覆盖全国的原料采购渠道和遍布全球的市场销售体系，是国家农业产业化重点龙头企业、国家高新技术企业。公司在新疆喀什、和田和内蒙古乌兰察布、宁夏固原、辽宁凌源等地设有分公司。

新疆人世世代代养羊吃羊肉，羊小肠资源蔚为壮观。"新疆羊小肠市场价值超过10亿元，以前利用率不到15%，绝大部分被农牧民当作废物白白扔掉了。"为此，秋实农业在和田全资成立了秋实昆仑雪生物科技有限公司，于2015年8月落户和田北京工业园区，2016年4月开工建设，2016年9月开始试生产。

在秋实昆仑雪公司董事长刘长利的眼里，羊小肠从头到尾都是宝：羊小肠中的肠衣因为独特的韧性和弹性，是医用缝合线的优质原料，且广泛用于高端网球拍、羽毛球拍及香肠类食品中；羊肠壁一共有5层，刮完肠衣，剩下的部分还可以提取肝素钠、肠膜蛋白制品等，肝素钠是抗凝药物的重要原料，肠膜蛋白制品则是化妆品的重要原料，市场上非常紧俏，产品附加值很高。

虽然加工后是高科技产品，但初加工环节属于劳动密集型产业，正好适合和田，一般年轻人培训10天左右就能上岗。工资按件计价，一根肠衣1块钱，技术熟练的工人，一天能做150多根，一个月收入多的有4000多元，这在当地属于较高收入。有的员工看到挣钱，把家人也带来一起上班，仅刮肠衣一个工种，夫妻俩一年就能挣10多万元，很快就过上了富足的生活。

建农民合作社助力和田市精准脱贫

为深入发展畜牧养殖产业，2017年，秋实昆仑雪生物科技有限公司在和田市各乡村建立农民专业合作社，采取"合作社＋贫困户"模式，由公司负责管理、技术服务及销售，建档立卡贫困户和村民可根据实际情况入

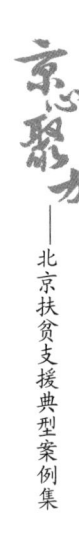

股或就业参与合作社经营。村民艾则孜·海拜尔以前在家只会种地和养羊，挣不到钱。前期大队让他入股，来合作社上班，开始他还不同意，在村两委的反复动员下，他最终被说服，不但在合作社入股，还在合作社上班，现在是合作社的骨干力量，不仅每月可以挣到3000—4000元的工资，每年还可以收到2000多元的分红，一个人每年就可以挣到4万—5万元钱，现在家里的生活条件越来越好。

秋实昆仑雪合作社经营收购和生产天然羊肠衣，大量吸纳本地劳动力就业，推动了当地农牧业产业结构调整。通过大量收购羊小肠，改变了以往资源浪费的状况，让广大农牧民的羊肠不仅卖得出去，而且卖出了好价钱。同时，秋实昆仑雪公司与专业养殖户签订长期收购分红合同，"保底收益，按股分红"。公司设立了16个村镇合作收购点，扶持1000余户农牧民成为原肠收购专业户。

阿布都艾海提既是厂里的员工，又是原肠收购专业户代表。除了在公司上班，他还四处收购羊小肠卖给公司，从中赚取差价。如今，他已经拉起一支20多人的长期供货队伍，最远的地方到了喀什和阿克苏地区。"以前我一个月收入不到3000元，妻子在家干农活，养活三个娃娃非常困难，现在我一年能挣30多万元，家里盖了新房子，还花15万元买了一辆小汽车，这是我以前想都不敢想的。"阿布都艾海提是公司的老员工，也是大家学习的榜样。4年前基本不会说普通话的他，现在可以熟练地用普通话与人交流了。

扶贫济困搭起促进民族团结的桥梁

建厂之初，和田昆仑雪结合当地实际，领导班子多次召开专题会议，抱着促进民族大团结的信念，把尽可能为维吾尔族人提供就业岗位、让当地农牧民尽快脱贫致富、让工人们感受到祖国大家庭的温暖、促进民族融合作为领导日常工作的重中之重，公司班子分工明确，走遍和田市的五乡两镇，对和田市的贫困户登记备案，在招工录用时优先安排贫困户。

为解决工厂维吾尔族职工不懂普通话、无法与北京派出的管理人员交流、阻碍尽快投入生产的被动局面，公司优先解决维吾尔族职工吃、住、行等一系列问题；推行了晨训制度，即每天早晨上班后半小时让维吾尔族职工学习普通话，让汉族职工学习维吾尔语，通过相互切磋学习，维吾尔族职工很快学会基本技能。公司还创造性地开展每人每月做一次民族政策的传播者、实践者活动，把公司民族团结进步教育推向一个新高潮。

秋实农业在为当地经济发展做出突出贡献的同时，积极承担社会责任，主动参与社会公益活动，经常为农牧民送温暖、献爱心，和农牧民建立了亲人般的联系，牧民有了困难，企业帮助解决，架起了与维吾尔族人沟通的桥梁。秋实农业与农牧民和睦相处的鱼水之情，被自治区和北京市领导誉为和田市的一张靓丽名片。

从"筑巢引凤"到"引凤驻巢"
——北京产业援疆探索园区专业化托管运营案例

在新疆和田地区的和田市、和田县、墨玉县和洛浦县及兵团第十四师昆玉市,每一个由北京对口支援的县市内都有北京援建的工业园区。近年来,五大工业园区的建设为当地实现"筑巢引凤",为发展产业促进就业提供了强有力的支撑。数据显示,"十三五"期间北京援疆共实施产业援疆项目108个,投入资金26亿元,累计建设标准化厂房近60万平方米,招商引资162家,协议投资104亿元,实际投资23亿元,共吸纳就业人口2.8万余人,对和田地区胜利打赢脱贫攻坚战发挥了重要作用。

产业园区建起来了,如何能让入驻园区的企业获得更好的发展,切实提升受援地的营商环境进而引入更多优质企业入驻?在实现巩固拓展脱贫攻坚成果与乡村振兴有效衔接的战略背景下,北京产业援疆开始谋划从"筑巢引凤"向"引凤驻巢"推进。第七次全国对口支援新疆工作会议提出探索托管、代管模式开展园区运营。北京市援疆和田指挥部按照要求,在北京市相关部门的大力支持下,进一步创新产业援疆模式,通过引入北京联东集团对园区进行专业化托管运营,有效优化受援地的营商环境,实现园区企业的稳定发展。同时,借助联东集团庞大的企业网络,实现优质招商和精准招商,促进了和田产业优化升级,提高了和田产业发展水平。

引入专业化运营企业试点园区"托管"

北京联东集团是全国园区专业化运营管理的领军企业。2020年,北京市援疆和田指挥部充分协调后方资源,创新探索"工业园区专业化托管运营"模式,邀请北京联东集团30余人的专业团队先后赴和田,为当地的园区企业和产业发展"把脉问诊",探索和田地区园区专业化运营合作的新模式,探索利用社会化力量助力当地政府改善营商环境的新举措,探索促进园区产业链衔接与布局协同发展的新思路,探索提升产业园区运营管理水平的新方法。经过深入走访调研,联东集团以北京和田服装纺织工业园区为试点,列出了一份涉及员工培训、园区设施配备、企业服务政策衔接等内容的"问题清单",为帮助园区进一步提升运营管理做足功课。

立足产业援疆现实条件,按照稳妥推进的原则,北京市援疆和田指挥部、和田市人民政府、联东集团签订三方战略合作协议,联东集团在和田落地成立和田联东物业管理有限公司,先期选择"北京和田服装纺织工业园区"为托管服务对象,进一步提升园区管理服务水平,面向招商引资落地企业提供全生命周期的精准、精细、精心服务,为助力营商环境改革优化、促进产业园区转型升级提质增效创造更好条件。即一方面以援疆指挥部的支持为依托,发挥和田地区的资源优势,打造良好的营商环境;另一方面,依托联东U谷全国产业招商优势与资源,与和田地区资源禀赋相匹配,全面推进援疆产业招商工作,实现U谷模式在和田地区落地和创新,加快和田地区产业园招商速度,带动、促进和田地区的产业发展。

为企业提供"保姆式"全程专业化服务

北京和田工业园区位于和田市东郊,距市中心直线距离约3公里,分为产业园区、旅游商贸核心区、商业及配套居住区、产业配套居住区、生活居住区,是北京市对口援疆的重点项目。和田市服装纺织产业园位于北京和田工业园区内,规划总占地面积44万平方米,已建成标准化厂房40栋约32万平方米,重点引进纺织、服装、鞋帽箱包、消费电子等为主导的优质产业资源。

经过北京市援疆和田指挥部的牵针引线和前期对接,2021年3月,和田恒叶服饰有限公司投资1000万元,改造建成9000多平方米的厂区,正式

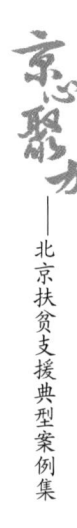

把"家"安在了和田。"企业刚刚落地和田，可能面临着厂区水电、员工宿舍管理、办理营业执照等问题。"但让和田恒叶服饰有限公司厂长王先楷没有想到的是，这些问题都被园区的管理团队——和田联东物业管理有限公司在短时间内就解决了。2021年4月，落地后仅仅一个月，和田恒叶服饰有限公司正式开工投产。"公司落地后，和田联东物业管理有限公司主动与我们联系，为我们提供'保姆式'的服务，主动上门为我们办理营业执照，解决了水电问题，安排技术人员宿舍，还为我们招工，短时间内就为我们解决了一切问题，厂子得以顺利开工。"王先楷表示。

联东集团负责和田市服装纺织产业园的园区运营管理、招商服务、园区企业管理服务、企业入园评估等工作。除了做好园区道路、水电、宿舍、文化中心等基础设施建设外，还为引入企业建立"一企一档"，以联东成熟的产业园区运营模式为入园企业提供政策咨询、人才招聘、员工培训、生产运营等增值服务。

图25 和田市服装纺织产业园

政企合作搭建平台开展精准招商

2021年，北京市援疆和田指挥部高度重视招商引资和产业发展工作，将其列入指挥部重点工作，形成了以需求为引导，围绕延伸产业链，以提升价值链、打造供应链为主线的招商工作机制。一方面加大资金扶持力度，在 2020 年投资 1 亿元设立受援地产业发展扶持资金的基础上，2021 年继续安排 1.26 亿元资金，为和田地区主导产业发展和重点企业培育提供更大支持。另一方面选派专业招商力量打造援疆指挥部大招商工作格局，设立纺织服装、农产品精深加工、数据标注等招商专班；创新招商模式，与异地商会、专业机构战略合作开展专业招商，在全国多地主办"锦绣南疆　大美和田"招商引资推介会，开展定向招商、精准招商、以商招商，取得积极进展和显著成效。其中与联东集团共同举行了 4 期全国招商专项行动。

为促进新疆和田地区加快推进纺织服装、农业、食品、鞋业、假发、袜业、工业制造等产业高质量发展，立足和田的产业承载能力，北京市援疆和田指挥部与联东集团签署战略合作协议，开展专业委托招商。联东集团围绕和田地区一市三县和兵团第十四师主导产业，协助支持指挥部招商引资工作专班赴河南郑州、江西南昌、福建、宁夏等地开展招商专项活动，通过优质招商和精准招商为和田吸引高能级项目落地，助推和田产业转型升级和高质量发展。

图 26　2021 年 9 月 26 日，墨玉县有关负责人在南昌市举行的"锦绣南疆　大美和田"——新疆和田地区招商引资推介会上做推介

联东招商大数据系统积累了50余万家企业，形成了强大的云数据平台，能为筛选优质企业、定向引入高质量项目提供切实有效的数据支撑。产业发展团队利用企业公海、使用智能算法，精准挖掘，靶向招商，从而实现快速、精准导入优质项目。2021年联东集团协助支持北京市援疆和田指挥部招商引资工作专班在全国开展招商专项活动，正是基于大数据平台的筛选，锚定重点区域，精准锁定企业群体，在充分对接资源的基础上，搭建政企交流平台。

表1　2021年联东集团协助开展的"锦绣南疆　大美和田"招商专项活动

时间	对接地区	主要活动	活动成果
2021年9月22日至27日	郑州、南昌	北京市援疆和田指挥部、墨玉县工作队、洛浦县工作队援疆干部等组成的招商团队，调研走访和对接了郑州、南昌两个纺织业高度发达城市的重点园区和重点企业；在南昌市举行了"锦绣南疆　大美和田"——新疆和田地区招商引资推介会	促成上海牧格、泛信国际、江西万马服饰、群福制衣、宏众实业5家企业成功签约
2021年11月28日至12月3日	福建	北京市援疆和田指挥部、和田县工作队等组成的招商团队先后调研、走访了泉州、晋江、莆田等鞋服纺织业高度发达地区的重点企业；在晋江市举行了"锦绣南疆　大美和田"——新疆和田地区招商引资推介会	促成泉州市捌伍捌休闲服饰有限公司、福建省爱芭斯鞋业有限公司2家企业成功签约
2021年12月13日至18日	宁夏	北京市援疆和田指挥部党委书记、指挥彭利锋率队，在银川市考察了宁夏厚生记食品有限公司、沃福百瑞枸杞公司等企业；在吴忠市考察了宁夏盐池滩羊产业发展集团等畜牧业精深加工企业；在中卫市调研了中农博远（宁夏）农业发展有限公司等农业企业	招商洽谈对接中，各企业负责人表示将结合企业发展战略和需求，择时到和田地区实地考察，推动项目投资落地

来源：根据公开报道整理

以高质量招商引资推动经济高质量发展

和田古称"和阗"，是丝绸之路南道上的重镇、丝绸之路经济带核心区的重要支点、中巴经济走廊的核心枢纽。"十三五"期间，在对口支援省市大力支持下，和田地区紧紧围绕发展产业带动就业、促进脱贫增收主线，坚持一产上水平，二产抓重点，三产大发展，"十百千万亿"级农业主导产业体系基本形成，劳动密集型产业从无到有，茁壮成长，产业发展基础不断夯实，基础设施建设取得重大突破，经济社会发展站在了新的历史起点上。

统筹推进承接产业转移是和田地区"十四五"六大任务之一，包括北京援建的五大工业园区在内的各类产业园区是和田地区承接产业转移的主要载体。"十四五"期间，和田将按照"产业向园区集中、项目向园区集聚、政策向园区倾斜、资金向园区保障"的思路，创造最优营商环境，将园区打造成区域性招商平台、政策洼地和服务高地。北京援疆和田指挥部着眼于巩固拓展脱贫攻坚成果、深入推进乡村振兴和促进和田长期稳定发展的目标，在后方大力的支持下，推动产业援疆从"筑巢引凤"转向"引凤驻巢"，积极探索创新，引入专业化园区运营机构，加大精准招商力度，这是提高对口援疆效益的重要举措，对于和田地区产业园区转型升级和产业高质量发展具有重要意义。未来联东集团将在北京市援疆和田指挥部的支持下，持续集聚全国园区的资源优势，为和田地区导入产业资源，强化已有产业链，孵化和培育新产业链，不断加大对口援疆力度，有效优化受援地营商环境，实现园区企业的稳定发展，促进产业结构再升级，为和田地区经济社会发展注入新动能，推动北京援疆工作再上新台阶。

走出一条"三生共赢"的高原生态畜牧业可持续发展之路
——北京助力青海玉树打造牦牛全产业链案例

青海是全国最大的牦牛主产区,牦牛存栏占世界牦牛总数的1/3,占全国的38%,有"世界牦牛之都"的美称。2020年5月,农业农村部、财政部公布首批全国50个优势特色产业集群建设名单,青海牦牛产业集群位列其中。作为北京对口支援的高海拔地区之一,位于长江、黄河、澜沧江源头的青海玉树州,三江源国家公园、可可西里世界自然遗产覆盖其全境,是我国生态文明建设的重点地区,也是脱贫攻坚"三区三州"重点地区之一。为了保护三江之源的生态环境,在北京援青玉树指挥部积极谋划下,玉树州确立了以牦牛、藏羊及黑青稞为核心的产业布局,通过产业的带动、支撑作用巩固脱贫成果,推进乡村振兴。特别是牦牛养殖业,玉树州有着丰富的自然资源,可利用草场面积大,牦牛数量位居青海省第一。北京援青玉树指挥部与当地共同谋划,引入各种资源多方援手助力玉树打造牦牛全产业链,探索一条融生态保护、生产经营、生活富裕为一体的"三生共赢"的青藏高原生态畜牧业可持续发展之路。

地处三江之源,"玉树牦牛"自带身份标识

2017年,玉树州玉树牦牛被认定为青海省唯一的中国特色农产品优势区。在玉树地区,发展牦牛产业具有多种优势。一是种源优势,玉树牦牛野血纯度高,抗病能力强,生长性能较好。二是草场优势,草场3亿亩,可用1.7亿亩(全省5.4亿亩),占全省的31%,位居全省第一,二等五级以

上草场面积1.1亿亩，占全省2.6亿亩的42%。三是组织优势，目前玉树州组建了生态畜牧业合作社200余个，龙头企业12家，5万牧民参与到牦牛的高效养殖事业上来，拉动性强，见效快。四是存栏优势，2020年玉树牦牛存栏达195万头，占全省牦牛总数的40%，位居全省第一。五是品牌优势，玉树牦牛地处三江之源，超净生长环境、半野生的生长方式，国家地理性标志产品，自带身份识别标识。

图27　玉树牦牛

对于生活在高海拔地区的玉树人民来说，牦牛是老祖宗留下来的"饭碗"。千百年来，牧民们吃的是牦牛肉，喝的是牦牛奶，穿的是牦牛皮衣，住的是牦牛毛帐篷，烧的是牦牛粪，运输、耕地也靠牦牛……然而，在传统的生产方式下，牦牛可以满足牧民的温饱需求，却难以满足新时代人们日益增长的对美好生活的向往。

2018年，玉树州出台《关于加快推进牦牛产业发展的实施意见》，提出把牦牛产业建设成为特色优势畜牧业发展的领跑者、实现草原牧区生态保护的调节器、广大牧民脱贫致富的承载体。当年，玉树州人民政府、北京援青玉树指挥部与首农食品集团签订战略合作框架协议，共同成立青海首农玉树供应链发展有限公司（简称首农玉树公司），为玉树提供全方位的农牧业发展要素对接服务，为当地牦牛产业发展在品种繁育、养殖技术、疾病预防等服务体系上给予支持，同时探索对有发展潜力的当地特色产品企业进行品牌、技术、销售、智力等方面的扶持,培育玉树地区农业产业化龙头企业,孵化带动一批中小企业发展,培育一批致富带头人,达到产业扶贫和增收致富的目的。

2019年第四批北京援青团队刚到玉树就积极谋划,将助力玉树州发展生态畜牧业作为重要任务,利用玉树州农产品地理标志"玉树牦牛"的优势资源,谋划牦牛全产业链发展,筑牢生态畜牧业发展基础,打造中高端牦牛产品,推动传统畜牧业向标准化、专业化、规模化转变,念好农牧业发展"特色"经,创建玉树牦牛区域公用品牌,为青海省打造绿色有机农畜产品输出地助力。

多方谋划推进,助力牦牛全产业链发展

一是做好顶层设计。北京市协同玉树州农科局等相关部门,依托专业咨询公司和北京首农食品集团等6家公司,制订了《玉树州牦牛产业发展规划》《玉树州牦牛产业发展三年行动计划》,明确以"绿水青山就是金山银山"理念为指导,以"三江源生态保护"为宗旨,以"牦牛产业"为抓手,以"推动牦牛高质量发展,助力牧民高品质生活"为目标,以"良种繁育、科技养殖、品牌打造、示范带动、人才培训"为立足点,努力使玉树牦牛成为青海牦牛的良种繁育基地、品牌引领基地、高质量发展示范基地、绿色有机农畜产品输出基地,打造一条融生态保护、生产经营、生活富裕为一体"三生共赢"的青藏高原生态畜牧业可持续发展之路。

二是抓实关键节点。按照"生态优先,高质量发展"的总基调,抓住生态畜牧产业链条发展关键环节,有效完善产业链条。创新体制机制,打造牦牛产业生态圈。着力打造政府服务平台、企业联合平台、产业协会平台等三大平台,创新"龙头企业+合作社+农牧户+牦牛物联网管理平台+活畜贷"的管理模式,提高合作社和牧户的养殖技术与水平,打造产业链、畅通供应链、提升价值链,构建牦牛产业发展生态圈。完善良种繁育与科技养殖,推动牦牛产业提质增效。发挥玉树牦牛天然品种优势,依托北京三元种业的技术支撑,培育优中珍品,加快良种繁育,优化牦牛种群结构。推动牦牛分档分级确保优质优价和产品标准化,开展科技养殖提升牦牛的附加值,推广四季出栏提高牦牛的持续供应能力。发挥品牌引领,

夯实牦牛产品市场体系。打造玉树牦牛区域公共品牌，唱响中国牦牛"玉树好声音"，把玉树州打造成世界独有、中国唯一的高品质生态牦牛核心产区。依托消费帮扶政策，让北上广深等发达地区都能品鉴到玉树牦牛产品，把玉树牦牛培育成高品质生态牦牛肉的领军品牌。加强资金保障，充实牦牛产业后期的发展支撑。"十四五"期间，北京市预计安排援青资金3.7亿元，涉及生态畜牧业类项目17个，为玉树牦牛产业发展提供有力资金支撑。

三是开展示范带动。按照"示范带动，以点带面"的工作思路，在称多县实施三江源高原现代生态畜牧业示范建设项目，推动传统畜牧业向标准化、专业化、规模化转变，使玉树州生态畜牧业走出一条以"生态、分类、集约、规范、有机、品牌、高端化"发展之路，为生态畜牧业发展指明方向，切实为牧民群众打下"高质量、可持续、可依靠"的产业。目前，称多县歇武镇三江源高原现代生态畜牧业示范点建设项目已经启动，该项目是巩固脱贫攻坚成效、实施乡村振兴的重大产业项目，是探索玉树高原生态畜牧业和谐发展的重点示范项目。项目占地60余亩，投资1000余万元，将建成千头牦牛养殖基地，通过整合草场、整合劳力、整合牲畜，提高农牧业生产组织化程度和农业产业化经营水平。该示范基地项目从良种繁育、品质检测、食品研发、产品展示等方面着手，推进治多牦牛品牌建设，满足生态保护和畜牧业共同发展的需求，最终实现一、二、三产业的融合。

四是消费帮扶助推。北京市牢牢把握青海省"打造绿色有机农畜产品输出地"这一发展战略的有利契机，进一步推进玉树州牦牛产业与北京首农食品集团之间的合作。挖掘玉树传统畜牧业资源，衔接好产品上行渠道。首农玉树公司针对玉树牦牛肉干、奶制品等玉树特色农畜产品，积极通过北京消费帮扶双创中心开展大宗团购等销售活动。成功开发自主产品，携手团餐明星企业促进销售。首农玉树公司利用牦牛肉原材料并由石家庄惠康公司做代加工服务，成功开发玉树扶贫牦牛肉预制菜系列产品，打造出具有市场竞争力的自主品牌产品；同时，与北京健力源餐饮管理有限公司达成销售协议，在北京80余个餐厅全面推广牦牛肉预制菜产品。另外，组织当地龙头企业参加青洽会、北京市对口支援地区特色产品展销会、北京农业嘉年华等活动，并在北京产业消费扶贫双创中心设立固定展区，扩大玉树特色产品的销售渠道。

图 28　2019 年 12 月 19 日，青海省玉树藏族自治州首届高原特色农畜产品（北京）推介展销会在北京全国农业展览馆举办，图为人们正在品尝玉树牦牛肉

走"四化"之路，高原特色产业焕发新活力

通过全产业链打造，玉树牦牛产业正在摒弃散户放牧模式，走出"夏壮、秋肥、冬瘦、春死"的恶性循环，迈向现代化、规模化、标准化、品牌化发展之路。

一是饲草产业链体系不断完善。随着草地生态畜牧业的发展，玉树牛羊养殖依托其独特的资源和区位优势，生产经营方式逐步转变、组织化程度日益提升。通过玉树州饲草料产业链体系建设，促进转变畜牧业生产经营方式，有利于减轻依赖传统畜牧业增收的压力；通过建立草畜平衡机制，全面实施以草定畜，草原退化的趋势得到遏制，有效改善大气、水质、土壤质量等天然草地生态环境，维护生态平衡，提高生态系统的稳定性和持续性。

二是牦牛优良品种繁育力度逐步提升。多年来，玉树州牧民"自选、自留、自繁、自育、自用"的粗放式经营管理和不注重公畜选择与交换，致使当地牦牛表现出体格变小、体重下降、繁殖率低、死亡率高等现象，使畜群整体水平逐渐下降，造成牦牛品种退化，个体生产性能下降。通过实施野血牦牛核心群建设项目，在生态畜牧业专业合作社和养牦牛大户中先行开展组群选育，可产生大量的优级种牛，为区域畜牧业发展创造一个新的经济增长点，同时增强农牧民科学养畜意识。从项目实施情况看，野血牦牛与本地牦牛杂交改良后代躯体高大，体质结实粗犷，耐高寒，生长速度快，出栏率高，对高寒牧区多变恶劣的环境具有极强的适应性。

三是玉树牦牛区域公用品牌不断升级。玉树牦牛被列为中国特色农畜产品优势区，全国农村一、二、三产业融合发展先导区，通过推广玉树牦牛优良畜种，加强种源保护，健全产业链条，不断提升玉树牦牛品牌知名度和影响力，建立起资源共享、优势互补、互惠互利、共赢发展的牦牛产业区域合作体，共同打造青藏高原牦牛大产业、大品牌、大格局。

四是消费帮扶推动玉树生态畜牧业"破局"发展。青海首农玉树供应链发展有限公司的消费帮扶重点是拓展北京销售渠道，增加产品种类，利用北京首农食品集团丰富的品牌与资源优势，帮助玉树加快特色农畜产品销售。截至2021年10月底，首农玉树公司完成销售额681.27万元，同比2020年提高了327.93%，工作成效初步显现。

做大做强做优主导产业，夯实乡村振兴基础

三江之源、中华水塔，特殊的地理位置让玉树发展任何产业都要优先考虑保护生态环境。如何在保护生态环境的前提下实现经济发展，让农牧民过上好生活，是玉树州党委政府和北京援青团队一直思考的重大问题。在脱贫攻坚中，玉树提出把牦牛产业建设成为特色优势畜牧业发展的领跑者、实现草原牧区生态保护的调节器、广大牧民脱贫致富的承载体，在北京援青玉树指挥部的大力支持下，玉树正在以牦牛产业为重点，探索一条"三生共赢"的青藏高原生态畜牧业可持续发展之路。

找准主导产业并努力将其做大做强做优，是地方经济实现突破性发展的必由之路。在此当中，以龙头企业为牵引和带动，以品牌打造为目标，从全产业链谋划推进，是许多地方的成功经验。在玉树牦牛产业发展过程中，北京援青团队和玉树地方党委政府共同谋划，从体制机制、技术、生

产、销售等产业链各环节全面推进,并以首农玉树供应链公司为牵引,着力打响玉树牦牛区域公用品牌,取得了初步成效。培育主导产业需要持之以恒久久为功,未来要围绕养殖、改良、饲草、交易、加工等全产业链,进一步强化措施,合力做大做强牦牛产业,夯实玉树乡村振兴的基础。

消费帮扶篇

习近平总书记指出，"要切实解决扶贫农畜牧产品滞销问题，组织好产销对接，开展消费扶贫行动，利用互联网拓宽销售渠道，多渠道解决农产品卖难问题"。近年来，北京充分发挥特大城市消费规模和潜力大的优势，积极探索创新，大力开展消费扶贫，截至2020年底，全市消费扶贫总额超过530亿元，在助力受援地打赢脱贫攻坚战中发挥了重要作用。

搭建全社会参与消费帮扶长效平台机制
——北京首农供应链管理有限公司案例

2019年,为落实国务院办公厅《关于深入开展消费扶贫助力打赢脱贫攻坚战的指导意见》精神,发挥北京市超大型消费城市市场优势,以消费扶贫为有力抓手,助力贫困地区、贫困群众增收脱贫,北京市扶贫支援办与首农食品集团对接研究,在征求相关部门和丰台区政府意见后,决定由首农供应链管理有限公司作为北京市消费扶贫工作对接企业,在位于南三环草桥东路的首农双创中心建成北京消费扶贫双创中心(简称"双创中心"),截止到2020年底,该中心帮助北京市扶贫支援的内蒙古、河北、西藏、新疆、青

图29 南三环草桥东路上的北京消费扶贫双创中心
(现更名为北京消费帮扶双创中心)

海、湖北、河南等7省区的500多家带贫益贫企业补足产业短板，培育4000多种扶贫产品进入北京市场，销售扶贫产品11.6亿元，带动27.7万贫困户增收脱贫，促进全市消费扶贫销售额突破200亿元。

搭建平台，形成长效帮扶机制

根据《中共中央 国务院关于打赢脱贫攻坚战的决定》提出"在扶贫开发中推广政府购买服务模式"的要求，双创中心运行机制采取政府购买服务的形式，委托首农供应链管理有限公司承担日常运营工作。

在经营过程中，双创中心采用了"1+3+N"的运营模式，即搭建一个展示展销体验推介平台，线下、线上、社会动员三种营销主体模式，引入N个市场资源要素品牌对接，打通受援地农特产品生产、运输、包装、销售等全产业链条，实现线上线下同步展示展销，广泛动员社会力量通过消费参与扶贫，进而带动贫困户增收脱贫、上下游企业受益、消费者获得实惠、多方互利共赢的创新创业发展平台。

图30 北京消费帮扶双创中心保定馆

消费帮扶双创中心在组织形式上采取"一家牵头、多家参与"的方式，即由各受援地区政府确认一家符合资格认证条件的、具有带贫益贫机制的牵头企业，整合当地多家扶贫企业、扶贫产品，统一对接首农食品集团入驻双创中心并在线下线上开展销售。

在双创中心项目推进过程中，建立了工作体系、企业目录体系、产销服务体系、政策支撑体系、进京销售标准体系、运营服务体系、社会动员体系、价格及监管体系、宣传推介体系等共九大体系。

表2 北京消费帮扶双创中心九大体系

体　系	重点工作	责任部门
工作体系	以政府购买服务的方式确立首农运营主体，建行、京东、首创农投等开展线上线下、大宗交易，围绕双创中心整合社会力量	市扶贫支援办
企业目录体系	整合北京市扶贫协作地区特色产品进京销售企业名录和双创中心入驻企业名录，建立双创中心北京市购买方企业目录	市扶贫支援办、市商务局
产销服务体系	梳理产业全链条需求，列出双创中心为受援地特色产品来京销售提供配套服务列表及费用明细表（如写字楼、仓储库房、地下冷库、常温库、物流等服务项目）	首农供应链公司
政策支撑体系	研究整合国家、北京市和各受援地区政策，形成"双创中心运营服务政策清单""双创中心全产业链产销服务政策清单"	市扶贫支援办、市商务局
进京销售标准体系	梳理进京标准认证要求、建立质量检测和质量安全追溯、特色品牌打造推介、开展受援地区企业培训等，提升受援地区入驻双创中心产品标准化、组织化、品牌化程度	首农供应链公司、首创农投
运营服务体系	整体采用"1+3+N"模式，突出五大功能，依托双创中心平台资源，引入多要素导入双创中心，为入驻牵头企业、协作企业扶贫产品销售提供服务	首农供应链公司
社会动员体系	围绕双创中心推进消费扶贫工作，做好各单位商谈协调沟通，细化工作方案，以协议形式落实具体实施举措	市扶贫支援办、市支援合作促进会
价格及监管体系	建立精准扶贫大数据信息库，建立企业和产品主体，完善价格体系及产品信息数据，做到标准化、体系化、精准化；通过丰富受援地区特色农产品大宗交易信息，为双创中心价格和监管体系提供数据支撑	首农供应链公司
宣传推介体系	围绕双创中心做好宣传推介工作，联络好社会媒介、公益广告媒体等，全方位地宣传推广双创中心工作	市扶贫支援办、首农供应链公司

来源：《北京市深化区域合作研究——以区域联动推动消费扶贫为例》

增收脱贫，双创中心有"五字秘诀"

双创中心是北京市助力贫困地区产业造血、推进消费帮扶落地的重要探索和创新，突出体现在"销、补、推、搭、带"5个字。

一是"销"，即线上线下结合，打造永不落幕的市区联动展销平台。从线下展销看，消费帮扶双创中心分两层，一层不定期开展各类扶贫产品销售活动，如市区联动、直播晚会、年货卖场等。二层常设北京市扶贫支援的内蒙古、河北、西藏拉萨、新疆和田、青海玉树、湖北、河南、恩施巴东8个展区，按照受援地区风格特色，展销受援地区特色扶贫产品。在此基础上，北京16个区还建设双创分中心，每家分中心展销所在区结对帮扶县扶贫产品，形成"1+16"的双创中心网络。双创中心还与北京超市发、京客隆、家乐福、首航、物美、城乡集团、新发地、岳各庄、石门等商场、超市、批发市场合作，设立了247处消费扶贫专区专柜。并组织全市4600余家预算单位、43家市管企业的100万员工，按照不低于30%的预留份额，在双创中心等消费扶贫平台进行采购。此外，双创中心与京东、阿里、建设银行合作，分别在京东商城、天猫、淘宝和建行善融商城开通了网上旗舰店、特产馆，展销扶贫产品，各区分中心也探索线上网销渠道，如微信小程序、公众号展销扶贫产品。

图31 北京市民在消费帮扶双创中心新疆馆内选购

二是"补",即补足产业短板,构建受援地区企业的产业链帮扶体系。北京立足首都超大型消费城市的市场优势,在销售扶贫产品过程中,及时研究解决受援地区产业链短板问题,运用首都资本优势、产业优势、人才优势,从农产品生产加工、收购存储、包装标识、质量管控、运输配送等产业链条入手,不断补足短板,带动受援地区产业链完善。首农食品集团在青海玉树设立供应链公司,帮扶指导玉树当地进行产业升级、产品做优。目前双创中心已经帮助受援地区十几家龙头企业补足短板、创业创新,辐射带动200多家上下游企业成长壮大,相关扶贫产品的标准化、组织化、品牌化程度明显提高。

三是"推",即加强宣传推介,让购买扶贫产品献爱心的理念深入人心。在地铁、公交、电台、电视等公共资源和媒体广泛宣传双创中心扶贫产品,如动员北京广播电视台、歌华传媒等市属媒体捐赠9.7亿元公益广告资源,为双创中心扶贫产品免费宣传推广100个品牌。有效利用新媒体资源,在双创中心开展各类专项宣传推介活动近百场,如组织抖音、快手等大型直播平台,在双创中心举办直播带货、旅游推介等宣传活动。北京字节跳动公司发挥平台优势,依托今日头条、抖音、西瓜等平台,在2020年3月开展"齐心战疫,八方助农"项目,投入免费流量开展扶贫农产品线上销售、供需信息发布、达人产地直播等活动,助力全国各地扶贫农产品销售达2.6亿元,在抖音的曝光量就达到23.3亿次,引发全网对扶贫农产品的关注和好评。充分利用首都展会多的优势,在农博会、园博会、服贸会等大型国内国际展会活动中,推介双创中心扶贫产品,如2019年世园会与双创中心等合作,设立了专门的消费扶贫展馆,面向国内群众和国际友人,充分宣传展示各类扶贫产品和服务。

四是"搭",即搭建平台机制,动员社会各界参与消费扶贫。按照面向社会、自愿参与的原则,创新"金融+消费扶贫"模式,与建设银行合作推广北京消费扶贫爱心卡,使用该卡在双创中心及分中心购买扶贫产品,广大市民积极办卡、奉献爱心,办卡量突破100万张,刷卡消费扶贫产品近3亿元。在双创中心搭建党建活动平台,创新"主题党日"党建活动促消费扶贫模式,动员北京市属机关、中央单位到双创中心开展党建活动,体验消费扶贫,仅双创中心开通运营的2019年就开展党建活动1000多场,参加活动党员4万多人。推出"消费扶贫+工会卡"模式,为550万张北京工会会员卡增加消费扶贫功能，倡导鼓励工会优先购买双创中心扶贫产品，作为节假日慰问品。

图32　中国建设银行推出消费扶贫爱心卡，助力北京消费扶贫

五是"带"，即聚焦精准脱贫，完善销售扶贫产品的带贫机制。消费帮扶最终要落在贫困群众脱贫致富上，确保卖出的产品能让贫困户直接或间接受益。双创中心编印了《北京市消费扶贫产品名录》，覆盖北京扶贫支援7省区90个县级单位、518家供应商、2000多种扶贫产品，每个产品都标注带贫人数、受益方式。有针对性地开展从扶贫产品到市场销售的培训，培训贫困地区企业、农村致富带头人、农业合作社负责人等3700多人次，提升贫困地区和群众的内生动力。同时，双创分中心也探索适合自身

| 线上线下联动、前后方联动、双创联动、市区联动、政企联动 | 线下展示交易、特色扶贫产品产业创新、社会力量动员、产业化要素服务、信息共享与宣传推介 | 带动受援地区品牌培育、市场拓展、商品增值、科技赋能、脱贫致富 |

图33　双创中心"五大特点""五大功能""五大目标"

发展的带贫机制，如有的分中心推进农户直采，直接对接贫困户下订单收购种植的农产品，并帮助其完善包装、品相、规格。

六个率先，扶贫支援工作创新的生动实践

消费扶贫是社会各界通过消费来自贫困地区和贫困人口的产品与服务，帮助贫困人口增收脱贫的一种扶贫方式，是社会力量参与脱贫攻坚的重要途径。开展消费扶贫，一是有利于调动贫困人口依靠自身努力实现增收脱贫，促进贫困地区产业持续发展。贫困地区大多拥有优质特色农产品、民族手工艺品、休闲绿色农业等资源，通过产业扶贫，当地发展了一大批产业项目，但受制于诸多因素无法很好地卖出去。大力发展消费扶贫，可以直接帮助贫困户销售产品、增收脱贫，让广大贫困户看到自己生产的产品价值，持续增强贫困户内生动力。同时，消化消纳扶贫产品生产存量，促进扶贫产业产品产销市场化、品牌化的良性发展，完善稳定脱贫的长效机制，进而带动贫困地区相关产业做大做强和可持续发展。

二是有利于动员社会各界参与脱贫攻坚，满足人民对美好生活的向往。广大市民从身边购买一份扶贫产品，认知和支持脱贫攻坚工作；市场化运作可以吸引更多企业参与贫困地区扶贫产品线上线下生产和销售合作，营造全社会参与脱贫攻坚的良好氛围。同时，通过消费扶贫使得更多具有特色的扶贫农副产品进入市场，丰富商品供应，满足广大市民"菜篮子""米袋子"需求，更好地把满足人民群众日益增长的美好生活需要与促进贫困地区产业持续健康发展联系到一起。

三是有利于深化贫困地区农业供给侧结构性改革，推动脱贫攻坚与乡村振兴战略有效衔接。消费扶贫一头连着贫困地区特色资源，一头连着东部地区产业要素。通过消费扶贫可以促进东部地区市场、资金、技术、服务要素等与贫困地区资源优势、成本优势、生产能力等有效结合，引导贫困地区生产和提供让消费者满意的符合市场需求的扶贫产品，实现供需良性循环。在此基础上，通过消费扶贫拉动贫困地区第一、二、三产业融合发展，积极为产业协作、合作发展创造条件，为乡村产业兴旺进而实现全面振兴提供强有力支撑。

北京消费帮扶双创中心勇于探索、积极创新，率先在全国建成运行占

地 1 万平方米的消费扶贫市场化平台，率先建立消费扶贫产业链服务体系，率先带动形成"1+16+N"的覆盖全市的消费扶贫网络体系，率先建成消费扶贫电商网络联盟，率先探索"党建+消费扶贫"，率先会同中国建设银行发行全国第一张消费扶贫爱心卡，把市场消费、扶贫产品销售、贫困群众增收串联起来，让新疆和田大枣、西藏牦牛纯牛奶、青海玉树黑青稞、河南红薯粉条、湖北丹江口水库鱼头、内蒙古呼伦贝尔大草原牛羊肉等优质特色产品进入北京市场，满足人民对高质量绿色农特产品的需求，同时推动形成了首都市民人人参与消费扶贫的良好社会氛围，为助力北京扶贫支援地区打赢脱贫攻坚战做出了重要贡献，先后获得全国脱贫攻坚奖（组织创新奖）、全国消费扶贫典型案例奖、全国消费扶贫示范单位和全国脱贫攻坚先进集体等荣誉称号。立足新发展阶段，北京继续发挥首都超大型城市消费规模和潜力大的优势，以消费帮扶双创中心为平台抓手，动员全社会力量开展消费帮扶工作，为受援地区全面实现乡村振兴再立新功。

消费帮扶篇

打造"批发市场+种植基地"全产业链消费帮扶模式
——北京新发地市场消费扶贫案例

北京新发地市场是闻名京城的"菜篮子""果盘子",日均吞吐蔬菜水果量各2万吨,承担着首都北京90%以上农产品的供应任务。作为一家有

图34 北京新发地市场各类农产品交易厅

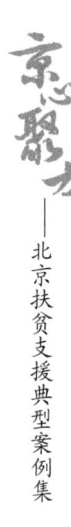

责任有担当的农业产业化龙头企业,自2015年起,在各级政府的指导、支持下,新发地市场凭借"上连三农、下连消费"的独特优势,加大了扶贫方面的投入和力度。2019年新发地市场将扶贫工作定为市场重点工作之一,专门成立了"扶贫工作领导小组",积极与贫困地区对接,建立扶贫工作长效机制,通过一系列的措施,吸纳贫困户就业,鼓励农民以土地入股,建立种植示范园引领农民种植。同时,通过举办推介会和展销会、设立销售专区和扶贫馆、减免进场费用、接待贫困地区政府和企业来访、到贫困地区进行农业讲座等多元化方式进一步助推贫困地区农产品的销售,提升其产品的知名度和影响力。截至2020年3月,新发地的果蔬扶贫种植基地遍布全国19个省(区、市)78个县,面积接近百万亩,带动了36万人脱贫致富。

真抓实干,打好消费扶贫"组合拳"

一是提产量,建设标准化种植基地。为有效解决"不采,特色农产品漫山遍野;采,特色农产品装不满一货车"的现实问题,新发地先后在内蒙古赤峰市林西县建设大小椒和洋葱种植基地4000多亩;在河北的顺平、乐亭、平泉、隆化、饶阳投资建设大桃、甜瓜、西瓜、葡萄种植基地3180亩;在江西的安远、信丰、寻乌、会昌投资建设脐橙种植基地6800亩;在甘肃的秦安、庄浪投资建设苹果种植基地5000亩;在云南临沧、永德投资

图35 北京新发地涞源重点扶贫基地

建设芒果种植基地1650亩；在陕西大荔投资建设冬枣、西瓜3560亩；在山西大同投资建设圣女果种植基地1100亩；等等，帮助当地农户实现规模化、标准化种植，促进当地经济发展，助力百姓脱贫致富。

二是促产销，打通从田间到市场的产销链条。"三产（销售）拉着一产（种植）走，市场需求是核心。"新发地市场采取"请进来，走出去"的办法，探索形成了"企业抓两头，农民中间干"的产供销一体化发展模式，即委派市场的销售大王、百强商户去扶贫，不带资金，只带种子和技术，通过示范种植园让农民学习种植技术和管理，新发地负责兜底销售，把种植环节交给农民群众。农民通过土地入股分红和在基地务工获得工资收入，实现脱贫致富。新发地市场始终秉承"扶贫先扶智"帮扶理念，不断提升贫困地区"造血"能力。通过开展"百王百强"致富带头人培训，举办农业讲堂，组织市场"经营百强"和"单品大王"赴贫困地区讲解农产品运行规律，推广农业种植技术，调整贫困地区农业产业结构，促进产销有效衔接，不仅有效地调动了贫困人口劳动致富的积极性，更推进了农村农业供给侧改革。

三是树品牌，举办特色农产品推介会。由于新发地市场在业内巨大的品牌影响力，全国各地农产品主产县每年要在市场举办近百场农产品推介会（活动）。为了让贫困地区的农产品不仅卖出去，而且卖出好价钱，2019年贫困地区在新发地市场举办农产品推介会（活动），市场均给予免费。借助市场巨大的影响力，借助新闻媒体的宣传，新发地积极助力贫困地区打响优质特色农产品的品牌，增加当地老百姓收入。其中2019年河北省贫困县在新发地市场销售蔬菜约19.5万吨，金额约4.019亿元；销售水果约3.3万吨，金额约1.74亿元，带动贫困人口约63754人。内蒙古自治区贫困县在新发地市场销售蔬菜约6.6万吨，金额1.41亿元；销售水果约3.1万吨，金额2.05亿元，带动脱贫人口40915人。

四是抓成效，建立扶贫工作台账。销售贫困地区农产品是手段，带动贫困户脱贫增收是目的。新发地市场在开展扶贫工作的同时，会同贫困地区政府、企业精准聚焦贫困人口，共同建立"一县一册"扶贫工作台账，量化带贫成效。每个县的产业基础如地理气候、土壤特征、种植规模、带贫清单都有详细的记录。贫困地区政府出具带贫情况证明，列出受益贫困户名单，做到有承诺、有盖章、有名单。新发地市场整理汇总数据，做到扶贫工作真实、清晰、可信。

真金白银，用足企业自身"工具箱"

一是设立特色展示馆（区），打造永不落幕的农展会。为了给贫困地区优质特色农产品建立一个展示展销的窗口和平台，让更多贫困地区农产品为首都老百姓所熟知，新发地市场拿出一个面积达2000多平方米的大厅专门设为新发地扶贫馆，并在馆内开设了河北、新疆和田、陕西富平、甘肃陇原巾帼扶贫馆等地方特色优质农产品展示展销馆。同时，在市场交易场地紧张的情况下，拿出黄金位置的交易场地为丰台区对口帮扶的"两县一旗"（内蒙古林西县、河北涞源县、内蒙古扎赉特旗）、河南兰考等贫困地区的优质特色农产品设立销售专区，进一步助力受援地打响品牌，提高当地农产品的附加值，推动当地农业产业结构调整，增加老百姓的收入。在内蒙古武川县土豆集中上市的高峰期，新发地专门腾出大片场地为武川土豆开辟销售专区，整合资源形成批量销售规模优势。在新发地市场"全国名特优农产品展销中心"专门开设内蒙古名特优农产品展销馆，汇聚内蒙古各地的杂粮、加工品、土特产等优质产品，成为内蒙古优质农产品在京销售永不落幕的农展会。为更好地帮助贫困地区农产品进入新发地市场展示展销，已累计为部分贫困地区的产品减免各类费用上百万元。其中，减免河北特产馆等6家贫困地区特色展示厅（区）费用62万元，减免内蒙古武川县土豆推介会等13场贫困地区特色农产品推介会费用60万元。

二是建立农产品流通联络站，做好扶贫产品与市场需求的纽带。新发地市场在设立特色展示馆（区）的同时，积极帮助内蒙古巴林左旗、宁城县、太仆寺旗等地在市场中设立农产品流通联络站。驻站人员实时将新发地市场动态和农产品行情反馈到家乡政府和农业主管部门，更好地指导贫困户种植和调整农业结构，完善高效的产销对接机制。

三是开展进社区活动，直通消费最终端。新发地市场在全市近1000个社区菜篮子便民店、果蔬精品店中，开设3—5平方米的扶贫产品销售专区，展示销售贫困地区优质农产品。

四是提供就业岗位，提升就业能力。新发地市场作为劳动密集型企业，积极为贫困人口安排岗位就业。目前共吸纳贫困人口200多名到市场就业，人均月工资4500元，并在日常工作中培养其农业流通知识和相应技能。其中，2017年，为陕西省富平县16名贫困户学生提供市场收费员等就业岗位。2018年，为滦平县、涞源县和左权县等64个全国贫困县190名贫困人口提供市场收费系统、日常管理等就业岗位。

融合发展，当好保供应促振兴"领头羊"

北京属于特大型消费城市，同时又是农产品输入型城市，农产品自给率不到10%，其他90%的农产品来自全国各地，经由北京新发地市场等走向市民的餐桌。由于规模大，北京新发地在种植者和消费者之间架起了坚实的桥梁，肩负起帮助农民脱贫致富和保障首都市民消费升级的双重责任。北京新发地充分发挥优势，积极履行社会责任，引导市场经营大户以新发地市场为平台向两头延伸，探索出"企业抓两头，农民中间干"的产供销一体化发展模式，即一头向产地延伸，发展订单农业，把农民组织起来，通过销售百强、经营大户的技术指导，让农民种出的农产品卖得多、卖得好，带动各地的种植者实现脱贫致富，还提高了果蔬规模化、标准化种植水平；一头向消费者延伸，通过举办推介会和展销会、设立销售专区和扶贫馆、开通社区"直通车"等各种方式助推贫困地区农产品的销售，提升其产品的知名度和影响力，通过消费扶贫为脱贫攻坚做出了独特贡献，新发地市场获得了全国脱贫攻坚奖（组织创新奖），其负责人被称为"消费扶贫引路人"。如今，新发地市场通过构建智能供应链综合管理系统、打造"新发云"线上交易大平台、开通新发地掌鲜生鲜超市（电商平台）、建立直播基地等手段，正在加快走向线上线下融合发展之路，着力将首都的大"菜篮子"升级为全国农产品供需网上大平台，继续以消费引领助力乡村振兴。

京蒙协作"参与式"消费帮扶的创新实践
——"我在扎赉特有一亩田"项目案例

扎赉特旗地处内蒙古自治区东北部,是内蒙古自治区、兴安盟重要的水稻生产基地,水稻种植面积和产量均位居自治区旗县市第一。全旗种植水稻旱稻累计90万亩,从事水稻种植的农户达到1.6万户,合作社20家,年加工能力达到1万吨以上的企业有15家。

自2018年4月北京市丰台区与内蒙古扎赉特旗建立扶贫协作结对关系以来,两地积极探索精准扶贫新模式,按照"政府搭台引导、社会力量协同、主力市场支撑、多元渠道帮销、形成品牌发展"的工作思路,准确把

图36 2019年5月22日,在北京市丰台区委、区政府,扎赉特旗委、旗政府共同举办的推介招商会上,"我在扎赉特有一亩田"订制认领100多亩

握扎赉特旗自然资源和特色产业优势,从生产、加工、销售等环节入手,有力促进了全旗贫困人口稳定脱贫和丰台区产业持续发展。结合丰台区内两个"北京菜篮子"区位优势与扎赉特旗自然禀赋优势,创新提出"1+2+N"农产品进京消费扶贫模式(以举办农副产品推介会为"窗口",推行企业认购和个人"订制认领"两种购买形式,搭建批发市场、大型商超、餐饮企业、机关食堂、学校、医院、社区等多个农副产品进京平台),打通了销售渠道,使扎赉特旗的优质大米亮相北京市场。

扎赉特旗农产品在北京积攒了一定的群众基础,但农产品销售始终是消费帮扶终端,部分消费者确实通过良好体验认可了扎赉特旗的农产品,其注重的是产品质量,而另一部分消费者是通过消费帮扶推介活动才加入到农产品购买行列,其注重的是帮扶的意义,但传统的消费帮扶模式不能直观地了解农产品的来源、脱贫地区的状况及消费帮扶的效益体现。2019年,扎赉特旗正式退出国贫旗县行列,并开启了乡村振兴新征程。旗京蒙扶贫协作领导小组决定借助与丰台区结对帮扶的有利契机和平台,以"我在扎赉特有一亩田"为突破口,发展"参与式"消费帮扶新模式,推动全旗水稻种植产业升级和农民增收。

探索订制农业,"互联网+"连通消费者与田间地头

所谓"我在扎赉特有一亩田",就是先让消费者在订制认领基地任意挑选一块心仪的稻田,挂上认领牌,消费者可以通过手机等无线设备实现对认领稻田种植的水稻从生产到成品的全程监控与管理。这种区别于直接购买上市农产品的消费帮扶形式被称为"参与式"消费帮扶。"参与式"消费帮扶的优势在于以下三点:

一是深入了解农产品生长环境,安心选订。打铁还需自身硬,扎赉特旗是全国粮食生产先进县、国家绿色食品标准化原料生产基地,全旗境内没有污染性工业企业,大气、水、土壤很好地保持了原生态,是得天独厚的"农牧场"和山清水秀的"生态园"。通过"水稻+"综合种养稻田模式,稻田里"长"出鱼、龙虾、螃蟹、鸭子,实现了"一地多用、一举多得、一季多收"的现代农业发展新模式,不仅节约了水土资源,提高了资源利用率,更提升了水稻品质。订制认领的"一亩田"严格按照协议标准

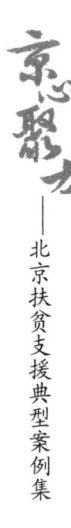

不施化肥、不喷农药，采取人工除草，稻鱼、稻鸭、稻蟹共养，"稻在水中长，鸭在水上戏，鱼虾蟹在水里游"，这动静结合的画面，正是扎赉特水稻循环立体生态种养模式的生动写照。远在喧嚣都市的客户只需花费6600元或1.2万元，就可认领一亩安装了高清摄像头的绿色生态稻田或有机稻田。秋收时，基地会把鲜米、稻鱼、稻鸭、稻蟹按月或按季配送到客户家中。订制认领农业让顾客与农民、稻田直接对接，实现了让最优质、最健康的大米直接走上客户的餐桌。

二是切身体验种植管理过程，自主性强。"一亩田"水稻种植回归到传统耕种模式，除了机械化育秧、播种和收割外，如除草等田间管理回归了传统人力，并采用农家肥进行施肥，满足了消费者对绿色、有机的需求，让消费者放心。认领时可以选择稻鱼、稻鸭、稻蟹共生共养模式，种植期间还可以通过手机上的千里眼APP或者现场参与育苗、插秧、除草等田间管理，可完全根据自身需求实现DIY化，在满足消费者的劳动需求的同时，不仅增长了劳动知识和技能，还使消费更富趣味性。

三是通过参与京蒙协作，体会社会帮扶意义。众多认领的企业和个人因为被视频监控中的自然环境及劳动趣味所吸引，自发组团来到扎赉特旗"照看"自己的"一亩田"，并把扎赉特旗作为自己旅游的一个选择。部分企业和个人甚至"有备而来"，直接参与到当地京蒙协作工作当中，为当地

图37 扎赉特旗订制稻田

嘎查村和脱贫户捐资赠物，尽自己的力量参与社会帮扶。通过现场体验，不仅深入了解了扎赉特旗的风土人情，带动了旅游业的发展，还对扎赉特旗脱贫攻坚成果、乡村振兴现状，以及京蒙协作有了更为深入的理解，让"参与式"消费帮扶更具有教育意义。

建立体验中心，以高品质产品塑造高端品牌

为进一步巩固与提高扎赉特旗农产品进京销售成果，旗委政府通过"一推、一进"将"我在扎赉特有一亩田"推进北京市场并受到市民追捧，后续通过"一建、一扩"将"我在扎赉特有一亩田"打造成中高端品牌，让"参与式"消费帮扶模式成为拉动全旗水稻种植产业升级与农民增收的一条引线，引领扎赉特旗水稻产业走上高质量发展之路。

一是招商推介"名声噪"，农产品进社区"入人心"。2019年以来，通过"情润草原 携手小康"推介会、扎赉特旗专场推介招商会、世园会兴安盟主题日展销等招商推介活动，在北京市的大力支持下，让扎赉特旗农产品名声大噪，"我在扎赉特有一亩田"也在北京打响了品牌，立住了脚跟。与扎赉特旗结对的丰台区各街道也陆续举办了"农产品进社区"系列展销活动，让更多北京居民近距离体验并买到扎赉特旗农产品，让更多居民了解并订购"一亩田"。

随着"一亩田"在北京站稳脚跟，用户对这种符合消费者个性化、无公害需求的优质水稻"认养"模式也越来越认可，很多企业和个人都开始自发地宣传、推广这种新颖的"参与式"消费帮扶模式，2021年，"我在扎赉特有一亩田"订制已超过2000亩。

二是建设产业基地和体验中心，扩大种植规模，加大科技投入，提高"体验式"消费帮扶模式的高度。2018年，利用京蒙扶贫协作资金100万元以资产收益的形式支持扎赉特旗水稻种植企业魏佳米业产业发展，丰台区与魏佳米业共建丰台区对口帮扶扎赉特旗有机水稻种植基地和扎赉特旗京蒙扶贫协作特色农产品基地，当年直接受益建档立卡贫困户60户。2019年建成先锋村稻鱼、稻鸭观光农业示范基地及"我在扎赉特有一亩田"体验中心，推动了订制农业、认领农业和优质农产品的推广，将"参与式"消费帮扶模式推向新的高度。

随着"我在扎赉特有一亩田"的不断发展，扎赉特旗通过加大科技投入，完善水稻产业基础设施，建立中高端基地，打造中高端品质，服务中高端人群，目前已经建成订制认领基地8个，并通过稻蟹、稻虾、稻鸭等"稻田+"生态立体种养由最初的100亩扩大到7000亩，走上了一条水稻产业高质量发展之路。根据稻米品质，"我在扎赉特有一亩田"订制认领价格为6600元到12000元不等。通过订制认领模式，农民每亩稻田可增收1500元。

农旅融合发展，"稻田+"产业助力乡村振兴

内蒙古兴安盟大米和黑龙江五常大米品质基本一致，但在以前，它是"养在深闺人未识"，在北京市场影响力不大。通过"我在扎赉特有一亩田"这一项目的推广，以及北京市丰台区的大力推介，兴安盟大米已经被很多北京市民端上餐桌，提升了品牌知名度。如今兴安盟大米已经走进北京300多家超市，成为"明星产品"。

消费帮扶关键在动员社会力量有效参与，同时找到消费帮扶的利益连接点，让农民们获得"销售的渠道"，让广大消费者获得"有品质保证"的产品。北京援派干部积极探索创新，与扎赉特旗共同推出"我在扎赉特有一亩田"这一参与式消费帮扶新方式，并且获得成功，就在于既抓住了一部分高端消费者的需求，又提供了"有品质保证"的产品，同时以京蒙协作为桥梁大力开展相关推介活动，将"兴安盟大米·扎赉特味稻"推向中高端品质、占领中高端市场、服务中高端人群，促进当地实现了从"卖米"向"卖地"转变，提升了附加值，延长了产业链。

在创新推介"我在扎赉特有一亩田"私人订制认领农业的同时，在京蒙协作帮扶下，扎赉特旗以秀美风光为背景，以扎赉特传统文化为底蕴，依托全区首家国家现代农业产业园，打造集稻作文化、水稻种植、稻米加工、稻田观光四位一体的"稻田+"生态立体农业经济，先后兴建了农耕文化博物馆、文创园、乡村六坊、稻花源生态体验区、稻田观景台、特色休闲驿站和自行车环道，并围绕农旅休闲农业、智慧农业、订制认领农业发展乡村旅游，将农田变景区、田园变公园，构建了乡村旅游引领、乡土民俗文化助推、特色农产品全面加入的产业融合发展格局，全面推进乡村

振兴。未来，参与"我在扎赉特有一亩田"的消费者，不仅能体验生态水稻的种植过程，还将领略到更多的独特田园风光和原生态农耕文化，而扎赉特旗农民的获得感和幸福感也将"芝麻开花节节高"！

打通电商扶贫通道　解决农产品销售难题
——通州区助力奈曼旗发展电商扶贫中心案例

电商扶贫一头连着贫困户，一头连着消费市场，通过电商平台，农产品就像搭上了"筋斗云"，即使远隔十万八千里，四通八达的物流也能快速将商品送到顾客手中。曾经，内蒙古通辽市奈曼旗农村牧区贫困面大、交通不便、信息闭塞，守着丰富的特色农畜产品却面临着销售难、农牧民增收难的问题。借着创建国家级电子商务进农村综合示范旗的契机，2017年，北京市通州区与奈曼旗开展对口帮扶协作，恰逢电商扶贫快速发展的"天时"，京蒙两地干部精诚协作，坚持"企业主体、政府推动、市场运作、合作共赢"的原则，采取"政府＋企业＋合作社＋贫困户"的模式，把电子商务作为扶贫开发的重要载体，利用直播、网红带货等形式，帮助农户销

图 38　奈曼旗电商扶贫运营中心

售特色农产品，助力脱贫攻坚，成效显著。

借"天时"成立电商扶贫运营中心

2019年5月，借助京蒙扶贫、财政扶贫资金，奈曼旗电商扶贫运营中心成立，设有网络特色直播区、农产品展示区、仓储包装物流区等六大功能区。

运营中心主要有三种带贫减贫模式，一是"企业+合作社+贫困户"模式，运营中心与合作社签订购销合同，采购农副产品带动贫困户增收。二是"微商、快手、抖音等线上助农平台+贫困户"模式，培训贫困户使用快手、抖音直播宣传销售农产品，自主脱贫增收不返贫。同时通过自建扶贫商城、培养网红与合作网红等销售农产品。三是奈曼旗扶贫投资公司对京蒙帮扶资金收益进行二次分配，将收益的8%用于帮扶贫困户、边缘户。

一年时间，中心已建立微信公众号平台10个，用户达3万余人；扶贫农产品线上销售直播间10个；与农行商城合作带货；自建商城和物流，开设京东淘宝旗舰店等综合助农产品线上销售平台。中心负责人介绍，"中心成立的初衷就是把全旗每个村的微信群都连接起来，通过电商产业扶贫模式带贫减贫防返贫。中心以贫困村、建档立卡贫困户为重点，通过乡村致富带头人带动贫困户，运用微信、抖音、快手等自媒体帮助贫困户的农产品变现，助力脱贫增收"。

借"地利"推动电子商务迅速发展

地域广阔、物产丰富是"沙海明珠"奈曼旗得天独厚的条件。当地产出的稻谷、荞麦、甘薯、牛肉、鲜奶等生态农产品，是奈曼旗电子商务发展的"地利"。

2020年，受疫情影响，传统的销售方式受到了挑战，奈曼旗青龙山镇互利村积压了5万斤地瓜。库存地瓜卖不出去，直接影响当年春季耕地资金周转。奈曼旗电商扶贫运营中心电商部负责人得知这一情况后，到互利村地瓜存储窖实地查看，帮助解决农产品滞销的问题。电商扶贫运营中心对这些地瓜进行线上销售，通过自己公司培养的网红和合作的网红，在快手、

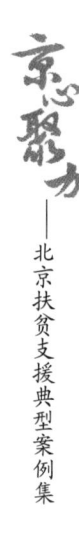

抖音、西瓜视频、今日头条等时下热门的平台进行直播，把农产品展示出去；通过自建的商城、微信朋友圈进行宣传销售，仅用时 7 天，就将滞销地瓜售罄。

滞销地瓜通过线上平台销售出去后，互利村党支部书记付永久高兴地说："以前农产品只是赶集、上店，然后用机动车拉着跑着卖。现在我们可以在家，一部手机就可以卖往全国各个市场。我们村有二百多户，争取百分之七十以上的农户，都通过电商营销模式，把农产品卖个好价格，有个好市场，让农民得到更大收益。"

2020 年 5 月，由北京团市委、北京青联牵线搭桥，邀请北京市青联委员、演员、主持人关凌和淘宝网红主播，通过"直播带货"方式实现跨区域产销对接，助力对口帮扶地区——奈曼旗特色农产品风干牛肉干线上销售。这次直播中，奈曼旗特产牛肉干创造了 5 秒钟销售近两万斤的奇迹。奈曼旗"草原村"牛肉干经过前期层层选品、资格审核、质检合格后，作为第二项产品在淘宝进行直播，直播观看人数达 300 余万人，当日销售额达到了 180 万元。

图39　奈曼旗电商扶贫运营中心的主播正对着手机镜头介绍当地产品

培训电商"新农人"实现"人和"

作为新兴产业，电商扶贫在奈曼旗的蓬勃发展，与京蒙两地重视人才的培养有关。白天还在劳作的农牧民，闲暇时打开手机，摇身一变成主播，说起电商来头头是道，大量的电商人才如雨后春笋般涌现出来，这是电商扶贫的"人和"。

"一开始，朴实的贫困户哪懂线上直播这些。"奈曼旗电商扶贫运营中心负责人介绍，对此，电商中心集中组织培训课程，对这些贫困户进行电子商务运营服务、操作、网上购物等方面的培训，包教包会。"我们村从2017年成立了电商服务中心，在我们家设立了一个电商点，我通过发朋友圈卖粉条、地瓜。通过这次培训，我在直播方面学到了不少知识，预计一个星期以后就能直播了。"通过短短几天的学习，村民王鸿岩对独立直播已颇有信心。

奈曼旗电商扶贫运营中心积极开展培训宣传，以带领贫困户参观了解电商运营全过程等方式来帮助贫困户了解电商。通过不断培训，贫困户对电商扶贫有了更多了解，也愿意利用这种方式来脱贫。培训电商新农人，是立足于农村电商长远发展的有效举措。这批新农人也渐渐会成为农村电商发展的中坚力量，为电商扶贫带来无限可能。

从脱贫攻坚到乡村振兴，电商有无限可能

脱贫攻坚中，各级政府大力组织网络扶贫，一方面解决了农村地区农产品难卖的问题，增加了贫困地区农民的收入；另一方面又为城市提供了丰富的特色产品，满足了城市居民的生活需求。因为网络电子商务的大力发展，使得分散在全国各地区的农产品突破传统流通模式的限制，直连全国大市场，欠发达地区的生产和消费方式得以改变。《2021全国县域数字农业农村电子商务发展报告》显示，2020年全国县域农产品网络零售额为3507.6亿元，同比增长29.0%。互联网不仅为农村低收入人口提供了大量新的就业机会，直接推动了农民收入的增加，巩固拓展了脱贫攻坚成果，而且还促进了乡村产业新业态的形成，进一步激发了农村的经济活力。

北京作为互联网高地，各大电商平台为扶贫支援地区打赢脱贫攻坚战和抗击新冠肺炎疫情做出了重要贡献。下一步要继续发挥优势，助力受援地区加快构建以电商平台为引领的农牧产品现代流通体系，大力实施电商培训计划，推动在线直播、大数据、人工智能等新技术赋能农村牧区广大

新型经营主体，让手机变成新农具、直播变成新农活、数据变成新农资，为各地培育一支懂信息技术、会电商经营、能带动致富的本土电商带头人队伍，以电商助推产业兴旺，撬动乡村振兴。

探索"互联网+新媒体+消费扶贫"新模式
——字节跳动助力内蒙古打造特色优质农畜产品和文旅产业品牌案例

2019年,在京蒙两地的共同推动下,内蒙古自治区扶贫办依托北京优质网络资源,与北京字节跳动科技有限公司签署战略合作协议,多层次、全方位打造内蒙古特色优质农畜产品和文旅产业品牌,创新互联网新媒体下造血式、带动式、精准式消费扶贫理念,探索"互联网+新媒体+消费扶贫"新模式。

启动"扶贫达人培训计划"造血扶贫,培养优秀草原新媒体创作者

2019年,北京字节跳动科技有限公司发挥自身优势,会同北京市扶贫支援办聚焦北京市对口帮扶的内蒙古国家级贫困县,实施"扶贫达人培训计划",针对当地实际和扶贫产品互联网销售需求,开展互联网新媒体技能人才培训,系统讲授微头条运营、抖音短视频制作、西瓜和抖音销售扶贫产品攻略等课程,全年培训致富带头人、农业合作社负责人等4680人。其中,在阿尔山市及兴安盟、锡林郭勒、乌兰察布市开展4次线下培训和持续30次线上培训,3380位学员边听课边实践,共发布31208条优质的扶贫产品宣传内容,全国1.1亿用户通过这些内容了解了当地的扶贫产品和好风光。经过培训,13位内蒙古学员开通头条店铺,培训期间成交838个订单,交易额127万元。

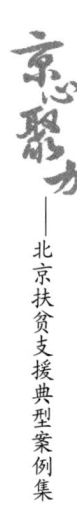

实施"山货上头条"带动扶贫,助力打造内蒙古优质农产品品牌

内蒙古自治区地域辽阔,人均耕地面积和草原面积均位居全国前列,生产了丰富的农牧产品。但受制于销售渠道和信息传播能力,当地农牧产品的市场认知度和品牌价值有待提升。根据战略合作协议,2019年,字节跳动主要通过两方面助力内蒙古脱贫攻坚。

一是通过"山货上头条"项目帮锡林郭勒盟打造当地羊肉产业,邀请国宴大厨、抖音头部美食达人、当地内容创作者和三农创作者等,通过视频、直播、图文、微头条等形式,传播锡林郭勒羊产地环境特色、品质特点、特色吃法等内容。同时重点推广内蒙古五大特色产品,包括通辽科尔沁牛肉、赤峰杂粮、兴安盟大米、乌兰察布马铃薯、呼和浩特菌类等,并辐射带动31个国家级贫困旗县特色农产品的推广。

二是组织"内蒙古山货节"活动,集中推介国贫旗县优质农产品。先后开展"秋季山货节"和"内蒙古山货节"网络专场营销活动,集中推介锡林郭勒即食羊杂、兴安盟大米、赤峰敖汉小米、乌兰察布益生菌酸奶等18款产品,邀请抖音达人、本地达人和明星围绕内蒙古风土人情、美景好物进行内容创作,以优质的内容吸引用户关注,助力内蒙古脱贫攻坚。

图40 "山货上头条"活动宣传海报

开展"山里 DOU 是好风光"文旅扶贫，精准对接农商旅三产融合发展

近年来，短视频的蓬勃兴起为消费扶贫、文旅扶贫提供了新模式、新路径。为此，字节跳动推出"山里 DOU 是好风光"扶贫项目，利用抖音平台，通过信息精准分发，让更多用户发现贫困县优质景区。

图41　阿尔山—驼峰岭天池

在内蒙古，该项目首先聚焦阿尔山。基于当地全域具有原生态美景的特点，"山里 DOU 是好风光"项目组为当地确定了"梦幻阿尔山，360°无死角的美"的品牌传播定位，邀请诸多抖音创作者，通过航拍、创意运镜、记录旅行故事等多个角度进行视频内容创作，丰富呈现阿尔山市原生态的美。为帮助当地美好风光持续传播，长效推动阿尔山文旅产业发展。实现"造血式"扶贫，"山里 DOU 是好风光"还为当地培训近 200 名新媒体人才，帮助他们掌握图文、短视频等内容创作技能。培训期间，学员们发布

的内容获得了超过 4500 万次传播，让阿尔山的青山绿水、特色物产得到了全方位展示。

网络助力乡村振兴，平台企业要继续发挥主力军作用

在网络助力脱贫中，大型平台企业由于特殊的地位和规模体量，发挥着主力军的作用。中国社科院课题组 2021 年初发布的《中国互联网企业精准扶贫研究报告》显示，在 100 家品牌价值大、认知度高、社会关注度强的互联网企业中，13 家公司精准扶贫指数获得满分 100 分，7 家企业得分超过 85 分。在满分阵营中，腾讯、阿里巴巴、字节跳动的精准扶贫方式各有侧重。腾讯致力于为贫困地区建设乡村治理数字化平台，为村庄提供各类互联网技术和产品。基础建设外，腾讯发挥社交媒体的优势，组织全社会"一起捐"活动，为贫困地区筹款做公益；字节跳动发挥资讯 APP 矩阵的作用，以信息扶贫为支点，让贫困地区的美食、美景走出大山，精准推送到用户的手机上；阿里则制订了"互联网＋脱贫"的精准扶贫规划，建立了精准扶贫组织"脱贫特派员"，赴国家级贫困县，帮助他们进行系统的建设，还成立脱贫基金，用科技和生态力量，让"互联网＋脱贫"的模式运转起来。

在北京助力受援地打赢脱贫攻坚战中，大型平台企业也是网络扶贫的主导力量。比如在 2020 年疫情期间，字节跳动"齐心战疫 八方助农"项目助力农产品销售达 4.82 亿元，京东"共克时艰·京心助农"为产地增收超 5000 万元，快手"寻味新疆公益扶贫"直播活动销售额近 2000 万元……"互联网＋"所具有的强大推动力已经在精准扶贫进程中被反复验证。脱贫摘帽不是终点，腾讯、阿里巴巴、字节跳动、拼多多、新东方等大型平台已纷纷投身乡村振兴，立足于自身优势，从优化农村产业链、培养乡村振兴人才等领域入手，让"互联网＋"更好地服务于三农。拥有无限可能的乡村是互联网企业的广阔舞台，希望更多具有责任感的互联网企业投身于此，为乡村振兴做出新贡献。

教育帮扶篇

习近平总书记指出,"要把发展教育扶贫作为治本之计,确保贫困人口子女都能接受良好的基础教育,具备就业创业能力,切断贫困代际传递"。"十三五"时期,北京市教育系统面向18个省(自治区)的40余个地区100多个县旗市区,累计投入教育援助资金40亿元,统筹实施教育扶贫支援项目1000余个,累计培训干部教师18万余人,以一系列教育扶贫"组合拳"有效助力受援地区教育教学水平提升,为打赢脱贫攻坚战提供了有力支持。

让优质教育资源在雪域高原生根
——北京"组团式"教育援藏案例

2014年8月,北京市率先以"成建制"教育援藏模式,向拉萨北京实验中学选派了第一批50名援藏教师,开创"组团式"教育援藏的先河。2015年,在总结北京市"成建制"教育援藏模式的基础上,教育部等四部委联合制订下发《"组团式"教育人才援藏工作实施方案》,要求各对口支援省市全面开展"组团式"教育援藏工作。当年,北京第二批"组团式"教育援藏教师顺利轮换,援藏年限也由1年延长为2年。2016年,又将援藏教师支教周期调整为3年,以保障服务初、高中一个完整学段。

2017年8月,北京市拓展"组团式"教育援藏的规模,由单一援助拉萨北京实验中学,拓展为同时援助拉萨北京实验中学、拉萨市北京中学、拉萨市第一小学、拉萨市第一中等职业技术学校等4所学校,受援学校涵盖除高等教育外的所有学段。2019年又增加拉萨市实验小学为"组团式"支援学校。北京"组团式"教育援藏从规模和质量上都上了一个台阶。

截至2020年8月,北京已累计选派4批215人次开展"组团式"教育援藏。在援藏团队的努力下,2019年,拉萨北京实验中学和拉萨市北京中学同时被评为首批西藏自治区示范性高中。2020年高考,两校上线率均超过99%,本科率达到80%。

"组团式"援助强化受援地教育"造血"功能

教育援藏实践中,北京市逐渐形成"三主导"(建设、教学、管理均由北京主导)、"五注重"(注重打牢基础、注重精选人才、注重优化机制、注

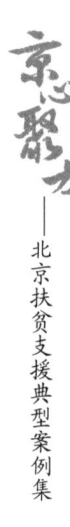

重真情援藏、注重聚焦扶贫）的"组团式"教育援藏新模式，成为推动当地教育优质发展、改变当地教育生态的"火种"。

以拉萨北京实验中学为例，建设方面，自2013年3月开始，北京市分年度安排援藏资金约2.3亿元，在拉萨教育城内开工建设拉萨北京实验中学，2014年9月完工并投入使用，设置53个班，包括12个初中班，41个高中班。学校投入使用后，为进一步提升办学条件，北京市又投入资金600万元支持拉萨北京实验中学开展校园楼宇内文化提升改造，实施信息化和党建提升工程；投入资金1200万元支持拉萨北京实验中学开展校园人文绿化提升改造工程；等等。在管理上，拉萨北京实验中学校领导、学科带头人及教育监督人员等均由北京援藏教师团队担任。在教学上，北京援藏老师充分发挥学科带头人作用，全面提升各学科规范化教学水平。

图42　2019年8月6日，新一批北京援藏教师抵达拉萨贡嘎机场

"组团式"教育援助最重要的任务，就是强化当地教师"造血"功能。实现这一目标，关键要提升援助队伍"输血"能力。北京市选派的学校管理团队向受援学校不断输入先进办学理念，助力办学水平全面提升。援藏教师默默耕耘在拉萨市教育教学一线，讲公开课示范课、组织听评课教研活动，担任班主任、教研组长，一对一、手把手帮助当地教师拓展视野，提升意识，查找问题，改进方法，从根本上促进了拉萨市教师队伍的业务

提升，把引入援藏教师的"输血"模式切换到培养当地教师的"造血"模式，真正办成了"家门口的西藏内地班"。"'组团式'教育援藏给学校带来的最大变化是教育教学理念的提升。以前老师们更注重讲，不敢放手让学生自主学习。通过京藏两地老师的思维碰撞，原先的'满堂灌'正在变为'活力课堂'。"拉萨北京实验中学副校长李咏梅介绍。两地还建立了拉萨市师资队伍培养培训长期合作机制，每年投入资金组织当地管理干部、骨干教师赴京中长期集训、跟岗锻炼；同时，组织北京教育管理专家、优秀教师赴藏交流，开展送教、听评课活动等。

从拉萨北京实验中学看"组团式"教育援藏成效

拉萨北京实验中学作为北京"组团式"教育援藏的首创地和典范，建设伊始就按照"五好"要求，致力于创办成在自治区具有引领示范作用的一流学校。

图43 北京市援建的拉萨北京实验中学

一是抓好规划。充分学习借鉴北京的办学经验,按照"首善标准、民族特色、全国一流"的原则,科学制订学校发展规划,确立拉萨北京实验中学的发展路径、办学模式、学校特色。经过一年的援教实践,制定了"探索实践精细化管理,打造学校办学特色,促进学校内涵发展"的发展策略;明确了"民主办学、师生共进、关注人生、服务社会"的办学思想;致力于打造绿色、人文、智慧、阳光、书香"五彩校园",从而实现"培养热爱祖国、热爱家乡、维护民族团结,具有学习能力、创新能力、领导能力的栋梁之材"的育人目标。

二是建好学校。拉萨北京实验中学规划设计充分体现实用性、长期性、特色化,体现北京教育与拉萨教育交流交融的理念,体现地方民族特色,既融入了现代教育赋予学校的建设要求、适应了教育信息化发展需要,又融入了民族地区的建筑风格、适应培养新西藏合格建设者和可靠接班人的现实需要。整所学校布局合理、功能齐全,全面挖掘学校立体空间,教学、办公、生活、体育、文化等设施一体化建设,各族师生共生共融、共同发展。

三是选好教师。北京市委、市政府积极满足拉萨市关于选派优秀援藏教师的需求,严格选派管理人员和教师标准。对照需求,认真反复研究,确定选派科目和人数,从人大附中、北京四中等选派管理团队;把好政治关、业务关和身体关。按照援藏教师必须为中共党员或入党积极分子,中级以上职称、教龄 10 年以上、能够适应高原工作的要求,选派 4 批 200 多名优秀老师到拉萨援藏;加强培训,安排反分裂斗争和历史文化、高原保健、拉萨教育发展等专题讲座,使援藏教师到拉萨能够尽快熟悉情况、转变角色、投入工作。

四是建好机制。北京市认真总结援教经验,探索建立有利于"造血"功能提升、着眼于教育全局发展的援教长效机制。建立援藏教师选派机制。以拉萨需求为基础、北京师资资源为依托,通过相互协商,选派优秀教师到拉萨开展援教工作;建立援藏教师激励机制。制订实施《教师援藏优惠待遇执行办法》,全面落实职务(职称)晋升、工资待遇、子女升学、路费报销、医疗费用、生活补贴、表彰奖励等方面的优惠政策;建立援藏教师作用发挥机制。通过传帮带、参与教科研、师资培训等形式,发挥援藏教师在教学、科研、管理等方面的作用;建立援藏教师管理机制。严格出藏请销假、定期体检、述职考核等制度，保障援藏教师身体健康、工作生活等方面的安全。

五是用好资源。坚持用好援藏教师、本地教师两个资源，积极发挥硬件建设、信息化教学、远程教育等方面的优势，充分激发办学活力，建立了教学科研、校本培训的新模式和新途径。援藏教师带来了现代教育的最前沿知识、带来了首都教育的先进经验，他们把自己在教育教学中积累的知识、技能和理念，采取公开课、教科研、报告会等形式，无私地倾囊相授、交流互通，进一步提高了当地教师的教学水平；学校更是以高度的热情欢迎接纳北京援藏同行，业务上虚心学习、生活上主动关心、政治上充分信任，为援藏教师了解拉萨教育、融入当地环境、熟悉学生情况提供帮助，在相互学习、共同工作、互助互爱中增进了教师之间的团结，谱写了各民族交往交流交融的崭新篇章。学校在加强自身建设的同时，依托北京强大的教学资源和援藏教师的力量，在区域教育发展中通过资源共享、交流互通等方式主动发挥作用，联合其他学校共同开展教研活动。

"组团式"教育援藏模式在北京市委、市政府和拉萨市委、市政府的正确领导、有力指导和关心支持下，在拉萨北京实验中学得以顺利推进，取得明显成效。

教学质量不断提升。学校提倡追求不增加学生负担、不损害学生个性发展的绿色教学成绩，向课堂要质量、向45分钟要效益，通过加强教学管理，加强教师培训，使教师的教学能力得到迅速提升。经过北京教师管理团队、援藏教师骨干与当地教师的共同努力，拉萨北京实验中学高考上线率达到了100%，各项指标创造历史最高纪录，从普通中学跃升为自治区重点中学。

教学管理不断规范。在管理团队的带领之下，在全校干部教师的支持下，拉萨北京实验中学制订"十三五"发展规划，确定学校文化基调，改进学校管理机制，奠定学校课程基础，校风校貌发生巨大的变化，成为拉萨乃至西藏地区最美校园。学校特别重视学生管理工作，提出争创"六好学校"（民族团结最好、文明礼貌最好、校园环境最好、宿舍规范最好、校内无烟最好、爱护公物最好）的倡议，学生身心素质得到进一步提升。

学校特色不断彰显。拉萨北京实验中学的蓬勃发展在当地各族人民当中赢得了良好口碑，品牌效应开始显现。着力打造民族文化特色，以创建非物质文化遗产传承学校为突破，强化民族艺术特色和民族体育特色；创新课堂教学模式，打造学校课程特色，例如依靠北京外研社的力量强化英语教学特色等。

北京"组团式"教育援藏的四大经验

一是思想认识到位。北京市、拉萨市各级领导与部门高度重视教师援藏工作。两地市委、市政府主要领导多次专程到学校调研，亲自协调选派优秀援藏教师事宜。拉萨市委出台《关于加快教育改革和发展的意见》等文件，制订实施《拉萨市振兴教育教学质量三年行动计划》，把教育事业摆到兴市之基、强市之本的优先发展战略地位。

二是政策保障到位。北京市委组织部、市教委、市财政局、市人社局专门出台文件，制定援藏教师的专业职称、工资待遇、医疗保险和子女探亲等优惠政策，鼓励更多优秀教师赴藏工作。市领导专程到学校看望慰问援藏老师，为老师们送去问候与温暖。拉萨市委、市政府修建星级宾馆式援藏教师公寓，免费供氧、供暖、提供宽带网络，为教师创造良好工作生活条件，使其心无旁骛、专心致志地投入到教学工作中。

三是融入融合到位。援藏队伍真情融入。在学校教育教学管理中，校长们干在前头、敢于担当，援藏老师兢兢业业地备课、上课，一言一行都践行着"真心真情做好援藏工作"的要求，受到本地教师的赞誉和同学们的爱戴。两地教育方法有机融合。北京实验中学坚持让北京和拉萨教育经验做法互补相融，大胆采取"北京理念＋拉萨特色"模式。比如学校采取的应试教育与素质教育相促进的教学理念、汉语教学与藏语交流共同提高的教育方法、援藏教师和本地班主任共同参与教学管理等做法，在实践上实现了两地教育优势互补、校园文化的交流交融。在援藏教师情感融入、教学和管理方法契合的基础上，学校设计出体现内地文化与西藏文化交融特色的"五彩校园"文化理念，把铸牢中华民族共同体意识教育融入日常教学、生活中。

四是首善引领到位。充分利用北京的教育资源，按照首善标准规划好、建设好、管理好学校，创造一流的教育水平，发挥示范引领作用。"带学科"，促进首都教育理念和方法的拉萨本土化进程；"带队伍"，提升本地教师自我发展能力，打造一支带不走的教师队伍；"带全面"，把拉萨北京实验中学打造成科研、教学、管理的示范基地，帮助带动拉萨乃至全区的学校发展，让"首善标准"永远留在拉萨、造福拉萨。

以宏志精神助力拉萨脱贫奔小康
——拉萨北京实验中学"京藏宏志班"案例

教育是阻断贫困代际传递的重要途径。在北京市、拉萨市党委、政府及北京援藏指挥部的共同努力下,由北京援藏指挥部出资,在拉萨北京实验中学组建了"京藏宏志班",借鉴北京宏志教育理念,为拉萨市贫困地区的孩子提供优质的教育资源,使这些贫困学生受到了良好的教育,真正做到了"扶贫先扶志,扶贫必扶智",有效地阻断了贫困代际传递。

北京宏志教育经验走进雪域高原

拉萨北京实验中学的学生70%来自拉萨市六县农牧民家庭,90%学生符合自治区面向困难家庭子女就学"三包政策"(即包吃、包住、包学习费用)。在2016年家庭状况调查中学校发现,即便享受"三包政策",仍有部分学生面临因家庭经济等实际困难导致辍学,或无法升入更高一级学校继续深造的风险,其中包括建档立卡贫困家庭学生12名、孤残学生18人、农村低保学生113人、特困供养学生69人,总量接近学生总数的10%。同时这些学生也是周末留校的主体,为了节约开支,他们往往一个月或几个月才回一次家。另外,受条件限制,他们的生活环境相对简单,对外界和新鲜事物知之甚少,反映在学习上表现为方法单一、死学多活用少、学习效率低下,学习投入与收获不成正比。

宏志教育最早发源于北京广渠门中学和宏志中学,是专门为贫困家庭学生开设的一种集教育、资助、就业帮扶于一体的特色教育,志在帮助贫困家庭学生励志立智,通过个人的健康成长发展,帮助家庭走出贫困,更好地回馈社会，进而帮助更多有需要的人。为学习首都宏志教育先进经验，为拉萨贫困家庭学生提供更好的学习成长发展条件，2017年起，北京援藏资金投入50万元在拉萨北京实验中学初一年级设立了首个"京藏宏志班"，面向拉萨市精准招收建档立卡贫困户学生31人，为班级配置优质师资力量、教学资源、文化建设，量身设计课程体系，量身定制游学项目，对每一名京藏宏志生进行生活补贴，通过教育资源倾斜帮助贫困家庭孩子更好更快成长成才。从2018年开始，北京市进一步加大"京藏宏志班"建设力度，"京藏宏志班"已经拓展到拉萨北京实验中学初中和高中6个班级，北京援藏经费每年为每个班安排50万元专项经费，精准资助在读建档立卡贫困家庭学生。

"五管齐下"打造扶志扶智品牌

（一）开设特色课程，提高学生综合素质

"京藏宏志班"在创始之初，各界领导就指出，该班不仅要解决困难学生"能上学"的问题，还要保证贫困生"上好学"的问题，学生通过这个班，不仅要成为学业优良的学生，还要成为体魄健康、人格高尚、特长突出、具有家国情怀的人。因此，根据宏志班学生的实际状况，学校配备优秀教师，保证文化课学习的同时精心设置特色课程，保证学生们的综合素质得到全面提高。

表3 "京藏宏志班"课程设置情况

课程类别	具体情况
教学课程	每周一至周五，宏志班学生需完成国家义务教育、地方及校本三级课程学习，学校必须依照课程标准开足、开齐理化生实验课、音体美等专业课
特长培养课程	学校参考学生特长发展需要，开设学科辅导类、民族文化类、科学素养类、体艺专长类自选课程。将宏志徽章、服装设计等文化类建设内容与特色课程相结合，挖掘和培养学生能力，充分让宏志生参与到宏志文化建设当中去
立德树人课程	作为德育课程体系试点，宏志班班会实现主题系列化、形式多样化。同时将学校文艺会演、科技节、运动会等纳入德育课程体系。为拓展学生视野，提供给学生更多走进社会、了解社会的机会，学校规划将每月的社会实践课程作为德育课程体系的重要组成部分

(续表)

课程类别	具体情况
寒暑假北京游学课程	作为一所北京援建学校，拉萨北京实验中学本身承担着京藏教育文化交流的纽带桥梁作用，而极度困难家庭学生如能有机会走出西藏，到首都北京参观学习，亲身体会内地社会主义现代化建设的成果，领略首都深厚的历史文化积淀，将能极大地增强学生爱国意识，增进民族团结，激发学生刻苦学习的积极性。"京藏宏志班"设立当年开始，就利用寒暑假组织学生到首都北京开展为期10—15天的参观交流学习活动，以开阔学生们的视野，增长见识，加强与首都学生的交往交流

（二）强化教学，提高学生学业水平

学校从教师中挑选责任心强、业务水平高的教师组成宏志班教育团队，以班主任为核心，每学期要对宏志班的教育教学计划进行独立审定，保证课程开足开齐，教学优质高效开展。阅读可以开启智慧之门，但宏志生们从小除了课本外，几乎很少接触课外书。为了保证孩子能够有丰富的阅读史，学校专门拿出资金，为每个同学每学期购买6本文学、人文、科学等方面的经典名著，为大家打开一个丰富而神奇的世界，让书籍引导同学们树立远大理想。同时对所有"京藏宏志班"进行学业监控，将入学成绩作为基础，每次考试成绩与以前历次成绩进行对比分析，对每个班级、每个学生的每个学科成绩、名次的升降情况进行统计分析，通过成绩分析找出教学和管理中存在的问题，之后召开成绩分析会，讨论问题，制定解决之道，形成共识，保证宏志班教学的优质高效。

（三）生活资助，让学生毫无负担上学

很多宏志生因家庭距学校路途遥远和经济贫困，周六日都不能回家，家长也无法来看孩子，学生们不仅存在吃穿的问题，还有周六日在学校的生活、学业管理问题。学校经过认真调查，摸排清楚不回家学生的人数，制订了周密的工作计划，由学校出资购买洗衣机，方便学生清洗衣物；与学校食堂商议，每周安排人员值班，为学生做饭；周末安排住校教师值班，组织在校学生的学习和活动，做到学生周末有人管、困难有人帮、学习有指导、活动有组织、生活有安排。在保证学生生活、学习的同时，还与校外理发店、洗浴室签订合同，定期为学生打折理发，安排学生洗浴。为了使资金有保障，学校建立了严格的资金发放台账，做到每一笔宏志生的资

助金都专款专用，每一笔宏志生的资助金都发挥其最大作用，每一笔宏志生的资助金都记录在案，严格制定资助金管理制度，不断完善宏志生帮扶台账并定期评估项目预期目标是否达成，效果是否明显。

（四）文化建设，培育学生家国情怀

首先，师生共同学习领会北京市建立宏志班的深远意义，从而确定了宏志班的精神内核——"宏图寄党恩，志远为国强"，宏志班的班训——"特别有礼貌、特别守纪律、特别能吃苦、特别有志气、特别有作为"，每个班以此为基础，确定班级的班歌。其次，美化宏志班教室育人环境。学校对宏志班的墙壁进行了美化，分别装饰了宏志文化墙、班级面貌墙、学生成长墙等，宣传党和国家的政策、宏志精神，彰显正能量，引领学生成长的方向。同时，在教室后面安置了图书架，从资助资金中每学期拿出5万元，给每个班购买文学、历史、科学和人文等方面的经典图书，每星期拿出三节课专门用于阅读，让孩子们通过阅读开启智慧、提升思想。语文课开办晨诵课，以"在二十四节气的天空下"为主题，每周三次由语文老师带领学生朗诵古典和现代诗词，了解祖国博大精深的传统文化。同时，在宏志班的德育课程、游学课程和校本课程上精心构思，用心设计，以宏志班精神为核心，不断开发对学生成长有强大助力的课程，实现宏志梦想。

（五）开阔视野，树立远大理想目标

扶志就是扶思想、扶观念、扶信心，帮助贫困群众树立起摆脱困境的斗志和勇气；扶智就是扶知识、扶技术、扶思路，帮助和指导贫困群众着力提升脱贫致富的综合素质。

为拓展宏志班学生视野，树立更加远大志向，北京援藏指挥部专门支持宏志班学生举办北京夏令营活动，通过参加夏令营丰富多彩的主题游学活动，旨在让西藏拉萨地区的少数民族中小学生近距离感受首都北京的历史与魅力，感知首都人民对西藏地区人民的深情厚谊，感受祖国的强盛与伟大，体验当下幸福生活的来之不易。同时，希望同学们不辜负祖国和人民的殷切期盼，志存高远、刻苦学习，为维护民族团结，建设美好西藏，建设强大的祖国，实现中华民族伟大复兴的中国梦贡献自己的力量。

游学期间孩子们参加了天安门升旗仪式，参观了长城、故宫、国家大剧

院等文化遗迹、场馆，拉萨北京实验中学与北京广渠门中学、宏志中学签订了互助合作协议，两地同龄学生面对面交流、共同学习、共同活动，结下了深厚的友谊，极大地拓展了学生的视野，增强了孩子们的自信心和进取心。

宏志班学生措吉出生在当雄县格达乡，当地气候条件恶劣、地理位置偏僻，游学是他第一次走出西藏、走进首都，游学后他有感而发："记得在书上看到过这样一句话'不走出去，家就是你的世界；走出去，世界就是你的家。'作为牧区长大的孩子，从走出拉萨走出西藏的那一刻起，我们看到了世界的精彩，看到了自己的差距，要改变家庭贫困的现状，就是要好好学习，将来或走上公务员岗位，或自主创业，或在大城市实现就业，这些才都会有可能。感谢首都人民给了我们这样的机会！"

图44　2019年9月28日，"京藏宏志班"学生赴京游学到天安门广场观看升旗进行爱国主义教育

办好"京藏宏志班"的三条启示

（一）实现扶贫与扶志扶智相结合是创办"京藏宏志班"的初衷

"京藏宏志班"是北京援藏、打赢脱贫攻坚战的重要项目，意义重大。

它不仅能解决当下一批贫困生的"上学难""上好学更难"的问题,更是解决贫困代际传递的重要举措。因此,仅仅靠党和国家的资金支持是远远不够的,根本途径还在通过提高教育教学水平,全面提高学生的综合素质,使学生们能接受高等教育,成为优秀人才。这样不仅能解决一个家庭的生活贫困,通过榜样带动作用,还能解决一批家庭的思想贫困,从而从根本上拔除贫困之根。同时要大力宣传党和国家的优惠政策,帮助学生树立正确的价值观和人生观,培养学生的感恩之心,激发学生爱党爱国爱家乡的情怀和理想,激发学生奋发图强、艰苦奋斗的志气和意志,激发学生学有所成、报效祖国和人民的抱负。

(二)志气培育和心理建设是宏志精神的核心要义

由于宏志生家庭极度困难,个别学生还是孤儿,所以必须提供资助资金有力解决孩子们"上学难"的问题。但是也要有强烈的意识,始终不让他们搞特殊化,从生活、学习和管理上把他们与其他学生一视同仁,甚至要求更高。不能让学生产生我与其他学生不一样,让其他学生觉得学校只照顾他们等错误认识,让学生背上不必要的包袱,产生"自负"或"自卑"心理,这对学生的长远发展都是非常不利的。扶贫需扶志、扶智双管齐下,相互促进,平衡发展。宏志生因家庭困难难免产生自卑心理,受到帮扶若不能摆正心态也会产生自负心理。因此在提高宏志生文化素质的同时,要重视心理素质的培养与引导,使其树立正确的世界观、人生观、价值观,不搞"特殊化",以健康、积极的心态面对生活、学习。

(三)加强班级文化建设和课程建设是实现宏志班办学梦想的必由之路

实现京藏宏志班的办学目标,根本在于优质高效的文化建设和课程建设。创新班级文化建设,首先要不断明确学生培养目标、班训、班歌、班诗、班级价值观、班级学生人格发展阶梯等有引领性的标识性文化建设体系,使学生成长有目标、成长有方向、成长有步骤;其次要把宏志班主题班会、班级活动系统化、序列化,依据学生成长规律和宏志生思想实际,实事求是地制订计划并认真落实,真正使班级文化建设落地生根,深入学生内心。创新课程建设,一方面要根据学生的学业水平实际,制订切实可行的教学计划,增强学生的知识积淀,提高学生的学习能力,发展学生思维的深度和准度,为学生能进一步深造奠定坚实基础;另一方面要着力开发能激发学生兴趣、开阔学生视野、培育学生丰富情感、提高学生价值观和人生观的课程,使学生在人格、情感和精神上得到有效发展。

用智能化手段推动教育对口支援转型升级
——"首都教育远程互助工程"和田项目案例

为满足北京市对口支援的新疆和田地区更高层次、更新水平的教育需求,实现优质教育资源的长期可持续供给,促进教育公平,2019年8月,在教育部规划下,受北京市教委委托,首都师范大学利用人工智能教育研究院和出版社联合研发的"乐智悦读"普通话大数据平台,北京师范大学依托中小学教师开放型在线服务管理平台"智慧学伴",在新疆和田地区和兵团第十四师试点启动面向100名当地教师的国家通用语言文字提升专项培训和教育教学能力专项培训。其中50名教师参加国家通用语言文字提升专

图45　2019年9月11日,"首都教育远程互助工程"和田项目在京启动

项培训，50 名教师参加教育教学能力专项培训。一期项目 2 个月，为线上线下混合式研修，培训前后学员对比明显，99% 的学员认为在课堂上用普通话讲课效果得到了提升，93.4% 的教师认为自己教学设计能力得到了提高。该项目的实施，实现了跨区域远程在线资源互联共享、教师互助教研、师生互动交流，为利用互联网因地制宜地做好教育个性化、精准化扶贫的探索攻关，为推进教育援助转型升级、减量提质增效树立了典范。鉴于该培训效果良好，深受当地学校老师欢迎，2020 年又陆续实施了第二、三期，累计培训当地教师 700 人（第二、三期各 350 人）。

数据为伴，精准滴灌实现教育援助转型升级

"首都教育远程互助工程"项目启动时，为深入了解和田学员在国家通用语言文字方面的能力和水平，提供有针对性的培训内容，项目组组织了集中线下前测、线上 APP 摸底，通过每天线上发送任务，让学员完成任务并以线上反馈的方式得出学员在字词段多个维度的朗读数据，并进行分析。通过信息技术手段，发现 62.26% 的学员对声调的发音规律学习需求最迫切，而一半以上的教师都希望以技能操练为主要授课形式。项目组及时把握参训教师各阶段的问题，基于如上调研需求和学员现状，从互动课程、任务推送和资源分享三方面系统进行指导培训；在知识点方面，则设计了单音节词语、多音节词语、短文朗读和命题说话 4 部分的内容。

随后，首都师范大学语言文字方面的专家每人负责 10 位学员，对每位学员进一步摸底，提出个性化的课程方案。方案内容包括项目目标、课程大纲、课堂表现评价记录表及学员考核评价量表等。项目实施过程中，每位学员一方面学习线上内容，进行实践演练，同时每周接受一次线上辅导，每次辅导时长约 130 分钟。教学团队根据所负责的学员特点，精心设计反馈的学习内容，并实时记录课堂表现情况，最后设计并呈现一个成果展示的节目，以便展现学员的学习效果和提升情况。此外，专家还为学员设计前期测试卷、中期测试卷和结业测试卷，便于对学员进行考核评价，并依据三套试卷的考核结果，分别出具一份详细的试卷分析。整个培训过程中，全数据记录，完全贴合受训教师的需求，紧密结合教学实践，实时跟踪教师的学习情况，及时修正不符合实际情况、不够落地的纯理论性课程，给参训

教师足够的平台和机会实践训练，在提高应用水平的同时也提高能力和素养。

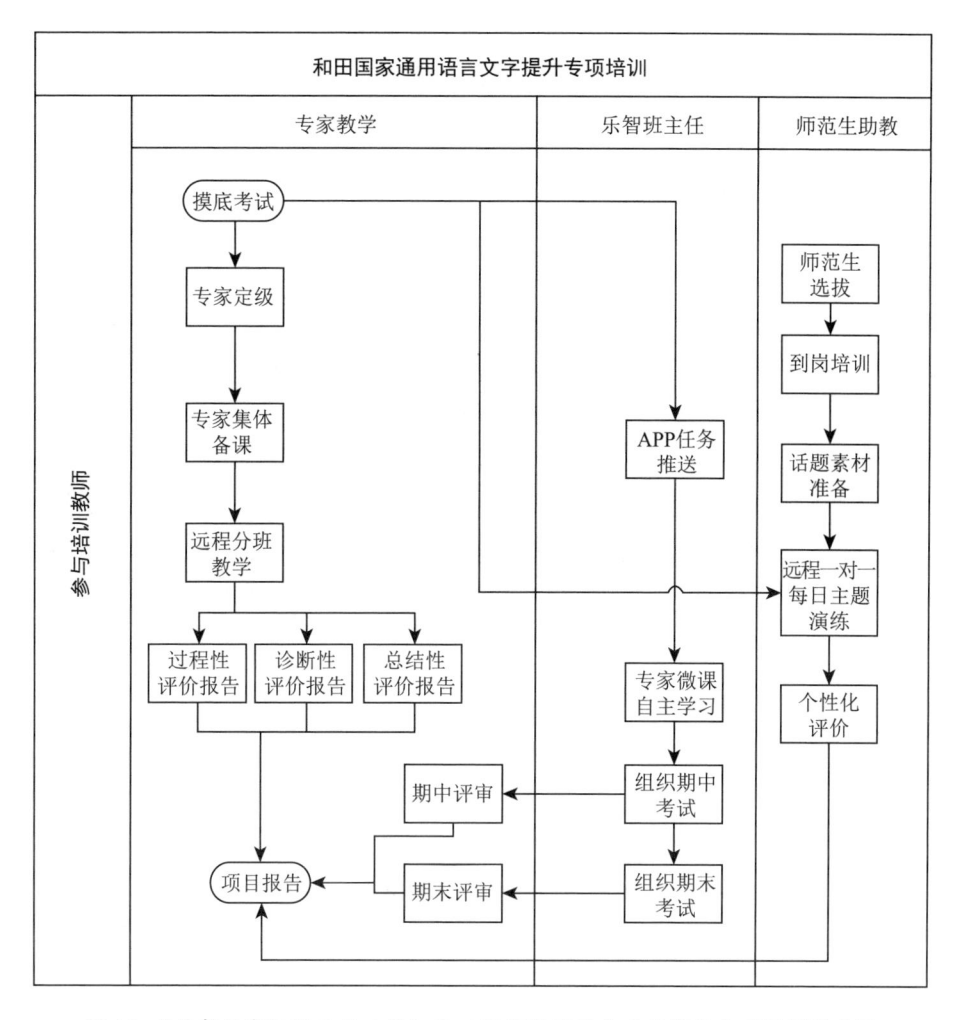

图46 "首都教育远程互助工程"和田国家通用语言文字提升专项培训模式图
来源：北京市支援合作办提供

扶智通语，提升语言能力，使少数民族地区具备与外界有效沟通、深度交往的能力；立德树人，提升教师教学专项能力，提高课堂教学效率，从而提升学生的综合素质。两个培训项目相互呼应，培育种子教师，从而促进语言能力、课堂教学能力转化为广泛的社会人力资本，为其他支援举措提供坚实保障。

项目实施全过程中，通过双师教学、在线观摩、自主学习、语音诊断、交流分享、在线辅导、数据评估等方式，对参训教师的表现性行为进行分析；任务推送，数据跟踪。一方面让学员与课堂内容结合，进一步训练普通话能力，另一方面实时了解学员普通话问题和变化，紧贴学员需求。对参训学员学习过程的数据记录，如作业完成进度、在线时长、教师评价等，精准地分析数据、反馈参训教师的培训参与情况，并保证培训效果。学员学习前后效果对比明显，基于实证数据，直接提升了教师实际获得感。

"一对一"辅导，援受双方双向互助共同成长

结合和田教师的现状和需求，在数据精准对接分析后，项目重点采用"一对一"的模式，给予个性化有针对性的提升指导，"不做无用功，不搞大课堂"。为发挥首都师范大学师范生的优势，突出首师大师范生"一对一"的协同参与，师范生与和田教师每天在线上"一对一"进行会话训练。每日会话主题来源于学习强国和普通话水平测试话题，为了使培训能够达到最好的效果，首都师范大学的师范生每日会话前会做好充分的准备，在课后对会话内容做记录并对每位教师表现进行评价。

从和田参训教师对师范生助教的整体满意度反馈情况来看，参训教师对师范生助教的互动会话非常满意。例如，认为当前的普通话教学培训效果很好，每天进行普通话训练非常有效；课程设置合理，上课过程非常好。整体而言，大多数参训教师除了对普通话教学效果非常满意之外，还对普通话培训的师范生助教非常感激。而通过师范生培训后的反馈中，也可清晰地看出成长、成就感、历练、文化沟通、责任、压力等词语，成为师范生助教收获的高频词汇。

"首都教育远程互助工程"绝不是单向的北京扶贫和田，而是通过"互联网＋教育"的手段进行的双向互助，共同成长，项目也是对新型师范生培养模式的创新和探索。以信息化平台为手段，专家团队落实到学员与师范生助教"一对一"协同参与，通过引领帮扶建立地方长线网络教研机制，促进教师与同行、专家之间的多点交流。专家团队利用在线实时辅导、问题中心解答、创建共享微课、开设互动课等方式，实行异地"手拉手"，形成"互联网＋新同学"伙伴关系，最终实现研教同步、全员参与、资源放大、深度引领，促进教师在岗专业水平提高。

优化培训，形成线上线下"混合式"学习常态化机制

为了给和田学员营造随时随地的普通话语言环境，除了互动指导外，每天和田学员还会收到 APP 任务推送，一方面让学员与课堂内容结合，进一步训练普通话能力，另一方面可实时了解学员普通话问题和变化，紧贴学员需求。为期 2 个月的一期培训，累计推送 73 条朗读任务、生字 721 个、词语 812 组、课文段落 355 段。86% 的参训教师认真完成了全部朗读任务。专家精心制作的微课程，累计时长 640 分钟，让和田教师在欣赏语言美的同时进行模仿练习，创设语言氛围。所有微课内容皆来自名家对于中国传统文化的演讲和诵读，和田教师可反复收听，同时这也是对中国传统文化的承载和宣扬。根据和田教师反馈的共性问题，这些语言课程、教学能力实践技能课程围绕实践任务，在理念、方法、教学规划、教案撰写等多方面进行实时研讨，不断优化的培训任务解决了可能出现的教师培训倦怠问题，降低了培训成本，但不降质量，实现了培训效能的增长。

项目组还建立了工作胜任指标与评价考核办法，理清培训过程中如专家团队、辅导教师、班组长、管理员各角色的定位与职责，并在培训结束

图 47　2020 年 5 月 17 日，"首都教育远程互助工程"和田项目之教育教学能力提升专项工作推进暨培训会在线召开

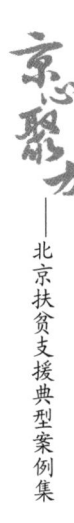

转向在职学习后，对各角色的功能转换做出清晰界定，建立起分级的服务支持体系，形成具有可操作性的工作模型，保证大规模、常态化研训的实施开展。培训结束后，以研修平台提供持续开放的延伸服务，建立远程培训常态化实施的研训新模式，形成教育扶贫协作的长效机制。

"首都教育远程互助工程"和田项目调动专家、师范生与和田教师全程参与，让北京教师教有所思、教有所长，优化教与学；让和田参训教师拓宽视野，掌握技巧，明确了解自身问题，极大提升课堂教学能力，改变精神面貌。同时，作为"首都教育远程互助工程"的组成部分，本项目不是单方面北京对和田的扶贫，而是通过"互联网＋"、大数据、人工智能等技术手段进行的双向互助，共同成长。教师远程伴随式专业成长互动模式，通过"一对一"远程备课、远程听评课、远程协同学习、阶段性总结反思等积聚优质资源，促进双方教育智慧协同创生，既为和田提供精准化、个性化、多样化的在线教育服务供给，也为首都教师提供了可借鉴的文化与教育资源。

和田地区教师数量严重短缺、普通话能力不足、教育教学能力有待提升，在线互动式的学习方式与传统的通过组织支教、专家送教、和田教师来京培训等方式相比，覆盖面广、突破了时间空间的限制、能够让更多的老师受益。"首都教育远程互助工程"和田项目的实施，体现了教育精准扶贫方略顺应新时代教育援助转型升级的大趋势，呼应了受援地师生在家门口享受北京优质教育资源和名师指点的强烈需求，项目可持续性强，创新了教育对口援助与发展模式，未来可在更多地区、更大范围、更宽领域推进实施。

"造血式""集团式""共享式"教育帮扶的典范

——东城区对口帮扶阿尔山市教育案例

阿尔山市地处高寒贫困欠发达地区,公共服务供给落后,优势教育资源短缺,优秀教师外流严重,优质应届毕业生引进困难,教师队伍断层情况严重,同时教师招聘情况也不乐观,高素质的人才不愿应聘,即使应聘成功的教师,也不能安心扎根山区教育事业,导致学科性教师短缺,音、体、美、信息技术、理化等教师数配比不足,影响了教学结构的平衡。同时,城乡义务教育发展不均衡、教师队伍的素质不高,引起"择校热"和"进城热"。很多有条件的家庭,都将孩子送到280多公里外的乌兰浩特市读书。因学致贫、劳动技能落后、产业发展支撑不足成为阿尔山市"穷经济"的主要诱因,而提高教育教学水平,提升阿尔山市人民整体素质,是拔除穷根,决胜脱贫攻坚,推动可持续发展的关键。

跨越千里情,两地若比邻。京蒙协作,让相隔千里的北京市东城区和内蒙古兴安盟阿尔山市两地结下了深厚的情谊。为深入落实国家和北京市东西部协作工作部署,做好巩固拓展脱贫攻坚成果与乡村振兴有效衔接各项工作,推动京蒙教育协作高质量发展,阿尔山教育局借助北京东城区教委强大的师资、信息资源优势,精准施策,初步形成了"点"上有突破、"线"上有载体、"面"上有创新的教育扶贫工作模式,推动了阿尔山市基础教育全面提档升级。

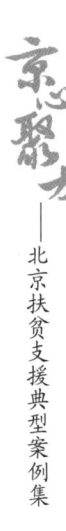

强校带领弱校,"造血式"帮扶促进教育均衡发展

为改变阿尔山市教育窘境,借着京蒙协作的东风,2018 年,东城区与阿尔山市签订了教育对口帮扶框架协议,北京市第二中学与阿尔山一中签订合作办学协议书。阿尔山一中正式挂牌成为北京二中阿尔山分校,东城区教师研修中心阿尔山基地在阿尔山市揭牌落成。随后,北京二中教育集团选派教师组成教育帮扶团,常驻阿尔山分校,对阿尔山分校进行"造血式"帮扶。同时分校每年组织干部、教师到北京二中教育集团内任教或挂职,深度参与教师听、评、讲、备课、班级管理及社团活动;北京二中通过网上教研、不定期常派等培训形式,为当地培训教师,切实提升受援地区教师教育教学水平。每年两校可组织学生游学活动,鼓励二中学生与分校学生手拉手结对子,同进步、共成长。

图 48　北京市第二中学与内蒙古自治区兴安盟阿尔山市第一中学签署合作办学协议

3 年来,二中教育集团支教团队心怀"奉献,友爱,互助,进步"的教育情怀,敬业乐群,细致严谨,兢兢业业地开展工作,立足当地学情,科学分析,精准施测,不断创新。他们从现代学校治理入手,帮助学校建立健全包括行政管理、德育教学等方面的管理制度 100 余条;搭建信息技术保

障平台，利用云平台科学统筹全校课程；组织面向不同发展阶段教师的专业培训，通过公开课、示范课、专题研讨等形式开展教学科研活动，提高教师专业素养；设立校园"六节"（体育节、艺术节、科技节、文化节、冰雪节、读书节）营造丰富学校文化生活，创设学生成长的新场域。

探索新模式，"集团式"帮扶助推教育协作高质量发展

2019年7月1日，北京市东城区与阿尔山市教育对口帮扶结对校签约仪式在阿尔山市青少年活动中心多功能演艺大厅隆重举行。此次签约是继2018年6月29日北京市东城区与阿尔山市教育局签订教育对口帮扶框架协议、北京市第二中学与阿尔山市第一中学签订合作办学协议后，阿尔山市与东城区在京蒙教育协作之路上又迈出了坚实的一步。至此，京蒙教育对口扶贫协作已覆盖阿尔山市境域内所有中小学校。

图49　北京二中阿尔山分校校园一角

两地中小学实现结对签约全覆盖，标志着阿尔山市与东城区校际间合作至此开始向纵深发展。东城区各结对校开展长期支教、短期支教和跟岗培训活动。同时以支教教师为核心开展教研，积极组织教研活动，宣传科学的教育教学理念和信息，并开展了课堂教学展示和课堂教学研讨，带领

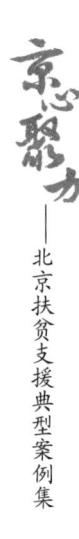

阿尔山市教师共同探究、实践"和谐高效"课堂教学模式。

支教期间，还开展了阿尔山市薄弱学科教师与北京结对校教师"师徒结对"活动，通过远程磨课备课教研、面对面交流、手把手跟踪指导，帮助阿尔山市结对教师转变课堂教学理念，改进教学方法，提高课堂教学质量，充分发挥结对校教师的辐射带动作用。结对校教师"传经送教"提高教师教育教学和班级管理水平，为阿尔山市打造了一支带不走的教育队伍，"集团式"教育帮扶效果显著。

另外，为开拓阿尔山市教师视野，阿尔山市教育局也先后选派221名优秀教师赴京学习培训，其中21名教师跟岗学习一个月，亲身感受北京的教育教学氛围。

开辟新路径，"共享式"帮扶实现教育"城乡一体化"

一是创办研学活动，让两地学生交流互促携手前行。为了更好地培养两地学生人文情怀和科学精神，帮助青少年励志成才，激发学习内生动力，经过两地教育部门协商，开展两地学生研学活动，交流互促，携手前行。北京东城区组织了3次师生120人赴阿尔山市开展研学活动；阿尔山市教育

图50　2019年11月9日，阿尔山市第一中学·北京二中阿尔山分校师生一行13人前往北京二中开启为期两周的研学旅程

局组织了 4 次共 165 名学生、20 名教师赴北京市开展研学活动，其中建档立卡贫困学生 69 人。还组织了北京二中阿尔山分校学生 30 人赴北京二中游学。研学活动是教育协作的成功创新，让参与活动的山区孩子有机会走出来，体验前所未有的学习和活动机会，增进了凝聚力，拓宽了视野，更促使他们树立了远大的志向和抱负；让参加活动的北京师生在对大自然的体验和探究中提升思考力、想象力、创造力、行动力，同时激发学生热爱自然、保护自然的情怀，取得了预期效果。

二是通过京蒙教育专线共享北京东城区教育资源。在两地的教育协作中，创新运用了互联网信息技术，积极探索两地教育资源共享。通过远程教育网络共享平台和教师研修平台，将东城区优质丰富的教育资源通过互联网传送到千里之外的边境小城阿尔山，实现了课堂"同频互动"。目前阿尔山市京蒙教育专线已经正式纳入东城区教育网络，阿尔山全部 6 所学校实现了与东城区教育网络信息平台的互联互通，两地教师可通过平台互动交流、同步听课、共同参与培训，共享优质教育资源。仅 2021 年上半年，阿尔山市与东城区共开展 7 次同频互动课堂教学、9 次线上互动教研、15 次学科教研，取得了良好效果。

东城区教育帮扶阿尔山市的目标是"一年打基础，两年见成效，三年上台阶"。在"造血式""集团式""共享式"帮扶模式助推发展下，在支教团队和当地干部教师的共同努力下，当初制定的目标已实现：阿尔山一中 2019 年高考本科上线人数较 2018 年翻了一倍。2020 年本科上线率增长 4% 的同时，实现了 10 多年来一直期待的突破一本的目标，初宇鹏同学取得了高于一本线 30 分的佳绩，创造了阿尔山一中 12 年来最好的高考成绩。在确保小学学段入学率的基础上，2021 年初中学段入学率较上年提高了 14%，高中学段的生源也开始出现回流。

行稳致远推动京蒙教育协作走向纵深

治穷先治愚，扶贫先扶智。教育是阻断贫困代际传递的重要途径。北京市东城区对口帮扶阿尔山市过程中，把教育帮扶作为重点，派出精兵强将，全面提升阿尔山市教育教学水平。从点的突破到面的覆盖再到线上融合，东城区与阿尔山市教育协作成为京蒙教育协作的典型代表，特别是搭建教师研修平台和远程互动教学平台，实施同步课堂互动教学，一方面解决了阿尔山市师资力量不足、优质课程资源紧缺，弥补了网络信息鸿沟等问题，另一方面对提升阿尔山市教育质量，缩小区域、城乡、校际教育差距，提高教育领域信息化水平，提升城市现代化水平都有极大裨益。

教育是京蒙协作重点内容之一，"十三五"期间也取得了丰硕成果。2021年7月，北京市教委与内蒙古教育厅签署《京蒙教育对口协作框架协议（2021—2025）》，未来京蒙两地在教育领域将进一步拓展协作的广度和深度，把北京的优质教育资源更多地引入内蒙古各地，不断补齐民生短板、增进民生福祉，助力内蒙古教育高质量发展。

打造高端协作平台　整体提升教育质量
——京保实施"名校长工作室"工程案例

"十三五"期间，为充分发挥北京重点中学名校长的引领、带动和辐射作用，助推保定市8个贫困县脱贫，保定市通过发挥当地名校长的示范作用，整合北京市专家资源，以"名校长工作室"的方式，带动一批校长的专业成长，打造了一支与北京优质教育资源同频同步成长的专业校长教师队伍，提升了当地基础教育整体水平。

名校长工作室，并非简单地将北京的优秀教育经验"搬家"，而是在前期探索建北京名校长工作室的基础上，聘请保定市本土名校长做工作室主持人，依托其所在的名校对保定贫困县校长进行培养。北京名校长则是实践导师，北京专家做理论导师，共同指导校长们研修。

援派干部搭桥，北京名校长到保定成立工作室

2016年，时任北京市东城区前门街道办事处副主任、挂职保定市教育局副局长的李娜新，介绍了保定下辖区县的几位校长到广渠门中学挂职学习。广渠门中学校长吴甡投身教育40多年，当校长20多年，经验丰富。当吴甡校长到保定回访时，他的"徒弟"们提出了成立京保吴甡校长工作室的想法。

2017年7月，北京广渠门中学吴甡校长工作室在保定挂牌成立。这是保定市首个名校长工作室。两个月后，北京四中刘长铭校长工作室在保师附校揭牌。这是保定市开办的第二个北京名校长工作室。经过层层选拔，保定市第十七中学、涞源二中、阜平城厢中学等11所学校成为吴甡校长工

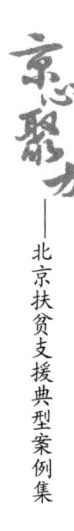

作室首批成员校。2020年12月,吴甡校长工作室举行首期结业式。三年来,工作室成员获得国家荣誉14人次,省级荣誉6人次;成员从不会做研究、开展课题研究数为零到个个有课题、人人做教研。

吴甡认为,校长要有自己的办学思想。校长不能只做"懒惰的勤奋者",要从以事物为本的"事本"向注重教学思想凝练和表达的"话本""文本"迈进,最终达到关注学生快乐成长、教师幸福工作的"人本"层面。保定市第二十六中学校长韩云庆表示,在进入吴甡校长工作室前,自己每天总是忙于眼前的事务性管理,经过在工作室的系统学习,现在工作有了"线",能在教学理念的引领下,把事办完办好。

对于校长而言,尤其要关注教师的幸福感和学生的满意度。学生在快乐中才能最大程度地成长,而这离不开有幸福感的老师,有幸福感的老师又离不开校长的管理方式。安国市实验中学校长尹虎表示,在学校里,他现在经常有意识地多表扬少批评,多倾听少高谈,多肯定少否定,如今,老师们的笑容多了,干劲更大了。

"没师资、缺生源"是不少校长们抱怨的话题。吴甡认为,没有薄弱的学校,只有薄弱的校长。他以自己带领北京广渠门中学突破困境、从薄弱校成为北京市示范性普通高中的生动实践为例,鼓励校长们勇敢闯出路子来。

经过在吴甡校长工作室的学习,易县裴山学区中心校校长田战生,带领学校从区县倒数第二成长为正数第二;涞水县第二中学校长牛宝村说,作为县里曾经"二三流的学校",近年来学校学生回流明显……吴甡校长工作室里不少曾经来自薄弱学校的校长,如今不仅信心更强、干劲更大,还越来越多地承担起了"重任"。

从2017年到2020年,吴甡校长工作室通过"请进来"与"走出去"相结合,从教育理念到管理实务,从观念更新到方法指导,再到走进京城名校参观学习,大大增加了校长们的办学信心,高层次的交流碰撞更开阔了校长们的思想境界。2020年,保定市有三位校长入选河北省首期教育家型校长,其中两位出自吴甡校长工作室。为更好借力京津优质教育资源,提升保定教育整体水平,2021年4月,保定市第二期吴甡校长工作室正式启动。

创新教育扶贫，名校长工作室涵盖保定各阶段教育

2019年，为助力保定打赢脱贫攻坚战，借鉴吴甡校长工作室经验，北京市教委和保定市教育局开展顶层设计并提供政策保障和资金支撑，北京教育学院交流培训中心与高级研修中心作为项目统筹单位，依托保定当地名校长（园长）与名校，与保定市教育局共创"保定市脱贫县系列名校长（园长）工作室"教育扶贫协作新模式。保定贫困县名校长（园长）工作室突破了名校长（园长）培养单一功能定位，把工作室校长（园长）培养、学校改进、学校队伍建设、周边学校发展等都整合进工作室中，达到"做强自己，带动一批，辐射全域"的目的。

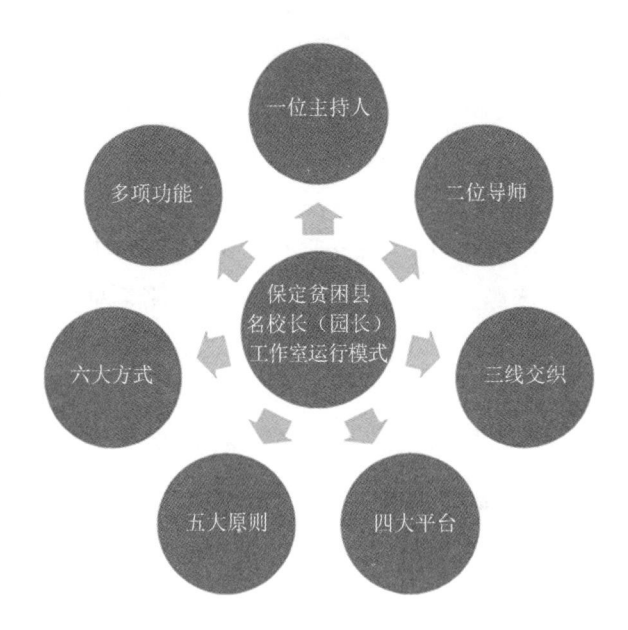

图51 北京教育学院—保定市贫困县名校长（园长）工作室运行模式图
来源：《中国教师报》2020年9月28日

该模式的内容具体可概括为"一二三四五六"，即：

一位主持人。工作室主持人都是保定市乃至在河北省有影响力的校长（园长）。有较为成熟的办学思想，有突出的办学业绩，有教育扶贫情怀，能够发挥示范引领作用，是工作室灵魂人物，全面主持工作室活动。

二位导师。邀请北京市名校长、专家分别担任工作室实践导师与理论

导师，对工作室校长进行办学实践指导与理论引领。

三条研修线。即培训线、学校改进行动研究线、辐射带动线。三条研修线交织进行，服务于校长发展、学校改进及区域带动。

四大研修平台。即把工作室打造成为校长（园长）及其班子成长的平台、成为保定市推动学校发展的平台、成为学校（幼儿园）教育人才聚集的平台、成为发挥教育示范影响的平台。

五项研修原则。即主持人引领与导师指导相结合、整体安排与个性化研修相结合、个人研修与团队学习相结合、校长研修与名师送教相结合、外力支持与内力驱动相结合。

六个核心研修方式。即专家报告、跟岗考察、校际诊断交流、行动改进研究、送教与同课异构、自学读书与交流研讨。

2019年5月，保定地区贫困县初中学校李梅校长工作室和保定市贫困县幼儿园张春炬园长工作室成立。其中，选聘保定市第十七中学校长李梅为工作室主持人，北京教育学院陈丽主任和北京广渠门中学教育集团理事长吴甡校长为专家顾问，依托河北省环首都扶贫攻坚示范区重点县涞水，组建保定地区贫困县初中学校李梅校长工作室（简称李梅校长工作室），保定8个贫困县（即涞源、涞水、易县、唐县、顺平、阜平、曲阳、望都）的14所兄弟学校为李梅校长工作室的成员，建立学习共同体，充分发挥京保名校长的引领作用和工作室在人才、智力、信息、资源等方面的优势，积极探索现代学校办学特色模式，推动保定贫困县教育均衡优质发展。

图52　李梅校长工作室揭牌仪式

2020年，在北京市的大力支持下，保定市加快贫困县"名校长工作室"建设进度，相继成立小学"王淑英校长工作室"、高中"贺宇良校长工作室"、特教"武美英校长工作室"和职教"杨卫国校长工作室"，从而使名校长工作室涵盖从幼教到高中每个教育阶段和普教、职教、特教每个教育领域。借助北京优质教育资源，各个工作室为贫困县校长提供最高层次的教育成长平台，系统输入国际教育视野、先进教育思想、深厚教育理论，致力为贫困县培养一批引领教育改革和发展的教育家型校长。各成员校也都立足保定、立足县域教育发展的实际，积极推进教育改革与创新的探索，走出一条保定贫困县基础教育发展的新路子。

表4 保定名校长工作室"主持人+双导师"一览

工作室名称	主持人	理论导师	实践导师
李梅校长工作室	保定十七中校长李梅	北京教育学院交流培训中心与高级研修中心主任陈丽	北京广渠门中学教育集团理事长吴甡
张春炬园长工作室	保定市青年路幼儿园党总支书记兼园长张春炬	北京教育学院学前教育学院院长杨秀治	北京广渠门中学教育集团理事长、大地幼儿园园长吴甡
王淑英校长工作室	保定师范附属学校校长王淑英	北京教育学院教授何育萍	北京小学万年花城学校校长刘显洋
贺宇良校长工作室	保定市美术中学校长贺宇良	中小学管理杂志社主编孙金鑫	北京市八一学校校长沈军
杨卫国校长工作室	保定市第二职业中学校长杨卫国	北京市朝阳区教育研究中心职成教研室主任张俊英	北京求实职业学校校长吴少君
武美英校长工作室	保定市特教中心校长武美英	北京市海淀区特殊教育研究与指导中心主任王红霞	北京健翔学校校长于文

来源：根据公开报道整理

根据2021年3月召开的保定市脱贫县系列名校长（园长）工作室2020年总结交流会提供的数据，近两年时间里，6位工作室主持人与12位双导师按照三条研修线进行实施精准研修，举行线上线下融合的专题报告、行动改进研究、入校诊断与交流、跟岗学习、读书交流等系列活动，按照"四精"培训模式和"八度"直播模式组织了260余次研修活动，辐射人数28000余人，形成成果40余册，初步把系列工作室建设成为保定市骨干校长（园长）成长的平台、保定市学校发展的平台、人才资源聚集的平台、发挥示范辐射的平台。

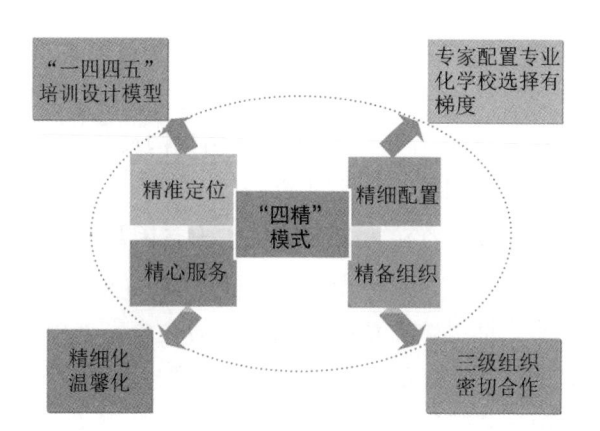

图 53　北京教育学院高级研修中心与交流培训中心"四精"培训模式图
来源:《中国教师报》2020 年 9 月 28 日

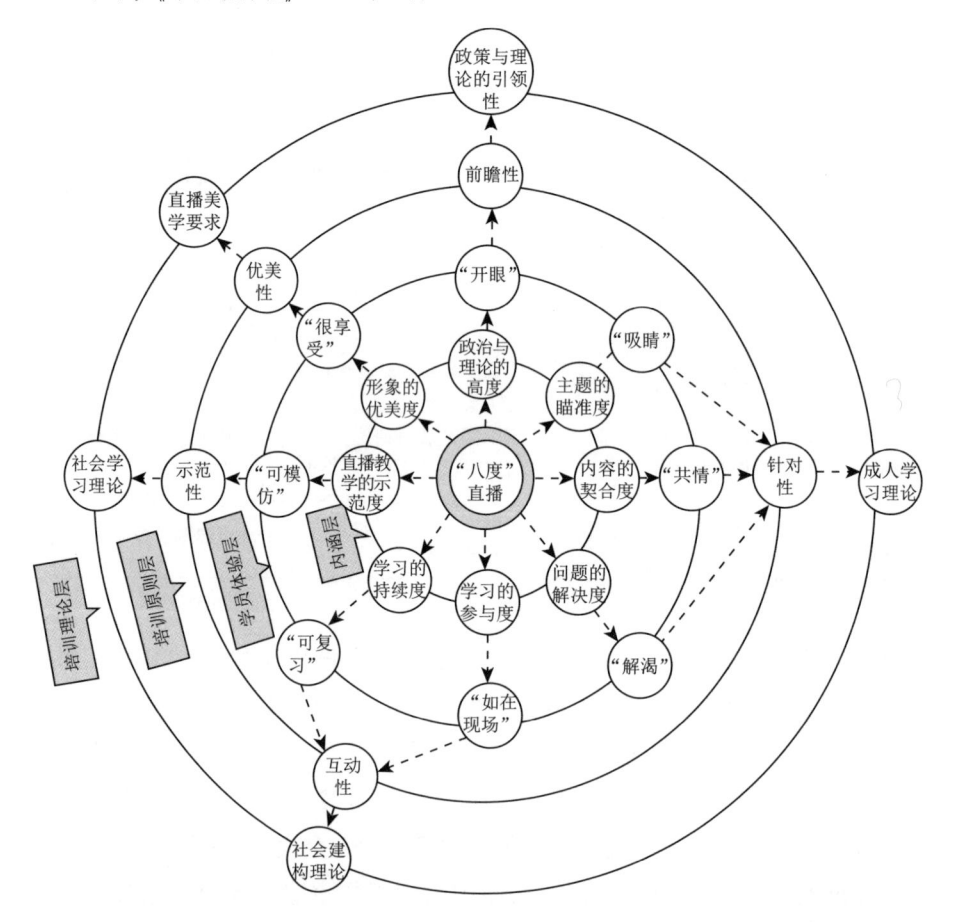

图 54　北京教育学院高级研修中心与交流培训中心"八度"直播模式图
来源:《中国教师报》2020 年 9 月 28 日

特别是 2020 年疫情期间，北京教育学院高级研修中心与交流培训中心开拓创新，积极调整研修方式，推动保定贫困县系列名校长工作室等 8 个扶贫项目共 1115 名学员进行线上直播培训，提炼并践行"八度"直播模式，共举行 130 余场直播，每场直播满意度都达到 95% 以上。

近两年时间里，保定 6 个名校长工作室共培养 66 位校长，覆盖 8 个贫困县 66 所中小学幼儿园职高特教学校，2020 年涉及建档立卡学生数 10324 人，打造了一支留得下、带不走的人才师资队伍，极大地激发了保定贫困县教育的内生动能。

引入更多优质资源，助力保定教育高质量发展

除前述名校长工作室外，2020 年 7 月，清华大学附属中学与保定市教育局签订保定市教育质量整体提升工程战略合作协议。根据协议，清华大学附属中学将以保定一中为试点，开办创新实验班，依托清华附中先进理念和优质资源，结合高考综合改革方向及大中衔接需求，在拔尖创新人才培养、STEAM 教育、高等研究实验室、大学先修课程等方面深入合作，丰富特色化办学路径。同时，保定市成立"清华附中名校长名师工作室"，对保定市优秀初高中校长、骨干教师进行提升培训，为保定优秀教师提供到清华附中跟岗学习交流机会，打造高水平校长、教师队伍。

脱贫攻坚战胜利后，京保教育协作在京津冀协同发展战略下继续推进。2021 年 6 月保定市与全国创新人才教育研究会举办的名校长工作室主持人会议透露，来自创新人才教育研究会的 4 名教育专家和全国 37 名知名校长将牵手保定市 22 个县（市、区），建立名校长工作室，让保定市的每个县（市、区）都有名校长工作室的带动和引领，携手打造高水平的校长和教师队伍，深化帮扶合作，助力该市教育"三年大变样，六年大改观"。保定市将为名校长工作室发展创造优越的环境和条件，给予政策、资金、服务等全方位支持，把名校长工作室和名师工作室办成保定教育高质量发展的重要支撑和品牌工程。

"火车跑得快，全靠车头带。"改变教育，校长是关键。保定市脱贫县系列名校长（园长）工作室是北京市教委贯彻落实《全面深化京冀对口帮扶合作框架协议》和《全面深化京冀扶贫协作框架协议》，瞄准保定市贫困

图 55 保定市贫困县幼儿园园长工作室成员参加北京教育学院组织的跟岗实践活动

地区教育薄弱领域,精准对接北京市优质资源,与北京教育学院、保定市教育局联合行动,共创名校长工作室教育扶贫协作新模式,是京保扶贫协作的一个新创举。通过建立幼、小、初、高、职全学段全覆盖的保定贫困地区名校长工作室,把北京优质教育元素融入了保定教育的发展。名校长工作室主持人充分发挥优质教育资源辐射带动作用,从教育科研、教师培训培养、优质资源开发等方面着手,带动一批骨干校长、骨干教师更好地发展成长,为保定基础教育优质均衡发展播下希望的种子,让每一个孩子都能享受到优质公平的教育。工作室取得的突出经验成就,为保定市实现区域整体脱贫提供了强有力的支撑,助推了保定地区整体教育发展,促进了城乡教育均衡化发展。北京将继续发挥教育资源优势,助力保定实现名校长工作室区县全覆盖,把名校长工作室和名师工作室办成保定教育高质量发展的重要支撑和品牌工程,为乡村教育振兴做出新贡献。

让大山里的孩子也能登上世界舞台
——"北京老校长下乡"送教工程案例

在 2022 年北京冬奥会开闭幕式上,44 个天真无邪的孩子以纯净、空灵的天籁之音,用希腊语完美演绎了奥运会会歌《奥林匹克圣歌》,引发全球关注。这些孩子并非专业的少儿合唱团,全部来自河北保定阜平县城南庄镇的 5 所乡村小学,是真正的"大山里的孩子"。而这群中国土地上最朴实无华的孩子,能被北京冬奥会开幕式导演组发现,与"北京老校长下乡"支教团有关。

2004 年起,一位名叫邓小岚的北京退休老人来到阜平县城南庄镇马兰村的马兰小学,为大山里的孩子教授音乐课,并坚持至今。2016 年,"北京老校长下乡"活动在阜平县启动,北京数十位退休老校长、老教师陆续来到这里支教,北京崇文小学退休音乐特级教师付宝环就是其中的一员,她在阜平县义务支教已经 5 年。2021 年得知北京冬奥组委想要到阜平选拔冬奥会开幕式上演唱奥运会会歌的孩子后,付宝环和冬奥组委的工作人员在城南庄镇的 5 所小学开展了选拔工作,最终让 44 个孩子获得了登上冬奥会开闭幕式舞台的机会。

"北京老校长下乡"工作是贯彻落实习近平总书记"扶贫先扶志"指示、实现京津冀协同发展国家重大战略的重要举措。2016 年 3 月,北京市委教育工委部署启动"北京老校长下乡"活动。随后,北京市优质教育资源最集中的东城、西城、海淀三个区选择了 15 位颇有名望的老校长参加。北京师范大学、首都师范大学则选拔研究生志愿者,担任老校长助手,为支教工作助力。

2016 年 7 月,北京市委教育工委发文,将"北京老校长下乡"项目的

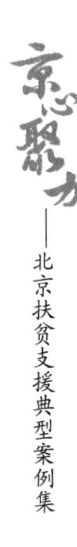

工作经费纳入市财政支持的《北京市支持乡村学校发展若干意见》，从而建立长效的工作保障机制。当年9月29日，由教育部关工委主办、北京教育系统关工委承办的"北京老校长下乡"活动启动仪式在北京市密云区举行，同时正式启动助教河北省阜平县乡村学校工作。

截至2021年底，东城、西城、朝阳、海淀、丰台5个区的32名退休老校长、老教师，深入25所乡村学校助教，听课1.2万课时，授课300余课时，主持教研300余次，帮助当地培养县级以上优秀骨干教师400余名，惠及2万多名学生3000多名贫困生。

放弃百万薪酬，"老校长"们深入河北农村

刚退休的名校校长一直是教育圈的"香饽饽"。2016年7月，北京市委教育工委组织部找到北京陶然亭小学原校长刘建文，邀请他参加"北京老校长下乡"助教活动。他想也没想就一口答应了。实际上，刘建文退休后，不少民办小学开出数十万年薪聘请，但他都没有答应。而对于下乡支教，刘建文却欣然应允，"阜平既是贫困地区，又是革命老区，我愿意帮助这里需要帮助的学校和孩子们"。

放弃高收入到穷山沟去支教的不止刘建文一人。北京教育学院朝阳分院原校长王宝山在河北承德隆化大坝中学、存瑞中学支教，公交前往需要8个小时；北京建筑大学附属小学原校长贾秋惠拉着丈夫给她当起了专车司机，还让他承担了支教学校的计算机维护修理工作；中华路小学原校长孟迎春每次去阜平几乎都要把火车、大巴、出租车等交通工具挨个坐一遍……大家都是不顾路途奔波马不停蹄，到校就马上开展工作。

克服种种困难，"老校长"们想方设法补短板

刘建文的支教地半沟小学，距离阜平县城有半个多小时山路，而他从北京往返学校要花8个小时。当时的半沟小学缺教室、少宿舍，刘建文就直接住在了校长办公室。山区的冬天格外冷，学校只有一个旱厕，为了避免晚上挨冻上厕所，刘建文干脆就从傍晚开始少喝甚至不喝水。山里没处吃早餐，刘建文就在汽车后备厢里常年备泡面，几年下来泡面吃了得有上

百桶。

艰苦的环境没有难倒北京的"老校长"们,刘建文只是他们中的一个缩影。北京汇文中学原党总支书记白瑞祥表示,来支教之前,听都没听说过阜平这个地方。当他和李占芳、付宝环组成的三人小组先乘高铁,再坐长途车,穿过盘山路上的4个隧道第一次来到支教地石猴小学、谷家庄小学时,三个人都不由得吃了一惊。

图56 "老校长下乡"阜平助教团

乡村学校教师资源匮乏,当地很多老师能把课本串讲下来就很不容易了,根本谈不上授课技巧和授课效果。针对这一问题,"老校长"们通过听课、评课和教研活动,手把手指导当地教师,邀请北京其他退休或在职的特级教师、骨干教师送课讲学,还为当地教师创造机会参加北京市的教师培训班学习。

王宝山校长按照承德当地学校的教学进度和安排,重点抓初一和高一的语文和数学学科。2019年,王宝山每月下校一次,大概听了60节课,给教师梳理出10条要点,指导教师在教学当中一点点改变。

中华路小学原校长孟迎春2018年来到阜平县平阳中心小学支教,从学校的整体设计到教学任务的安排,再到示范课和教研活动,她都事无巨细投身其中。

补血活血造血，"北京老校长下乡"送教三部曲

老校长下乡，怎么干？白瑞祥将其概括为"三部曲"，分别是"补血、活血、造血"。首先是面向学生做好"补血"，课程开齐"一科都不能少"；其次是面向教师做好"活血"，聚焦课堂，激发成长动力；最后是面向校长做好"造血"，引导校长思考，构建自主发展链条，打通教研连心桥，避免学校管理反弹。

在"补血"方面，针对乡村学校缺乏专业教师，尤其缺少美术、音乐类教师，刘建文请来西城区的艺术课老师上课，他自己也在家练习乐器，然后教给学生；崇文小学音乐特级教师付宝环，每次都给助教学校每个年级的学生上一次音乐课，还捐助了一批口风琴等乐器；北京海淀区教师进修学校音乐特级教师王骐，在爱人患淋巴癌的情况下，仍不中断阜平孩子们的音乐课……折纸、软泥、刮蜡画、彩陶、制作贺卡、六一活动、元旦联欢……这些在电视或电影里才能看到的课程，经过"老校长"们的努力，阜平县的学生们第一次在自己的学校里美美地实现了。

图 57　刘建文在半沟小学带孩子们上手工课

在"活血"方面，北京市海淀区教师进修学校中学语文教研室原主任田福春到阜平县开展工作，初衷是帮助老区人民做点实事。2017年，田福春和北京科技大学附属中学原校长纪世铭对城厢中学参加阜平县四项全能比赛的10位教师组织培训，让骨干教师聆听专家讲座、看名师作课，对学校的薄弱学科实施种子计划，培养学校教师队伍的领头雁。在2017年4月阜平县中小学教师四项全能比赛中，城厢中学10位教师全部获奖，并有3位教师获得初中组一等奖。

为帮助当地教师建立"有效的课堂"，教学经验丰富的老校长李占芳亲自操刀上阵做示范课，以课例引领教研。她先让全体教师观摩，自己在课堂上一招一式、一问一答教学设计如何实施；然后由共性问题出发谈如何开展有效教学的研究。当地教师表示，在接触老校长支教后，自己的教学水平有了很大提高和变化。

2017年，石猴小学、谷家庄小学的教师开始来到北京市东城区，参加北京的骨干教师培训活动。2019年4月，石猴小学青年教师韩月、谷家庄小学青年教师彭瑞雪拿出两节课作为"靶子课"，在北京市东城区前门小学备课组、东城区小学教研部宋浩志老师的指导下，先试讲，再修改，再试讲，其表现让人刮目相看。

图58　北京榜样颁奖典礼上"老校长"们合影

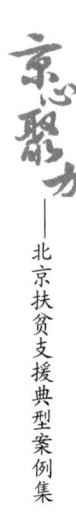

对于办学理念、管理策略及教师业务提升等"造血"方面，半沟小学校长刘江明总能得到"老校长"的一些操作性建议，比如，在落实常规工作管理上要求：学期初做好学期计划；及时做好试卷质量分析，开好家长会；召开期末总结交流会；批改作业工作规范化；每月检查一次常规工作，并把结果反馈给老师，以此激励和鞭策老师认真完成常规工作。"老校长"既从具体的行为做法上帮助他们如何做好学校管理工作，又从理论层面上引导他们学会反思沉淀、总结方法，时时刻刻推动他们的成长和提升。

在过去的5年多里，"老校长"们为乡村小学的孩子送去最优质的课程与教育资源。他们采用"活血"更新教育理念、"补血"填补学科空白、"养血"促进专业发展等举措，为乡村学校带来先进教育理念、优质课程及丰富资源，很好地提升了助教学校办学水平和青年教师教学能力，使得受援学校成为区域同类学校示范，辐射带动了周边学校共同发展，最终让学生受益，还稳住了不少特岗教师，让老区和山区教育充满希望，老百姓看到自己孩子受益，有了更多的幸福感和获得感，提高了群众对整体扶贫工作的满意度。

增强辐射带动作用，推动"老校长下乡"持续开展

老校长下乡符合中央教育扶贫的要求，符合京津冀一体化协同发展的国家战略部署，符合中央提出的让每个孩子享受公平而优质教育的方向，也符合关工委工作的性质、定位，其成绩和精神获得了各方肯定。教育部关工委将其概括凝练为两个到位（即领导到位、经费到位）、两个精准（选人精准、选校精准）、两个创新（机制创新、形式创新）、两个突出（成效突出、反响突出）的北京经验向全国推广。2020年，"北京老校长"团队被新华社、《半月谈》等媒体称为京版"孺子牛"，被评为2020年"北京榜样"年榜人物。2021年，"北京老校长下乡"代表刘建文被评为北京扶贫协作先进个人，北京老校长下乡阜平支教团获评河北省脱贫攻坚先进集体、全国教育系统关工委"十佳创新案例"。

北京教育资源丰富，"老校长"们的办学经验尤为可贵。下一步，"北京老校长下乡"可以在建立长效机制、促进可持续性上下功夫。一是在试点基础上，逐步扩大支教区域，以扩大辐射带动作用。二是扩大老校长队

伍，在北京其他城区动员一部分老校长和特级教师、骨干教师参加到老校长下乡的行列中来，壮大支援的力量。三是进一步完善相关政策。比如，为便于老校长下乡工作持久开展，让大学生得到全面的学习和锻炼，"老校长助理"可从研一学生中选拔；老校长通过个人资源引入的教师，他们的补贴和工作条件保障也应纳入所在区计划；利用北京的资源，对受援学校教师在信息技术培训利用和信息化应用水平提升上给予帮助；动员关工委的力量，多做补短板的工作，比如引入音乐、美术、科学老师，为当地建设培养一专多能的教师；与受援地共同组织校长暑假短期培训，共同制订系统培训方案，加强对校长和骨干教师的培训力度等。

企业参与职教扶贫的范本
——阜平"职教协作拔穷根"工程案例

2013年河北省阜平县的一次摸底调查显示,全县19.2万农村人口,初中以下文化水平的达17万之多。农村劳动力文盲、半文盲较多,缺乏有效的脱贫致富技能和本领。贫困家庭的孩子如果考不上大学,其结果可能和他们的父辈如出一辙。

习近平总书记2012年在阜平考察扶贫开发工作时明确指出,"治贫先治愚。把贫困地区的孩子培养出来,这才是根本的扶贫之策"。为此,阜平县定点帮扶单位——国家机关事务管理局确定了"发展职业教育,传授一技之长,促进稳定就业,带动家庭脱贫"的帮扶思路,推动阜平县职业技术教育中心与企业、行业合作建立梦翔汽车培训基地,优先招收贫困家庭学生,校企联合培养,实现学生定向就业。

在国家机关事务管理局、北京市扶贫支援办、北京市人力资源和社会保障局的协调推动下,北汽集团担当北京市属国企"排头兵"的责任,探索"北汽培训+阜平实训+定向就业"一体化的培训就业精准脱贫工作模式。2018年8月,北汽集团汽车专业教学实训基地正式在阜平县职业技术教育中心挂牌。

打造"企业培训+基地实训+定向就业"模式

北京对阜平县职教中心的帮扶,源远流长。该校1994年建校时,一穷二白,北京市教科院职教研究所牵线搭桥,使之与北京市信息管理学校、北京市阜成路学校等6所职业高中结成联谊学校,北京兄弟学校不仅帮助管理学校、培训师资，还捐赠课桌、图书。为助力阜平打赢脱贫攻坚战，北京对阜平县职教中心的帮扶"升级换代"。

2017年底，北京汽车技师学院与9所职业院校一起发起组建了北京—燕太片区职教扶贫教育集团。2018年，北汽集团在阜平县职业技术教育中心建立了拥有4个实训室的高规格实训基地，分别是新能源汽车理实一体化教室、新能源汽车整车故障诊断实训室、传统汽车理实一体化教室、传统汽车整车故障诊断实训室，开展"企业培训+基地实训+定向就业"订单式培训，即由北汽集团为建档立卡贫困学生创造订单式培训就业机会，通过北京奔驰、福建奔驰、北汽福田等单位与北汽技师学院合作开办定向招生班，将招聘做在培训前，实现定向培训、定向就业，学生毕业即就业。

在阜平职教中心，新能源汽车当时还是一个新生事物，有的问题连老师都不十分确定。2019年，北汽集团向阜平职教中心捐赠了70余辆教学用车、64台发动机和50台变速箱，总价值1081万元。随后，北汽技师学院组织北汽技师学院汽车工程系的10名精兵强将到阜平职教中心汽车实训基地进行了为期5天的"送教上门"活动。这其中包括汽车工程系副主任殷国松、汽车维修专业带头人陈猛（北汽集团首席技师、亦麒麟高技能领军人才）、新能源检测与维修课程组2位负责人宫英伟（北汽集团创新工作室领军人、北京市优秀教师）和刘振博（北汽集团创新工作室领军人）、汽车保养与检测课程组负责人邢超（北汽集团先进个人、北京市优秀教师）以及各课程组骨干和一体化教师，堪称"最高配置"。

图59　北汽技师学院的老师在为阜平县职业技术教育中心的学生讲解

北汽技师学院党委委员、副院长马长春介绍,针对阜平职教中心的特点,结合北汽岗位要求,北汽技师学院第一批"送教上门"包括4门课程,教学内容涵盖新能源汽车和传统汽车。学生们所用的教材《走进新能源汽车》和教学所用的虚拟仿真软件也是北汽技师学院自主研发并赠送给阜平职教中心的。

作为一所山区职业学校,当地在师资上的短板非常明显。汽车专业的老师不但缺乏企业实践经验,许多还是从农学专业"半路出家"。北汽技师学院在阜平职教中心建立职教帮扶基地,通过"送课上门"把汽修专业顶尖的师资和教材送到当地师生的面前,提升了当地的师资水平。阜平职教中心的老师认为,北汽的老师讲课针对性强,内容紧跟行业前沿,又很实用;而且老师讲课生动形象,值得学习。

扶智又扶志助山村学子圆梦

"人穷志不能短,扶贫必先扶志。"北汽集团在阜平探索的正是"扶贫先扶志"的道路,其影响如春风化雨、润物无声。

马湘是阜平县三官大队正沟村人,从14岁起就和姥爷相依为命。虽然家就在阜平本县,但他要步行几里地,再坐1个多小时车,才能从山里的家

图60 阜平职教中心的学生正在学习新能源汽车技术

来到阜平职教中心。按照北汽与阜平职教中心签订的对口帮扶协议，北汽技师学院2019年在阜平职教中心的学生中开设了50人的定向培养班，为建档立卡贫困学生创造订单式培训就业机会，实现定向培训、定向就业，学生在北汽技师学院毕业后即能实现就业。马湘满怀信心地表示，"三百六十行，行行出状元。上了这个定向班，就能找到好工作，多挣钱，孝敬姥爷"。

汽修专业的韩龙学，则是因为"子承父业"的期待。他的父亲是大货车司机，在工作中深深感受到技术的重要。"现在我比我爸能干，他不会修的我都会。"韩龙说，他打算毕业后先到企业里锻炼几年，把活儿学好，然后自己开一家汽修公司。

2018年6月，从阜平职业技术教育中心汽车制造与维修专业结束了两年的学习的毕业生到北汽越野车工厂实习。刚到车间实习没多久，车身车间40分装二班班长邓飞就相中了19岁的郝宁。郝宁能来北京工作，是他和他的家人都没有想到的事情。他的家乡在阜平县平阳镇白家峪村，自己家是建档立卡贫困户。但他从小就喜欢汽车。初中毕业后，郝宁在父母的支持下选择了阜平职教中心汽修专业。毕业前夕，上海、南京等地都有企业来招人，他选择了北汽越野车。郝宁选择了北汽，北汽也成就了郝宁。2019年底，绩效考评成绩优秀的郝宁被定为A岗；2020年8月，他以优异成绩通过综合考试，成为北汽越野车公司的正式员工。在阜平，他学的是修车；在北京，他的工作是造车，他的梦想"加倍"实现了。

2018年以来，阜平职教中心已经有上百名汽修专业的学生进入北汽工作，学生毕业出了校门，就直接进了厂门。山里娃不但走出了大山，还实现了一人就业，全家脱贫。

如今汽修专业已是阜平职教中心的优势专业，汽车专业部有学生1500人，占了阜平职教中心学生总人数的近1/3。通过与车企合作，汽修专业学生完成三年学业后，基本都能马上在知名车企实现就业。学生毕业后实习期挣三四千，转正后一个月挣五千到八千元，年收入达到六七万元。目前，搬到新址的阜平职教中心已成为北京—燕太片区职教扶贫协作区的重点学校，还吸引了周边山西、内蒙古等地的孩子前来求学。

阜平职教中心的发展改变了阜平人的观念。过去，阜平老百姓对职业教育有看法，80%的家长都希望孩子上高中，将来能上大学。通过阜平职校的一系列努力，特别是跟车企合作，把汽车相关专业作为优势专业来培育，现在 40% 的家长都愿意考虑让孩子上职校。

多方培养技术人才助力乡村振兴

多年来,北京一直为阜平职教中心的发展提供帮助。阜平职教中心先后与北京 10 多所职校建立合作关系,形成了自己的办学优势。阜平职教中心还与北京市物业管理行业协会 5 家会员企业合作建成梦翔楼宇智能化培训基地,和京东集团、河北和道国际电商创业园合作建成电子商务双创中心,与北京西城区签订人才教育计划引进北京庆长风商贸公司、华江文化公司等企业入校共建生产实训基地。

从阜平职教中心毕业并在阜平电商馆工作两年后,黄海莲已经成为电商馆的中层负责人,这让曾经教过她的老师很欣慰,因为她的工资比学校老师的还要高。2016 年,在北京丰台职业教育中心学校的帮助下,阜平职教中心建立起了电子商务专业。整个专业从人才培养方案到专业课程设置,都是在北京丰台职业教育中心学校的手把手帮助下完成的,学生上课用的课本也是由北京丰台职业教育中心学校提供。不光如此,电子商务专业的师生还有机会到丰台职业教育中心学校接受培训,老师提升专业教学水平,学生提升专业实操技能。黄海莲就是那个时候赶上了机遇,在丰台职业教育中心学校老师的指导下,她和同学们所学的专业从平面设计转到了电商视觉设计。

此外,为帮助当地老乡吃上"旅游饭",昌平职业学校对接阜平职教中心,面向天生桥景区周边乡镇,联合开展农家乐经营培训,重点培育了 10 家经营示范户,推动当地"肘子宴"等特色饮食品牌提质升级,促进了当地乡村旅游健康发展。

"脱贫摘帽不是终点,而是新生活、新奋斗的起点。"在新的起点上,职业教育还承担着巩固脱贫成果,衔接乡村振兴的重任。当前,阜平县职教中心抓住国家加快构建现代职业教育体系的机遇,通过践行"发展职教、志在富民"的办学宗旨,积极服务区域经济和乡村振兴需求,为县域发展提供人才和技能支撑。要继续精准对接群众需求,强化政策支持,广泛发动社会力量,把职业教育办得更强,让脱贫群众不仅"能就业",还要"好就业""就好业",让"土窝窝"里飞出更多"金凤凰"。

对口帮扶助发展　合作办学促均衡
——北京景山学校崇礼分校案例

河北省张家口市崇礼区是北京冬奥会雪上项目主要竞赛场地之一，也是北京市东城区对口帮扶地区，当地干部群众最强烈的愿望之一，就是希望北京能帮助当地提高教育水平。2018年8月24日，北京景山学校崇礼分校（简称崇礼分校）在崇礼区第一中学基础上正式揭牌成立，开启了北京景山学校和崇礼区第一中学的合作办学模式。

合作办学伊始，双方即约定，北京景山中学采取常驻与常派相结合的方式，确保每学期有8名景山学校的优秀教师在崇礼从事一线教学工作，着力在学校发展思路、教育、教学、管理及信息化建设方面下"绣花功"，努力兴办与2022年冬奥会雪上项目主要举办地相匹配的教育，不断推动崇礼本地教育教学和管理水平提档升级。

三年多来，崇礼分校的面貌发生很大改变，学生更加礼貌开朗，师生关系更加和谐融洽，北京先进的教育理念在这里默默扎根。

从学校管理和精神风貌抓起

始建于1952年的崇礼一中曾经也创造过辉煌，但近些年由于多种原因，教学质量每况愈下，有一些学生舍近求远，去外地好学校上学。此前，景山学校曾在河北曹妃甸建立分校，此番在崇礼设立分校，景山学校派出了强大的教师阵容。胡彦丽与另外7名教师成为首批支教老师。8位选派教师中，3人出任崇礼分校副校长，分管学校的教育、教学和信息化建设。

图61 2018年8月，北京景山学校崇礼分校揭牌

在北京，景山学校的教学一直以严谨著称。崇礼一中此前的管理是粗线条的，北京教师首先要帮助学校进行精细化管理。按照景山学校"全面发展打基础，发展个性育人才"的教育理念，作为来到崇礼分校的首批支教老师之一，胡彦丽决心从改变教学理念入手，让整个校园"活"起来。开学后的第一、第二周，崇礼分校就按照景山学校的做法，开展了"文明礼貌问好"主题活动，引导学生用自信、阳光、友好的态度跟老师同学问好、沟通，并把每周一早上的升旗仪式固定下来。同时，崇礼分校挂牌不到一个月，学校就举行了第一届秋季运动会。其间，胡彦丽耐心地做老师们的工作，从赛程安排到志愿服务都精心组织，整场运动会非常高效，增进了全校师生的凝聚力。胡彦丽还带领学生到北京开展游学活动，通过参观北京历史文化建筑，观看国家爱乐乐团经典演出，访问景山学校校园、校史馆，撰写游学笔记，强化理想信念，开阔学生视野。

2019年，为迎接中华人民共和国成立70周年，弘扬爱国主义精神，规范升旗仪式，加强学生责任与担当意识教育，培养学生的爱国主义情操，崇礼分校举办了以"我和我的祖国"为主题的合唱比赛活动。在各班主任和音乐老师的悉心指导下，同学们利用课余时间精心准备，积极练唱，展

图 62　胡彦丽（左一）与崇礼分校老师们在一起

现了学生爱国爱校、朝气蓬勃、昂扬向上的精神面貌。同年，崇礼分校还迎来了美国牛顿公立中学的 8 名师生，中外师生同吃同住同上课，这不仅在崇礼一中，就是在崇礼也是历史上头一次。

带来教学新理念新方式

　　吴广国是北京师范大学理学博士，2009 年毕业后即进入景山学校任教，带领学生在课堂上做实验，是他多年的教学习惯。在北京景山学校时，他经常自制实验教具，北京的西四电子市场、中关村海龙电子大厦，都是他常去的地方。

　　来到景山学校崇礼分校时，吴广国发现很多同学在课堂上刚开始接触物理时甚至不知道灯丝是由哪种金属制成的。为此，吴广国通过自制教具为同学们演示物理实验。他认为，如果没有实验，老师上课"干讲"，比比画画，学生理解不了。通过实验演示，不仅有助于学生理解，还能激发他们的学习兴趣。与此同时，吴广国还和崇礼分校的物理老师团队一起成功申请了一个关于物理实验的张家口市"十三五"规划教育重点课题，检验、总结实验教具在物理课堂的使用模式和效果。

图63 吴广国（右）指导崇礼分校青年教师进行电磁线圈炮实验制作和演示

2013年，中央民族大学理学院招聘学科教育方向硕士研究生导师，吴广国在同学的推荐下竞聘成功。他的在读研究生也常来景山学校崇礼分校，为这里的学生讲课，带领他们做实验。这不仅锻炼了学生动手能力，更教会他们一个道理，遇到问题，去想怎么解决，而不是放弃，这对学生的发展具有重要意义。

在外求学的崇礼孩子回来了

2020年，由于新冠肺炎疫情，主要负责学校信息化工作的于峰老师开始为崇礼分校搭建网课平台。在他的努力下，崇礼分校很快与景山总校的网课资源进行对接。通过视频会议的方式，于峰与同事紧急培训崇礼当地的老师。视频课主要利用腾讯会议和钉钉平台进行授课。除此之外，于峰还负责学校的智慧校园建设，引导当地学生和教师通过网络、搜索获取更多的信息，开阔视野。

为了提高升学质量，景山学校崇礼分校副校长蔡雷利用下班时间，对河北省高考10年试卷、300多套各类英语试题进行试做、分析、研究，按题型找出命题规律，把规律讲给英语教研组全体老师及学生们，一个学期下来，他基本每天都工作到晚上12点左右。

功夫不负有心人。经过景山学校的帮助，崇礼一中的教学质量明显提高：在2019年崇礼区初中七大学科比赛中，崇礼一中共有6人获一等奖，初高中共有12人代表崇礼区参加了张家口市优质课大赛。

合作办学以来，崇礼生源外流的情况开始好转，在外求学的崇礼孩子逐渐回来了。有学生家长表示："我相信崇礼分校，我就让孩子在这里上高中，哪儿也不去了。"

着力打造当地优质教师队伍

景山学校的教育理念在崇礼生根发芽，靠学生，也靠老师。这一点，从景山学校派驻到崇礼一中教物理的"90后"老师马龙敏深有感触。2014年，马龙敏从首师大研究生毕业后到北京景山学校担任物理老师。跟北京同龄的学生相比，崇礼一中的学生获取新知识的途径有限，主要依赖老师，所以老师的角色更加重要。来到崇礼分校后，他就把得到的一些新知识，甚至把以前从学生那里听说的新鲜知识说给崇礼的孩子们听，学生听到之后特别兴奋。

"95后"教师白莎莎参加工作的第一站便是崇礼分校，作为一名英语老师，她很快就发现高一年级的英语学科基础薄弱，其中最突出的问题就是不敢开口说英语。通过努力，她找到了办法，就是要求学生回答问题时把单词读出来。后来，学生们逐渐适应了北京老师的教学方式，英语水平逐步提高。

一所学校的发展离不开一支高素质的师资队伍，只有从长远来规划师资队伍建设，坚持不懈地加强师德师风建设，才能全面提高教师整体素质，推动学校更好更快地发展。

为进一步提升北京景山学校崇礼分校教师专业化水平、学科素养及授课技能，诊断课堂教学中存在的问题，助推深化教学改革及课堂教学改革，2019年3月31日—4月2日，北京东城区教师研修中心中学教研员一行13人赴景山学校崇礼分校开展教育对口帮扶。研修员们在崇礼分校开展听课评课、学科指导和教育教学研究培训活动，重点对高三毕业年级教学工作及课堂教学进行调研及指导。

不光如此，北京还用真金白银帮助贫困生入学。景山学校崇礼分校执行校长胡彦丽介绍，北京景山教育基金会为崇礼分校 300 名贫困生发放 24 万元资助金，以解决贫困生的求学困难，为崇礼分校学子的梦想护航。

"硬件"提升了改变"软件"更重要

地处河北省西北部的崇礼，与北京市相距约 200 公里。如果不是因为滑雪，很多人都不会对这个地名产生太多印象。作为曾经的国家级贫困县，崇礼直到 2015 年底，官方统计的贫困发生率还高达 16.81%，连绵的崇山峻岭和密林深谷，漫长的冬季和最低可达零下 40℃ 的低温，让这座县城发展的难度显得尤其巨大。近年来随着冰雪产业的发展，再加上北京冬奥会强有力的助推，崇礼的城市面貌有了巨大的改善，但改变还不光是在城市的硬件设施上，公共服务水平的提升，同样让当地百姓受益匪浅。通过与北京的全面对接，推动当地人思想的变化，包括对下一代的教育方式转变，比物质条件的改善更深刻。景山学校通过与崇礼一中合作建立分校，把景山学校"以学生为本、全面发展"的理念带到了崇礼，优化了当地的教育理念，为缩小区域、城乡间教育发展差距贡献了一份首都力量。这既是北京对口帮扶的成果，也是加快京津冀协同发展的一个缩影。

健康帮扶篇

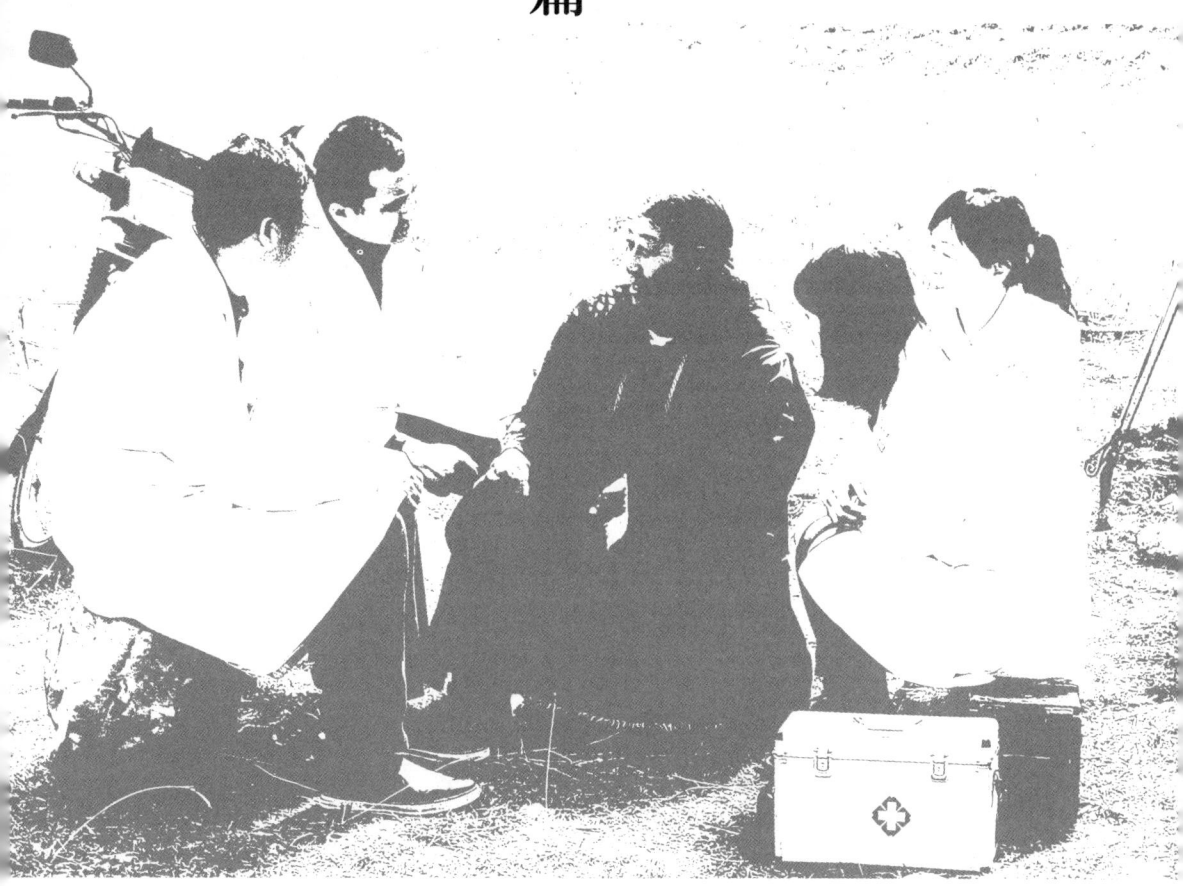

习近平总书记强调,"没有全民健康,就没有全面小康"。健康帮扶是精准扶贫的内容之一。"十三五"期间,北京市400多家医疗机构参与扶贫支援工作,选派卫生技术人才近3000人次,培训医疗人才18万人次,义诊27万人次,救治贫困人口超过60万人次,为防止受援地群众因病致贫、因病返贫筑起坚固的防线,助力全国上百个县打赢健康扶贫攻坚战。

大病不出藏　北京有良方
——北京"组团式"医疗援藏案例

2015年，为进一步促进西藏医疗卫生事业发展，提高援藏工作的针对性、时效性、可持续性，根据中央《关于做好"组团式"援藏医疗人才选派工作有关事项的通知》的要求，北京开始探索"组团式"医疗援藏，从硬件投入、学科建设、人才培养等多方面提升对口支援的拉萨市人民医院医疗水平。至今，北京已派出6批"组团式"援藏医疗队。在北京援藏医疗队的协助下，拉萨市人民医院2017年顺利完成"三甲"创建。如今，拉萨市人民医院的医疗水平逐年提升，正在从三甲医院走向"强三甲"。

图64　北京"组团式"对口支援的拉萨市人民医院

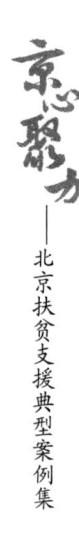

三步走助力拉萨市人民医院"创三甲"

2015年8月19日,时任首都医科大学附属北京妇产医院院长助理、发展运行部主任于亚滨率领15名医生组成的首批北京"组团式"援藏医疗队进藏,于亚滨担任拉萨市人民医院党委副书记、院长。

北京市对口支援的拉萨市人民医院,不仅是拉萨市属的唯一综合医院,而且是自治区"大病不出藏"的兜底医院之一。因此,北京与拉萨共同商定用两年的时间将拉萨市人民医院创建成三级甲等医院。这是第一次直接以国家标准确定援助目标,使援助目标集成化、标准化、系统化,任务可考核,效果可持续,将援助实效定位于提高当地的医疗综合能力,真正实现由"输血"转变为"造血"。

为此,北京市卫健委动员了所有市属医院参与此项任务,确定首都医科大学附属北京友谊医院(简称北京友谊医院)为主责单位,牵头组织实施,形成了树状结构的援助机制。北京22家市属医院构成发达的"根系",北京的人才、技术及管理等各方面的资源源源不断地输送到拉萨市人民医院。

按照三甲医院建设规模和标准,北京市"组团式"医疗团队通过统筹国家投资、援藏资金支持、区市财政投入等,筹集资金近1.12亿元,建设了拉萨市人民医院医疗专家楼、血透中心、心内重症监护室(CCU)等,完成了新生儿室改造、门诊楼重新设计改造等项目;采购了呼吸机、血液过滤机、水处理机、除颤仪等一批重要医疗设施设备;实施了信息化建设等项目,为医院各项工作的正常运转提供信息化方面的有力保障。

根据规划,拉萨市人民医院"创三甲"之路分三步走,即"一年打基础、两年有提高、三年见成效",通过制度完善、培训提高、自评整改、技术提升和迎接评审5个阶段工作任务,以三甲创建构建起医疗援藏的新格局。

建制度,奠定质量基础。结合拉萨市人民医院的需求,从建章立制起步,抓医疗质量提升。按照现代医院管理制度要求,北京援藏医疗队帮助拉萨市人民医院建立PDCA管理制度,建立完善了303项医院规章制度,各项诊疗流程更加规范,管理更加科学高效。援藏医疗队协调北京市属医院医疗力量，共派出管理、技术专家 120 余人次赴拉萨市人民医院进行帮扶。

做培训，建立质量文化。在全力帮扶的同时，北京援藏医疗队还特别注重提升拉萨市人民医院的自身造血功能。通过院包科、师带徒等方式，以技术培训、讲课带教、参加查房、手术演示等形式帮助提升医疗技术水平；运用"导师制""团队带团队""专家带骨干""师傅带徒弟"等多种培养方式帮助培养医疗人才。

重学科建设，人才技术双双进步。在北京援藏医疗队帮助下，两年多时间里，拉萨市人民医院新建急诊科、重症医学科（ICU）、血液透析中心、心脏重症监护室（CCU）、高压氧舱、感染控制科等 12 个学科，使医院学科达到 31 个。医院拥有了核磁、心脏彩超、血透仪、高压氧舱、钬激光、支气管镜、腹腔镜、电子胃镜等高科技医疗设备。医疗人才"组团式"援藏工作"一年初见成效、两年发展提高、三年上一大台阶"的成效得以显现，在改善和提高西藏医疗卫生能力、实现"大病不出藏"等方面取得了历史性突破。

2017 年 8 月 2 日，拉萨市人民医院顺利通过三甲医院评审；2018 年 1 月 3 日，拉萨市人民医院"三级甲等"综合医院正式揭牌，成为西藏自治区首家地市级三甲医院。

图 65　2018 年 1 月，拉萨市人民医院"三级甲等"综合医院揭牌仪式

"以院包科"援助模式强化核心竞争力

北京市开展"组团式"医疗援西藏工作之初，探索确立了以北京友谊医院为主责单位、以北京妇产医院和首都儿研所为"以院包科"责任单位、北京市属22家医院全力帮扶拉萨市人民医院的"一院主责、多院帮扶"的"组团式"医疗援藏工作模式。友谊医院作为主责医院，切实发挥牵头和协调作用，带领22家医院全面帮助拉萨市人民医院提升，特别是创造性地提出了拉萨市人民医院管理人员和骨干医生"组团式跟岗培训"模式，将全院副院长、科室主管人员分批派到北京友谊医院进行为期一个月的"组团式跟岗培训"，对全院管理能力的提升发挥了巨大作用。

按照"建全科、强专科"的理念，北京市确定了北京妇产医院和首都儿科研究所附属儿童医院作为包科医院，与拉萨市人民医院签订了《以院包科协议书》，着力加强拉萨市人民医院最具优势的妇产科和儿科2个"拳头科室"的建设。同时，其他22家医院共同帮助建立了ICU、血透中心等科室，补齐了科室建设短板，健全了学科体系。目前，拉萨市人民医院"以院包科"已经达到8家，除北京妇产医院和首都儿科研究所附属儿童医院外，北京市安贞医院、北京市友谊医院、北京市积水潭医院、北京市宣武医院、北京市朝阳医院、北京市天坛医院分别帮助拉萨市人民医院心内科、消化内科、骨科、神经内科、呼吸内科及神经外科建设，"组团式"援藏医疗队把北京最好的医疗资源带给了当地百姓，"以院包科"的科室已经成为拉萨市乃至西藏自治区的重点科室。2017年，中组部提出将"以院包科"作为"组团式"医疗援藏工作方式。

北京友谊医院副院长，曾任拉萨市人民医院党委副书记、院长的邓明卓介绍，在北京"组团式"医疗帮助下，拉萨市人民医院的心血管内科、消化内科、妇产科、儿科、骨科、重症监护室、血液透析中心成为具有高原特色、符合群众就医需求的"拳头"科室。同时，拉萨市人民医院获批自治区孕产妇及新生儿危重症救治中心、拉萨市医院感染管理质量控制与改进中心、拉萨市包虫病定点救治医院，成了全区唯一一家规范化开展妇科恶性肿瘤手术的医院，唯一一家中国疝病专科联盟登记随访系统医院。

做好"传帮带" 打造"带不走的医疗队伍"

"严重胸廓畸形,Ⅱ型呼吸衰竭,呼吸性酸中毒,蛛网膜下腔出血……" 2018年9月的一个晚上,拉萨市人民医院内三科CCU收治了患者次杰扎巴。医生会诊后确认患者为限制性通气性功能障碍、慢性呼吸性酸中毒,建议给予无创呼吸机辅助通气。

"可是在治疗期间,患者因头痛、烦躁导致漏气过多,人机协调性较差,两个小时后再次复查血气治疗效果仍不明显。"呼吸科大夫史丹丹回忆道,"那一刻,我立即想到了有着丰富经验的北京援藏医疗队成员朱剑。"

得知情况后,朱剑立即赶往CCU,了解了患者病情变化并向患者家属及值班医生分析无创呼吸机无效的原因后,建议继续给予无创呼吸机辅助通气,并向值班医生讲解无创呼吸机应用过程中须注意的细节及模式的选择,鼓励并指导患者如何配合呼吸机。"经两个小时的治疗,患者配合较好,人机协调性明显好转。在这次抢救过程中,多名本地医护人员参与,学到了真本领。"史丹丹表示。

医教研管各方面的发展,都离不开优秀的人才。这场现场直播的"言传身教",正是北京"组团式"援藏医疗专家开展"传帮带",进行医疗智力援藏的一个缩影。

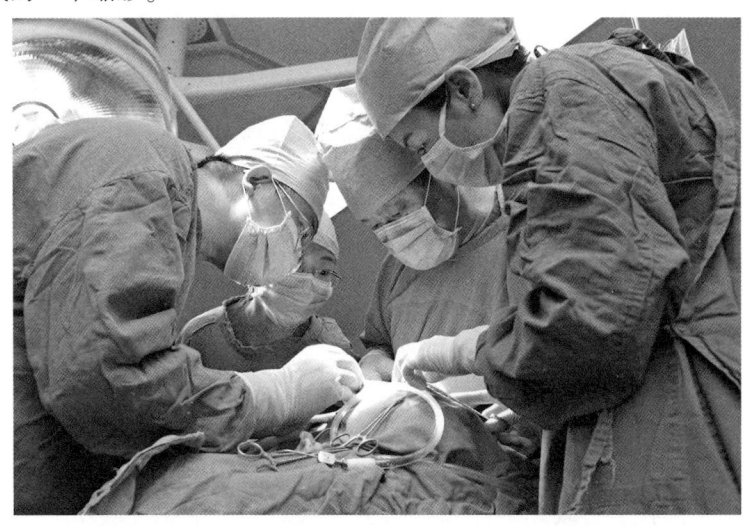

图66 拉萨市人民医院北京援藏医疗团队在做手术中

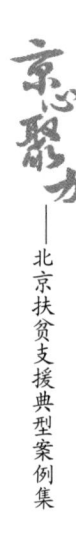

"北京市充分发挥北京援藏医疗人才的帮扶与带动作用，积极助力临床新技术、新业务的广泛应用，为当地留下了'带不走的医疗队伍'。"北京市第八批援藏干部、曾任拉萨市卫计委卫健委副主任的李方亮介绍，"传帮带"不仅要进行手术带教，还会组织开展疑难病例讨论、专题讲座及各类专业培训。为了真正提高西藏地区医疗的"软实力"，北京"组团式"援建在"传帮带"的基础上，全面推行"导师制"培养模式，遴选本地优秀的医务工作者与援藏医疗专家结成对子，通过"专家带骨干""师傅带徒弟""团队带团队"等方式，提升本地医疗人才的专业水平和管理技能，医院的医疗服务质量显著增强。

此外，5年来，北京"组团式"援藏医疗专家带领本地医护人员先后开展全区首例盆底重建网片修补术、首例气管镜下冷冻技术、首例儿童门脉性出血内镜下止血术、首例断指再植手术、首例内镜下黏膜剥离术（ESD）等75项新技术和多例疑难危重手术，刷新填补了拉萨市乃至全区的多项技术空白。

从"创三甲"迈向"强三甲"

2019年北京市第五批"组团式"援藏医疗队进驻拉萨市人民医院以来，大力推进拉萨市人民医院由"创三甲"向"强三甲"的目标迈进。围绕"大病不出自治区"工作目标，聚焦拉萨市人民医院"大病兜底"医院的战略定位，北京市第五批援藏医疗队坚持以"以院包科"为抓手，推动重点科室建设迈上新台阶。北京积水潭医院、北京宣武医院与拉萨市人民医院签订骨科、神经内科2个"以院包科"协议。援藏医疗队助力医院"五大中心"建设，成立卒中中心，新增设神经外科、内分泌科2个重点学科，开设高原病门诊及病房，成立李建兴结石工作站，打造拉萨市儿童超声培训基地，建设全国首家省级助产士培训基地，建成西藏首个互连互通的5G智慧医疗试点。拉萨市人民医院荣获了西藏唯一一家国家级母婴安全服务优质单位称号。围绕职能科室管理等方面，援藏医疗队与拉萨市人民医院共商健全制度148条，优化再造流程43项，制订出台全新绩效方案，正按照"临床—医技—行政"顺序稳妥推进绩效薪酬分配制度改革。在新的制度落实下，拉萨市人民医院中心院区于2020年6月1日顺利开诊。新冠肺炎疫情在国内暴发后，拉萨市人民医院用三天时间就迅速建成了发热门诊和隔离病房，助力雪域高原打赢抗疫阻击战。如今，在该院新建起的新型冠状病毒核酸检测实验室，每天最多可以检测1000个样本。

北京市"组团式"医疗援藏"以院包科"工作开展以来，拉萨市人民医院诊疗服务能力和工作效率显著提升，法定编制床位由240张增加至430张，门急诊量是2014年的2.7倍，住院量及手术量是2014年的1.5倍，平均住院日缩短了0.87天。目前，拉萨市人民医院新建专业19个，全部学科达到35个，门急诊量增长164.9%；住院人次增长43.7%；手术台次增长76.1%，医疗技术水平和服务能力实现大幅提升，成为自治区"大病不出藏"的兜底医院。北京市"组团式"援藏医疗队连续三年被西藏自治区党委、政府授予"西藏自治区民族团结进步模范集体"荣誉称号，北京友谊医院获得"全国脱贫攻坚先进集体"荣誉称号，北京援藏干部、拉萨市人民医院院长任轶获得"全国脱贫攻坚先进个人"荣誉称号。

医疗援藏模式创新助力拉萨"去穷病"

北京"组团式"医疗援藏改变了过去医疗援藏短期分散的格局，从改善医院硬件条件、培养本地医疗骨干、狠抓医疗质量管理、推动医院科研能力提升等多个环节开展系统化援建；通过"院包科""传帮带"等方式，为当地带去先进医疗理念和技术，留下一支带不走的高素质医疗人才队伍，变简单的"输血"为"造血"；整合各方资源，通过"1+N"组团方式，让结对医院既集中兵力、协同作战，又各尽其职、各展所长，在较短时间内提升了受援地医疗水平，实现了支援效应的最大化；充分运用互联网、大数据等现代信息技术手段，建立远程医疗平台，让受援地群众进一步享受到更多的首都优质资源，一系列亮点经验做法，为全国做出了示范，为拉萨市乃至西藏自治区打赢健康扶贫攻坚战做出了重要贡献。

一座高原医院的现代化之路
——北京援青医疗队打造"院长+团队+改革"帮扶模式案例

玉树藏族自治州地处青藏高原腹地,氧气稀薄、自然条件恶劣,由于特殊的地理环境和不良的生活习惯,肝炎、结核、包虫病等疾病发病率较高,但当地临床诊疗能力不强。可以说,因病致贫是造成玉树州贫困现状的一个重要原因。于是,围绕"精准扶贫、精准脱贫"的要求,如何有针对性地做好医疗扶贫工作成为摆在北京对口支援工作面前一个极为重要的课题。为响应北京全面援助玉树、医疗精准帮扶玉树州人民医院的号召,2016年8月,时任北京广外医院副院长的刘云军接受了援青医疗队队长,玉树州卫计委副主任,玉树州人民医院党委副书记、院长的职务,并带领5名医疗专家前往2000公里外的玉树,开展"团队式"对口帮扶。在近三年的时间里,玉树州人民医院发生了翻天覆地的变化:一座"烂摊子"医院变身玉树地区设施最齐备、条件最完善、医疗水平最高的综合性医院。

攻坚克难、改革当先,推动玉树州医院走上现代化之路

北京医疗援建玉树源远流长,从1971年北京鼓楼医院响应国家支援边远地区的号召搬迁至玉树开展医疗帮扶,到2011年为了推进北京—玉树两地帮扶向纵深发展、加快"大美青海,健康玉树"建设步伐,北京再次派遣援玉干部到玉树州医院开展对口帮扶工作,已有40年。而以刘云军为院长的医疗专家开展"团队式"对口帮扶玉树州人民医院则是第一次。这一次,刘云军带领的医疗团队首先要面对的就是医院的全面改革。

2017年3月，玉树州人民医院组建危重儿童新生儿救治中心。短短的时间内，0—1岁住院婴幼儿的死亡率就从原来的13.6%下降到了3.47%，并成功救治三胞胎，创造了藏区早产极低体重儿三胞胎存活的历史。而这，只是刘云军在玉树州人民医院全面推行改革的其中一个画面……自2016年7月来到玉树州人民医院开展对口帮扶工作以来，刘云军在充分调研的基础上，根据玉树百姓的疾病谱、多发病和健康需求，带领医院先后成立了感染性疾病科、骨关节诊疗中心、包虫病诊疗基地、危重儿童新生儿救治中心、眼科中心、宫颈疾病诊疗中心等12个新学科，开设了5个新病区，开展了107项新技术、新业务。

在改革中，刘云军注重调动医务人员的积极性，针对不同层级医务人员打破"平均主义"分配模式，断然回绝了一些人提醒的"要保稳，不求无功但求无过，三年带个大光环回去就够了，对口援建没必要那么认真"等建议，从体制机制上入手，打破"大锅饭"分配机制，完善绩效考核管理制度，构建起按劳分配、公正公平、奖勤罚懒、奖优罚劣、向高层次专业技术人才和管理骨干倾斜，促进学科建设和医院全面发展、向临床和医疗一线倾斜，建立与工作数量、质量直接挂钩的绩效工资机制。

随着医院的高速发展和社会竞争力的提升，政府部门及百姓也对玉树州人民医院寄予了新的希望和更高的要求。在刘云军的带领下，全院职工上下一心、奋力拼搏，州人民医院2018年通过评审成为全州首家三级综合医院，实现了所有"州医院人"数十年的梦想。

团队援建、专业引领，不断提升当地医疗服务水平

"用爱拥抱每一天，用心呵护每一位患者"，是援青医疗队矢志不渝的服务理念。北京援青医疗团队进驻州人民医院以来，医院的就医环境不断优化，服务领域不断扩大，医院门诊人数、急诊人数、住院患者人数呈数倍提升。一串数字足以证明：2017年与2016年相比较，玉树州人民医院门急诊人次由7.32万人上升到10.26万人，增长40%；住院人次由6500人上升到9500人，增长46%；手术量从701人次上升到1341人次，增长91%。专家们精湛的医术和温馨服务也赢得了患者的信赖及社会各界的认可和赞誉。

按照"五化同步"（医院管理科学化、后勤保障社会化、临床学科特色

化、优势学科品牌化、服务能力规范化)和"五位一体"(医疗、护理、教学、科研、康复)的发展理念,刘云军带领援青医疗团队实现了北京对口支援玉树医疗卫生工作由单一的医疗领域逐步向疾病控制、妇幼卫生、精神卫生等诸多领域迈进,不断提高玉树州的公共卫生服务能力。

一是推动远程医疗服务体系建设。2016年10月,在林芝医疗卫生援藏工作会议后,结合玉树州人民医院实际需求,北京市卫生计生委批复北京朝阳医院与玉树州人民医院建立远程医疗会诊平台。目前,两家医院就建立远程医疗会诊平台工作,已进入实质对接阶段。

二是推动京玉疾病控制和精神卫生工作深度协作。北京通州区疾控中心与玉树州疾控中心建立了对口协作关系,标志着两地在全民健康体检大数据分析与运用和疾病预防控制能力提升方面,将展开全方位合作;针对玉树州精神卫生医疗水平薄弱、医疗资源总体不足等实际,北京安定医院与玉树州精神卫生康复诊疗中心签订了对口帮扶协议,玉树州卫生计生委聘请了安定医院院长担任中心的名誉院长,开展长期稳固的对口技术帮扶。

三是优质服务惠及牧区百姓,医疗服务获得感增强。针对玉树牧民群众居住分散就医不便、基层医疗卫生服务能力有限的实际情况,北京援青医疗团队组织开展了"专家上高原、健康进帐房"活动,将医疗服务向边远牧区延伸。北京派出医疗队,深入边远牧区为广大群众免费义诊、答疑咨询、宣传防病知识,受到了广大牧民的广泛赞誉。

四是全力推动健康扶贫工作。北京援青医疗团队多次深入全州6个县市乡镇社区卫生院,对照健康扶贫工作问题整改清单,查看建档立卡贫困人口工作信息台账和健康扶贫管理系统的录入和维护情况、健康扶贫政策宣传情况;深入建档立卡贫困户家中,了解患者病症诊疗情况,宣传相关的医疗保障政策;与北京市卫生计生委、共青团北京市委员会协调联系对建档立卡贫困户患先天性心脏病、尿毒症、白血病患者实施救助;组织援青医疗队专家成立救治专家组,对"健康扶贫管理数据库"里的建档立卡贫困人口实施跟踪诊疗,为进一步促进脱贫攻坚工作扎实开展、有效整改存在的问题,掌握了第一手资料;先后协调中国人口福利基金会善基金、北京市计划生育协会赴玉树开展捐助活动,累计捐款捐物折合人民币数十万元。

图 67　北京援青医生深入玉树州牧区为患者看病

培养人才、优化队伍，努力打造一支带不走的医疗队

北京医疗援青工作一直把为玉树培养人才、加强医疗卫生队伍建设作为对口支援和医疗扶贫的重中之重，作为增强玉树卫生事业发展后劲、增强造血功能最直接有效的途径，通过团队专家不遗余力地亲传、亲帮、亲带，为玉树培养了一大批专业技术人才。

在推进州人民医院全面改革的过程中，刘云军就高度重视人才培养工作，针对医院人才缺乏、人员医疗技术水平落后的问题，制定了"请进来"、"送出去"和"本院骨干压担子"三种人才培养方式和公平的激励机制，极力营造和谐融洽的人际关系并加以情感留人、待遇留人、事业留人的留人途径。同时，利用北京专家的专业技术特长，继续实施"手拉手""结对子""传帮带"计划，努力打造一支梯队合理、技术精湛、人员稳定的人才队伍。例如，在专家蔡照华主任及白亦冰主任的带教下，两名内科医生熟练掌握了胃镜检查技术并能独立操作，窥镜技术已由窥镜诊断向窥镜下治疗发展；在杨齐主任的带教下，培养了尼玛才仁和索南班久两名能独立开展腹腔镜手术并自己带教新人的科室主任。

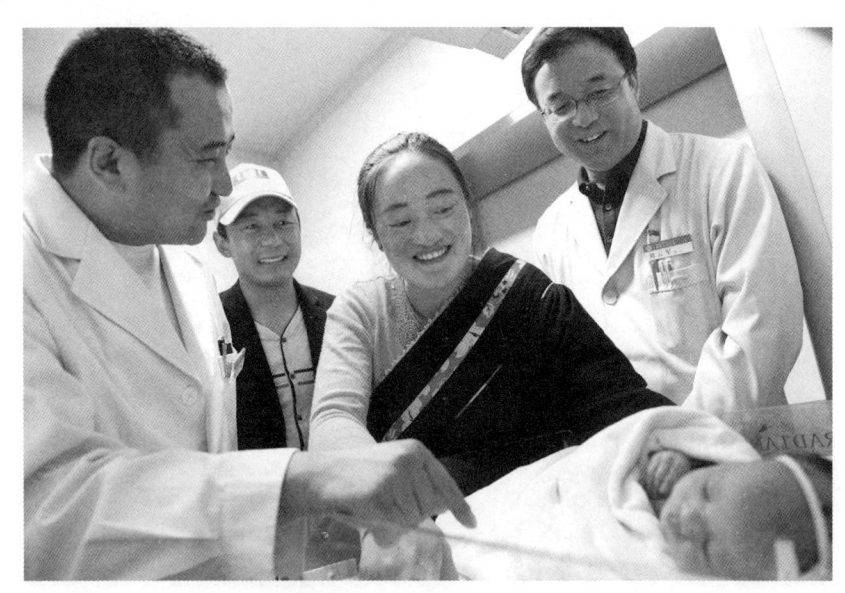

图68　北京援青医生在医疗一线开展帮扶工作

北京对口支援助玉树州人民医院涅槃新生

在北京医疗队"院长+团队+改革"的帮扶下,不到三年的时间里,玉树州人民医院发生了翻天覆地的变化:医院住院患者人数增长了4倍,业务收入翻了3倍,职工绩效收入翻了9.1倍,运行经费减少33.3%;医院服务能力、服务水平、服务质量不断提升,业务量快速增长,实际开放床位由原来的210张增加到387张,2018年住院患者比2015年增长84.83%,手术量2018年比2015年增长了66.55%……

经过改革创新发展,玉树州人民医院成为青海省绩效改革的典范;玉树州人民医院连续获得了多项国家级、省级荣誉,得到了玉树藏族同胞的认可。提到刘云军,当地的藏族群众都会竖起大拇指说:"北京来的刘院长,是我们藏族人的好'曼巴'(藏语医生之意)。"2020年,刘云军获得全国脱贫攻坚奉献奖荣誉称号。

智慧分级诊疗打通健康扶贫"最后一公里"
——中关村华医研究院扶贫案例

实施健康扶贫是党中央、国务院推进精准扶贫的重要战略部署,是贯彻党的十九大精神关于"健康中国"建设战略的重大措施,是防止因病致贫、因病返贫的重大政策举措。

当前,我国医生培养和发展极不匹配,高端人才匮乏,经验丰富的医师过度集中于大城市,造成大量基层医疗机构诊断水平低,在乡镇卫生院、村卫生室尤为严重。乡镇卫生院放射科无执业证、上岗证问题较为普遍,或存在虽配置医生但诊断能力却不足等现象。大部分卫生室的村医仍然应用老三件(体温计、血压计、听诊器)来为老百姓提供基本医疗服务,缺乏相应的科技手段做到早检查、早诊断、早治疗,特别是在老少边穷地区,这一现象加剧了因病致贫、因病返贫现象的发生。作为现代医学最重要的临床诊断和鉴别诊断方法,在国家医疗资源下沉、加大对基层投入,以及计算机、通信技术高速发展驱动的新形势下,乡镇医疗机构、村卫生室影像、心电业务将加快发展,但对应诊断医师能力培养需要5—8年时间,人才培养速度远远不能满足基层医疗需求。

基于我国基层医疗卫生发展实际,国家相关部门先后制定了一系列深化医改措施,并陆续发布有关"互联网+医疗健康"、《关于推进医疗联合体建设和发展的指导意见》、《关于实施健康扶贫工程的指导意见》、《关于促进"互联网+医疗健康"发展的指导意见》等相关指示精神。为不断满足人民群众日益增长的卫生健康需求,通过现代科技手段促进医疗资源下沉,提高医疗服务效率,让患者少跑腿,中关村华医云健康扶贫智慧分级诊疗项目(以下简称"分级诊疗项目")由此诞生。

2019年以来,在北京市扶贫支援办支持引导下,建立了以玉树州人民医院为中心、辐射市县医疗机构的"玉树州智慧分级诊疗平台",借助"互联网+",上联北京多家三甲医院和青海省人民医院,下联一市五县医院和部分乡镇卫生院,已形成"北京—省—州—县—乡镇—村"六级新型医疗服务模式。远程医疗体系在引入北京高端医疗资源的同时,有效整合玉树州现有医疗资源,实现区域医疗资源科学合理再分配,促使医疗资源有效下沉,提升基层医疗机构的整体服务能力,实现了"群众少跑路、信息多跑路",极大地缓解了群众看病难、看病贵的问题,大幅降低了全州群众就医成本,赢得群众的认可。

图69 青海省人民医院与中关村华医移动医疗技术创新研究院签署框架合作协议

以"互联网+"推进高端医疗资源下沉基层

分级诊疗项目是中关村华医移动医疗技术创新研究院(简称"中关村华医研究院")发挥医工交叉学科的特点优势,组织医疗信息、医疗设备、大数据、医学等30多位院士、专家,联合中国研究型医院学会移动医疗专业委员会(以下简称"移动医疗专委会")和有实力的爱心企业,投入大量精力和经费，经过严谨的课题立项、大量基层调研及多个省市县区域的试点，以"互联网＋医疗"作为辅助手段，探索出一套适合基层医疗机构、有效促进高端医疗资源下沉的整体解决方案和新型服务模式，可作为医联体（医共体）建设和精准健康扶贫的纽带和抓手，有效促进松散型医联体向紧密型医联体过渡，最终实现分级诊疗。

分级诊疗项目以县级医院为诊断基地，上联省、市、北京三甲医院，下联县域内各乡镇卫生院、卫生室，搭建"北京—省—市—县—乡镇—村"的分级诊疗平台。平台内容包括双向转诊、远程会诊、远程影像、远程心电、远程超声、远程检验、远程病理、动态慢病管理等组成部分。

该分级诊疗项目可以实现基层检查、上级诊断、高端会诊的线上分级诊疗模式，实现"小病不出社区，大病不出县，疑难危重病在三甲医院诊治"的就医新流程，真正做到"让信息多跑路、让患者少跑腿"，让老百姓足不出村就能享受到高端医疗资源。通过影像共享、数据共享、结果互认，提高基层医疗机构首诊能力，将患者留在基层，降低看病成本，有效减少因病致贫、因病返贫情况的发生，巩固健康扶贫成果。

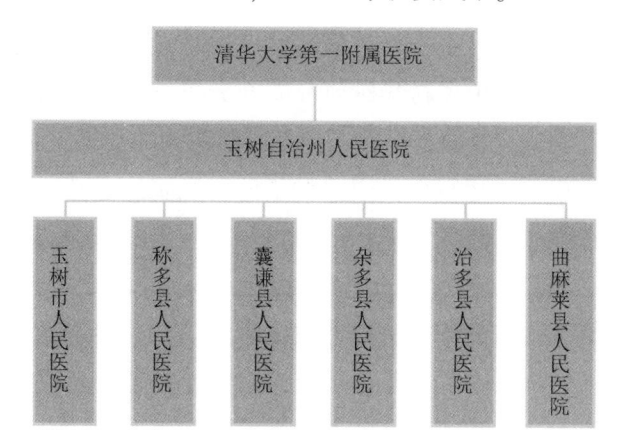

图70　中关村华医移动医疗技术创新研究院分级诊疗项目示意图

来源：中关村华医移动医疗技术创新研究院提供

联通全国近千家医院、覆盖上亿人口

中关村华医研究院分级诊疗项目已经在河南（信阳、驻马店等连片老区）、河北（承德、衡水等深度贫困区）、甘肃（临夏州等三区三州）、北京

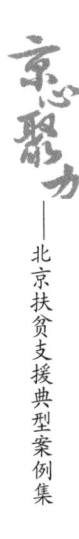

(西北部贫困带)、青海（玉树等三区三州）等省市的近千家医疗机构免费搭建软、硬件市场，价值近2亿元，实现了"北京—省—市—县—乡镇—村"逐级联通，截至2019年，完成远程诊断病历近14万例，各类影像资料100余万张，心电病例资料6万份，覆盖人口达1亿人。同时，开展线下义诊、免费体检活动50余场，受益人次达1万人；线上远程培训医生30余场，受益人次达6000人；线下培训基层医生近30场，受益人近3000人。

该项目有效地落实了分级诊疗，降低因病致贫、因病返贫的可能。初步计算，通过平台可为患者节省交通费用、食宿误工费用等看病成本200—500元/例，平均缩短就医时间0.8天/例，项目运行至今为老百姓节省的看病成本近6000万元，有效地提高了贫困人口的健康水平，将健康扶贫工程落到实处。

智慧分级诊疗产生三大效应

一是有效助推精准扶贫。中关村华医研究院智慧分级诊疗项目的最大优势是提供了可供基层自主选择的整体性解决方案，全面适应其医疗发展需求。通过综合调研，中关村华医研究院充分了解基层需求，才得以不断修正和优化服务模式，紧跟基层需求，及时追踪相关数据，升级相关软件，全面深入对接。在项目运行中，中关村华医研究院注意到，广大基层发展做强的愿望均很强烈，但由于缺乏资金，一些基层单位影像采集设备不足，难以开展业务，成为制约发展的主要因素；同时，专家、设备、服务等问题均限制了以县为代表的基层医疗行政主管部门与基层联动、带动基层全面发展的计划。为此，中关村华医研究院提供了整体性解决方案，涵盖了硬件、软件、平台、医疗服务、学术支持等方面，尤其适合边远地区、革命老区为代表的贫困基层发展需求，也成为医疗精准服务、精准扶贫的典范。

分级诊疗项目以心电、影像诊断服务切入，借助网络服务，实现了县域内的分级诊疗局面。从影像、心电等科室诊断入手对接精准服务，在科室层面解决了上级医院的会诊压力；以影像、心电诊断业务作为带动，再加入临床诊疗移动医疗服务，优质资源下沉与对接，分级诊疗可望全面落实，患者得到及时就医和高效服务，由此带来的社会贡献和相关经济效益更是难以估量。

二是创新推动医联体建设。中关村华医研究院智慧分级诊疗项目对半紧密型医联体合作关系进行了充分的建设与创新。通过网络平台连接上下游医疗机构，推动分级诊疗常规化、实时化、低成本化，使上下游医疗机构间形成了具有中国国情的区域半紧密型医联体模式。项目引领医联体建设和移动医疗发展，也注重项目的可持续发展，创新运营模式，建立长效机制。中关村华医研究院在方案设计中对分级诊疗项目各参与方均考虑其相关利益，形成机制，使各方通过线上线下相结合的服务，形成了紧密协作的统一体，服务因之更为高效，各方因之受益，从而全面降低医疗成本，最大的受益者则为广大基层百姓。

三是对提升基层医疗服务能力、积极性和医师价值具有示范性。一方面，全面提升区域基层服务能力和参与热情。基层乡镇卫生院有资质进行影像、心电诊断服务，同时可通过网络进行相关培训，服务水平全面提升；基层县级医疗机构影像、心电医师长期以来价值不被认可、收入较低的问题得以解决，参与热情全面提高。中关村华医研究院智慧分级诊疗项目在县域内实现"大病不出县"，高端专家在线"传帮带"和培训、继续教育形成新的服务业态；疑难病例会诊、转诊通道因确定性的增强而清晰通畅。

另一方面，充分体现了各级医师的价值。分级诊疗不落实会导致高职称医师把大量的时间用在基层本可实现疾病的确认、会诊、治疗上，而难以集中精力处理疑难病。以智慧分级诊疗项目为肇始，推动常见病及慢性病在基层医疗机构中得以解决的同时，也使疑难病和高端需求得到了精准的筛选和对接，真正使高端专家参与疑难疾病的诊治，总体上也使其获取碎片化时间，并充分利用碎片化时间服务基层，从而双向提升和体现专家价值。

在"家门口"也能享受北京医疗专家服务
—— 京张携手打造协同发展医联体案例

在京津冀协同发展的大背景下,张家口市分别于2015年和2019年与北京市卫健委、河北省卫健委签署《医疗卫生协同发展框架协议》和《进一步深化医疗卫生协同发展框架协议》,成为河北省率先与北京签署医疗卫生协同发展框架协议的设区市。截至2021年底,张家口市第一医院等9家市属医院先后与北京天坛医院等11家医疗机构建立了合作关系,成功打造出京张医疗合作可复制推广的"天坛模式"、北京同仁医院与张家口市第四医院开展利益共享的"同仁模式"和"远程会诊6+6的对口合作模式",成为京津冀协同发展下医疗协作的典范。

可复制推广的"天坛模式"

2015年8月,京张医疗合作首个样本——北京天坛医院(张家口)脑科中心成立。天坛医院通过公开竞聘选拔优秀人员到张家口市第一医院进行挂职,长期在第一医院工作,直接参与脑科中心建设。经过6年多的发展,该脑科中心现有4个神经内科病区、2个神经外科病区,并与康复医疗、手术麻醉、重症医学、急诊医学、医学影像等诸多学科协作,在学科建设、业务发展等方面均取得了非常好的效果并受到了各级政府部门及广大人民群众的一致好评。

业务总量方面,截至2020年底,张家口市第一医院脑科中心累计接诊149177人次,收治住院患者30804人次,会诊疑难病例1500余例,开展各类手术2005例,疑难重症抢救成功率由43.3%提升到80.3%,每年减少进

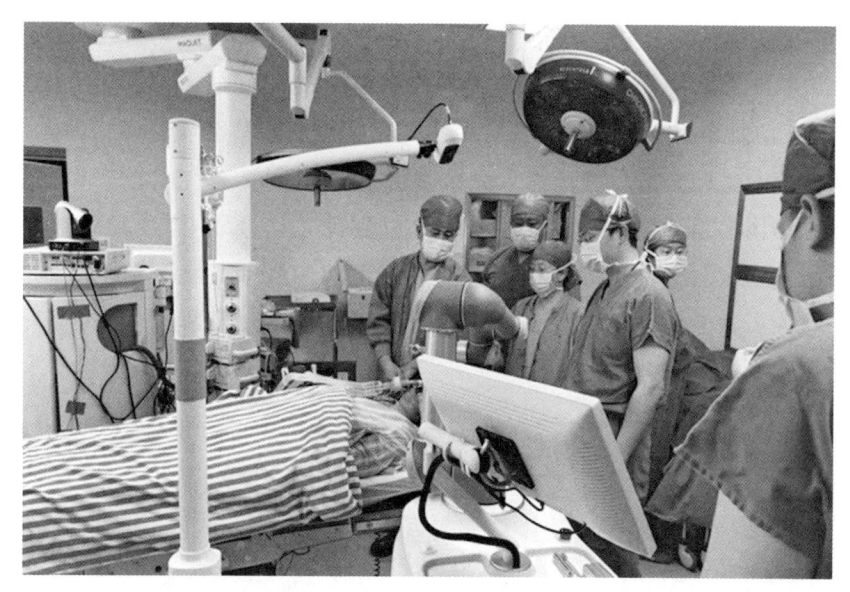

图71 北京天坛医院（张家口）脑科中心开展5G远程操控颅脑手术

京就诊2万余人次。人才培养方面，张家口第一医院先后有神经内科、神经外科、放射科、麻醉科等12个科室共90余人次到天坛医院免费进修学习，为脑科中心的发展灌注了强大的后续动力。在万伟庆、邸飞、李菁晶等主任专家的精心带教下，当地医生快速成长，人才梯队清晰，水平提高显著，逐渐独立完成手术。在远程预约挂号方面，天坛医院为张家口第一医院预留固定的号源，在张家口就可以直接挂到天坛医院的所有号，确保真正需要转往天坛医院的疑难患者得到快速救治。同时推进并实施了天坛医院与张家口市第一医院间的远程会诊。在学科延伸方面，依托脑科中心组建了张家口地区神经系统疾病专科联盟，作为张家口唯一的一家联合多位北京及全国资深专家出诊为患者排忧解难的大型会诊中心，已经深受张垣大地广大患者的喜爱，也深受无数业内人士的欢迎，被誉为张家口神经病学的学术殿堂，会诊病种涉及癫痫、帕金森、痴呆、睡眠障碍、焦虑、抑郁、肌肉病、疑难血管病、复杂头晕、头痛、感染免疫等10余种。

与此同时，张家口市第一医院还与北京朝阳医院合作建立了呼吸中心，在北京专家的带领下，开展了诸多新项目，应用了诸多新技术。与北京安贞医院共建心脏中心，自揭牌以来，该心脏中心填补了两项市级医疗技术空白，成为全国心血管疾病管理能力评估与提升工程（CDQI）房颤中心示范单位，并成功申报中国房颤中心。

在京津冀协同发展和京张联合举办冬奥会的大背景下，北京天坛医院（张家口）脑科中心引领京冀张神经系统疾病重点专科品牌建设，助力京张冬奥医疗卫生服务保障工作。天坛医院协助"张家口脑科中心"编写了针对颅脑损伤雪地救援标准，为冬奥会做好保障工作；成立专门的医疗救治队伍，建立专门的赛事绿色通道，制订两地院内救治方案；选派两地优秀的医务人员参加医疗急救工作，制订了赛事现场救治流程和应急预案，为赛会保障提供了有力支撑。

利益共享的"同仁模式"

2016年12月，张家口市第四医院与北京同仁医院签署医疗合作协议。2017年7月，两院合作正式开展，北京同仁医院通过选派优秀人才挂职张家口市第四医院副院长，在医疗服务、医疗技术、质量控制、人才培养、科研教学等领域指导医院管理。通过指派相关专业专家，协助第四医院组建角膜病科、眼外伤科、耳科和头颈外科4个专业科室，并开设专家门诊，开展查房、病例讨论、手术指导等技术支持。建立临床辅助检查畅通机制及网络急会诊、双向转诊机制等绿色转诊通道，确保眼、耳鼻喉等危重疑难患者得到同仁专家的快速会诊，转诊至北京同仁医院的患者能得到及时救治。开展眼科远程会诊模式，在服务患者的同时，提高医院眼科疾病的医疗技术和诊疗水平。定期组织包括行政、医疗、护理等团队到同仁医院

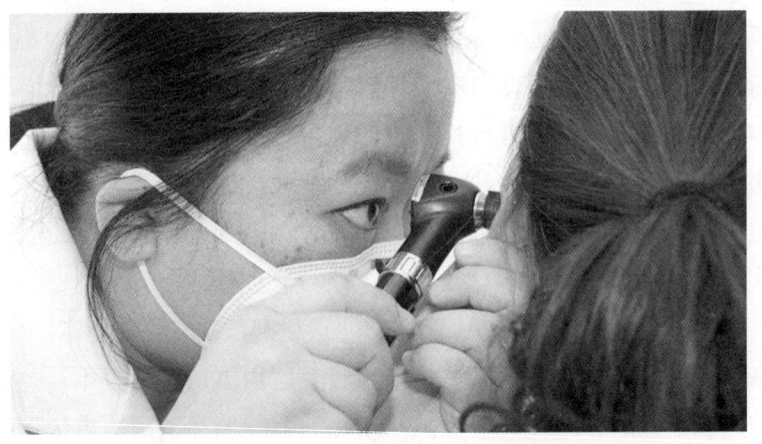

图72 同仁医院耳鼻喉科专家王丹妮在张家口第四医院给患者做检查

进行短期学习培训，把同仁医院先进的医院管理体系引入第四医院的内涵建设中来，逐步完善管理机制，推进医院标准化建设。

借助京张医疗合作的有利契机，张家口第四医院不断深化与北京同仁医院的合作，逐步形成特色发展模式：一是安排专家担任科室主任，全面负责科室的发展和管理，发挥北京专家引领作用。二是向北京同仁医院支付一定技术服务费及管理费用，保障合作工作持续开展。三是按照北京方面的水平高标准给予专家薪酬待遇，保障专家在薪酬、个人发展、生活等各方面无后顾之忧，逐步实现专家从"派出来"到"想出来"，从"不愿来"到"不想走"，形成良性循环，逐步形成利益共享、合作共赢的"同仁模式"。

远程会诊6+6对口合作模式

针对基层优质医疗人才短缺、服务能力不足的实际，切实加强基层医疗卫生信息化建设，《京冀张医疗卫生协同发展框架协议》提出，建立"远程会诊6+6的对口合作模式"，即河北北方学院附属第一医院、张家口市第一医院、张家口市第二医院、张家口市第四医院、张家口市中医院、张家口市沙岭子医院，分别与北京市安贞医院、天坛医院、积水潭医院、同

图73 张家口市第二医院与北京积水潭医院举行远程医学会诊

仁医院、中医医院、回龙观医院搭建远程转会诊信息平台，而后扩展到两市所有市属医院，建立远程转诊、会诊机制。到2020年，京张医疗合作机制进一步稳固，合作项目进一步深化，医技人员综合素质大幅提高，科研创新能力不断提升，基本形成全方位合作新格局。

2017年起，京张两地医院建立起预约挂号、远程会诊和双向转诊平台，京医通远程预约挂号平台在张家口市第一医院启动。北京市投入东西部帮扶资金8000余万元，先后实施了健康扶贫云平台、DR设备采购等项目，为张家口市12个贫困县区的乡镇卫生院配备了42台DR设备，为77家乡镇卫生院建设互联互通工作站，依托健康扶贫云平台，通过人工智能远程智慧医疗影像系统，建成99个县域内分级诊疗平台，实现了村卫生室、乡镇卫生院、县医院三级网络医学远程会诊平台的互联互通，推动北京的优质医疗资源有效"下沉"到基层，使患者在"家门口"就能享受到优质医疗资源。

目前，张家口市已有5对合作医院实现了政府管理下规范的远程会诊、转诊。其中，张家口市宣化区医院与北京和平里医院、中国医科大学航空总医院，宣化区、崇礼区医院与北京鼓楼中医院，崇礼区医院与北京六医院，崇礼区妇幼保健院与北京东城区妇幼保健院已开展了合作。

在北京合作医院和派驻专家的指导下，张家口市合作医院新设科室12个，其中国家级重点专科1个，省级重点发展学科1个。张家口市第一医院建立了河北省首个神经生物样本库，张家口市第二医院成立了运动医学科和小儿骨科，张家口市第四医院建立了张家口市首个眼库。目前，张家口市第一医院的神经内科、神经外科，张家口市第二医院的创伤外科，市第四医院的眼科、耳鼻喉科均处于省内先进水平。

通过医疗协同合作，各合作医院的医疗服务能力有了大幅提升，张家口的患者在本地便可以享受到北京专家优质的医疗服务，很多急重症病人及时得到救治。截至2021年底，张家口市属医院的合作学科累计接诊门诊50.2万人次，收治住院患者11.6万人次，开展各类手术5.2万例，会诊疑难病例4939例，减少进京就诊患者超30万人次。

京津冀协同发展提升公共服务水平的样本

"天坛模式"、"同仁模式"和"远程会诊6+6的对口合作模式"是京张医疗合作的典型，但京张医疗合作远不止这些。比如，2018 年 9 月，张家口市人民政府、崇礼区人民政府、北京大学第三医院三方共同签署协议，采取"人财物全托管"的合作模式，由北京大学第三医院全面接管崇礼区人民医院，成立北京大学第三医院崇礼院区，打造以运动创伤为特色的诊疗中心，提升冬奥会保障能力和区域医疗服务水平。赛后，这里作为国际诊疗中心还将为周边雪场提供医疗保障服务，为崇礼地区冰雪运动的持续健康发展保驾护航。再如，为助力张家口市基层"流动卫生室"建设，2019 年 8 月，在北京市扶贫支援办和市国资委的倡议下，首开、北汽等北京国企捐款 2107 万元，为张家口贫困、边远、无村医县区购买 130 辆救护车，每辆车配备与开展诊疗科目相应必备的医保报销系统、心电图仪、除颤仪、便携式 B 超仪等基本医药设备，由当地乡镇卫生院选派医务人员建成"流动村卫生室"，定期深入边远、人口较少且无固定村医的行政村，开展基本公卫及基本诊疗服务，有效解决了该市 12 个贫困县 122 个乡镇 620 个行政村群众看病就医问题。

　　北京作为全国的医疗中心和优质医疗卫生资源高度聚集地，长期以来对外地（尤其是环首都的河北省）病人有强劲的吸附能力，这在某种程度上加大了北京城市人口和环境资源的承载压力。近年来，在京津协同发展和京冀东西部协作战略推动下，通过技术合作、科室托管、合作共建、人员进修、远程会诊、绿色转诊、专科合作等形式，逐步实现区域卫生资源优化对接，促进优质医疗资源共享，提升了北京周边地区医疗服务能力和水平。例如，张家口市第一医院"北京天坛医院（张家口）脑科中心"开诊后，每年减少进京就诊人员 2 万人，不仅留住了更多本地患者，也吸引了山西、内蒙古等周边的外地患者，减缓了北京的就医压力。另一方面，通过合作，张家口市及周边地区患者不仅实现了"家门口"享受北京专家诊疗的愿望，降低了看病费用，同时为张家口市培养了一批带不走的专家团队，促进当地医疗服务水平持续提升。未来，在京津冀协同发展深入推进下，北京优质医疗资源还将继续向雄安新区、廊坊北三县区域及张家口、保定等环京地区疏解，进一步促进资源均衡协调发展，让北京周边地区居民在家门口享受更好的医疗公共服务。

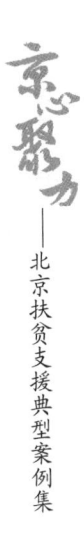

用互联网架起北京与帮扶地区之间的"健康桥"
——北京尤迈慈善基金会远程医疗扶贫案例

北京尤迈慈善基金会成立于 2017 年，是经北京市民政局批准注册登记的慈善组织。2017 年 8 月，在国家卫健委和国务院扶贫办支持指导下，北京尤迈慈善基金会启动"互联网＋医疗"精准健康扶贫项目，以对贫困患者的远程会诊及医务人员的临床培训为主要内容。由北京尤迈慈善基金会出资，邀请北京协和医院专家利用业余时间，以北京尤迈诊所为平台，通过互联网远程视频方式，与各地贫困县医院合作，为地处偏远地区的因病致贫患者进行实时会诊。同时，对县医院医护人员以实际病例进行会诊式"手把手"临床经验传授和技术培训，推广"大病再诊断"理念和普惠医疗保障措施，实现"授人以渔"的可持续发展目标。截至 2020 年 10 月，该项目覆盖全国 28 个省份、440 个县市区，为 704 家医院的 11961 名贫困患者看诊，培训基层医生达 13 万人次。

打通北京与受援地之间大病诊断"最后一公里"

北京尤迈慈善基金会的健康扶贫项目将互联网医疗的功能深入到核心的诊疗环节，开展"互联网＋医疗"精准健康扶贫。该项目开展以来，承担了北京市和 26 家中央部委、央企对口扶贫县的健康扶贫任务，收到了良好的扶贫效果，多位中央领导对尤迈的健康扶贫工作进行了亲切批示和肯定。

2018 年 4 月 9 日，内蒙古兴和县蒙中中医院的一位继发癫痫贫困患者，由于早年脑外伤病史，该患者幼年便发作癫痫，之后一直未规范治疗，导致癫痫发作频繁伴视力模糊，求助北京专家。在尤迈健康扶贫项目的组织联络下，北京医院神经内科专家秦绍森为该患者进行了会诊，并提出了指导性治疗方案。当天，正在兴和县考察京蒙协作工作的中共中央政治局委员、北京市委书记蔡奇，市长陈吉宁等全程观摩了会诊，对尤迈健康扶贫这一举措给予了高度肯定。蔡奇书记表示，远程会诊让知名专家教授指导基层医院疑难重症的诊治，解答基层医院诊疗中遇到的问题，为当地贫困人口健康脱贫发挥了很好的作用，体现了北京专家带头响应党中央的号召，做好健康扶贫工作的无私精神，这件事很有意义，要坚持下去。

2018年，乌兰察布市完成京乌远程医疗会诊疑难病例再诊断5000例。北京尤迈慈善基金会为每例贫困患者资助除免费远程会诊外，还返补旗县医院300元。目前，该项目在北京市对口帮扶的地区，包括河北省张家口、承德、保定地区的8个县，内蒙古自治区乌兰察布市、赤峰市、通辽市等盟市的22个县（旗），西藏拉萨市，新疆和田地区的两个县，湖北十堰的郧阳区，合计共34个区县。互联网技术与医疗资源在大病再诊断方面的深度融合，有效突破了医疗帮扶的诸多局限性，成为贫困地区破解医疗资源匮乏问题的重要推手，使健康扶贫更精准、更高效。

图74　协和专家通过尤迈远程医疗系统进行会诊

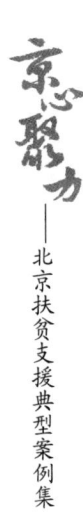

直播培训推动医疗扶贫从"输血"到"造血"

解决贫困群众"就近就医"的难题，是北京尤迈慈善基金会最初的目标。北京尤迈慈善基金会通过"互联网+医疗"的形式，建立贫困地区医疗机构与北京协和医院等三甲医院专家的远程医疗协作网，通过远程诊断、远程会诊等先进方式，有效提高优质医疗资源共享程度，使贫困地区的群众在家门口就能享受专家的帮助，有效缓解边远地区群众看病难题。在以"输血式"扶贫为标志的扶贫阶段，基金会发现诊疗式扶贫并不能从根本上解决贫苦地区群众的就医难题。随着项目的逐渐发展完善，北京尤迈慈善基金会的健康扶贫项目从"授人以鱼"转向"授人以渔"的扶贫阶段，扶贫同时注重实行"造血式"扶贫。

在远程会诊过程中，北京协和医院等三甲医院专家以实际诊断案例对基层医生进行现场教学培训，深入探讨诸如如何明确诊断、如何确定下一步治疗方案、如何规范化诊治及用药、如何解答患者及患者家属疑虑等话题，从而有效提升当地医疗卫生队伍的临床诊断能力和服务水平，既减轻了患者外出就医压力，也提高了基层医疗资源的利用率。

2021年春季，北京尤迈慈善基金会发起大型公益医疗直播培训"春播计划"，活动邀请来自北京协和医院、阜外医院等近40家知名三甲医院的专家教授，面向基层医生，开展了百余场医学教育培训直播，旨在扩大优质医疗资源的覆盖范围，提高基层医生的服务水平，为基层医疗振兴储备更多实用型中坚人才。截至2021年4月，"春播计划"已邀请100余位来自协和医院等知名专家，带来140余场公益直播培训，覆盖基层28个省份500个县市区的近800家医院。下一步，尤迈慈善基金会还将通过名医直播、匠心学院、病历研讨等方式，开展多项助力基层医生成长，推进基层医疗振兴的实践探索，这将对"大病再诊断"理念的落实、对提高基层医疗卫生服务水平、对新时期全民健康事业的发展有更广泛的现实意义。

实践证明，北京尤迈慈善基金会健康扶贫项目的"造血式"扶贫比"输血式"扶贫前进了一大步，尤其是通过开展危重疑难病远程会诊、远程教育培训，更充分利用专家资源，全面提升当地医疗服务水平，使扶贫效率更高。

图 75　北京尤迈慈善基金会发起的"春播计划"部分专家讲师授课

构建"互联网+医疗"长效机制破解基层就医难题

为建立健康帮扶长效机制，保障精准健康扶贫的效果及项目的可持续性发展，北京尤迈慈善基金会继续探索创新。

一是对基层医生参加远程会诊实行补助。"三区三州"区域内，包括西藏、新疆、青海等地县医院和地市州医院免费参加远程会诊培训项目，另向实例患者主管医生发放工作补助，每例 600 元；国家级贫困县医院免费参加远程会诊培训项目，另向实例患者主管医生发放工作补助，每例 300 元；省级贫困县医院免费参加远程会诊培训项目，另向实例患者主管医生发放工作补助，每例 100 元。

二是推动病历书写标准规范。北京尤迈诊所医联部的老师，比照协和医院病历书写规范，对每一例会诊病历进行严格筛选，督促地方医院提供患者完整详细的检验报告及影像资料。同时针对每一位患者的情况进行精确分诊，为其邀请合适的专家。这样专家在会诊前就已对患者信息了然于胸，很多专家甚至提前准备了一些教学资料，保证每例会诊至少 30 分钟。最后，在会诊结束后，北京尤迈诊所还会对治疗效果进行跟踪，随时反馈患者治疗信息，跟踪患者康复情况。

实现优质医疗资源共享，帮助因病致贫、返贫人口脱贫，是脱贫攻坚的重要任务和全面建成小康社会的重要内容。在"互联网+医疗"的助力下，中国的医疗服务模式和患者就医行为正在发生深刻改变。远程医疗的迅速发展，是"互联网+医疗"发展模式的重要实践，并成为破解贫困地区医疗资源匮乏等问题的利剑。北京尤迈慈善基金会"互联网+医疗"健康扶贫项目，真正实现了对协作地区三方面的精准扶贫，一是精准地为患者指出疾病诊断和治疗方案；二是指导当地医生，精准地找出患者疾病的真正原因；三是按照正确的诊疗方案，精准地节省了医疗经费，能把患者留在当地，符合分级诊疗的政策，因而不断获得协作医院的好评。该模式通过互联网平台将高端医疗资源送到基层医疗机构，并且通过病例会诊、直播授课等形式对基层医护人员开展培训，开辟了大规模精准医疗帮扶的新路径，对于提升基层医疗服务能力、建设健康中国具有重要意义。

创新社会力量参与健康帮扶新机制
——水滴公司参与北京扶贫协作案例

水滴公司（即北京纵情向前科技有限公司）作为国内互联网个人大病筹款零服务费的开创者，一直以健康扶贫为内核，将重心放在罹患大病群体的帮扶救助工作上，关注潜在因病致贫、返贫个体及家庭，牢牢把握"救助个体、扶持区域、帮扶特定群体"的战略思路，逐步渗透至救灾扶贫、助学扶贫、就业扶贫等方面。2018年以来，水滴公司作为社会力量一分子积极发挥自身优势参与北京对口帮扶地区扶贫工作，切实缓解了当地贫困患者的就医负担。

设立大病救助基金和救助站

2018年，中关村管委会组织水滴公司等9家中关村企业，赴内蒙古乌兰察布市落实扶贫协作工作。水滴公司希望通过实地调研进一步了解乌兰察布"因病致贫、因病返贫"的情况，以便更好地发挥个人大病求助互联网平台的作用，助力当地健康扶贫工作的开展。实地考察后，水滴公司和乌兰察布市卫健委签订了健康扶贫合作框架协议，计划从患者病前、病后两个方面进一步助力乌兰察布市大病致贫人口的脱贫攻坚工作。根据协议，水滴公益将向乌兰察布每年提供30万元大病救助金，帮助在乌兰察布市重点医院治疗的贫困患者。双方还将设立大病救助站，为患者提供一站式服务。同期，水滴公司与北京对口帮扶的河北省张家口市卫健委签署协议，每年提供30万元救助基金实施大病救助计划。

图 76　水滴集团与乌兰察布市卫健委签署协议

此外，2021年4月，"青城之慈　善助生羽公益活动——水滴大病救助爱心服务站"项目启动。该项目由水滴公益平台联合呼和浩特市慈善总会筹集资金，依托呼和浩特市慈善总会设立"大病救助专项基金"，总金额30万元，符合救助条件的患者可以申请不超过3000元的救助基金。

发挥平台优势创新大病救助模式

成立近5年来，水滴公司通过移动互联网技术将民间"互助互济"的线下行为搬到社交网络上，并通过亲友分享、移动支付等方式帮助陷入困境的大病患者及家庭更便捷地发布、传播求助信息，让赠予人也可以更方便地进行帮扶。

3岁的赵佳夕家住内蒙古自治区乌兰察布市凉城县，于2018年1月11日被诊断出急性淋巴细胞白血病，水滴筹为小佳夕迅速筹集了11万治疗费，帮助她对接更好的治疗；27岁的常雅囡家住内蒙古自治区乌兰察布市察哈尔右翼中旗，在2018年5月15日不幸确诊胰腺癌，水滴筹为其高效筹款15万元，用于常雅囡的癌症治疗；28岁的尹萍家住乌兰察布市商都县，2018年6月7日被确诊急性白血病，水滴筹为她迅速筹集了12.5万元治疗费……

脱贫攻坚期间，内蒙古乌兰察布市接受过水滴筹平台筹款救助的困难大病患者还有很多，水滴筹在当地用精准的健康扶贫行动，让更多乌兰察布市大病患者重燃生的希望。

2020年，水滴大病研究院成立，并联合北京师范大学中国公益研究院发起中国大病救助促进中心，围绕医疗大数据、医务社工及未来医院等方向积极开展探索，为大病患者提供多方面的医疗支持服务。结合平台特点，水滴筹研究出"3+1"模式的大病救助工作框架，其中，"3"是指大病患者个人求助、公益平台链接社会救助、医院病友服务体系，"1"是指由中国大病救助促进中心落实执行。

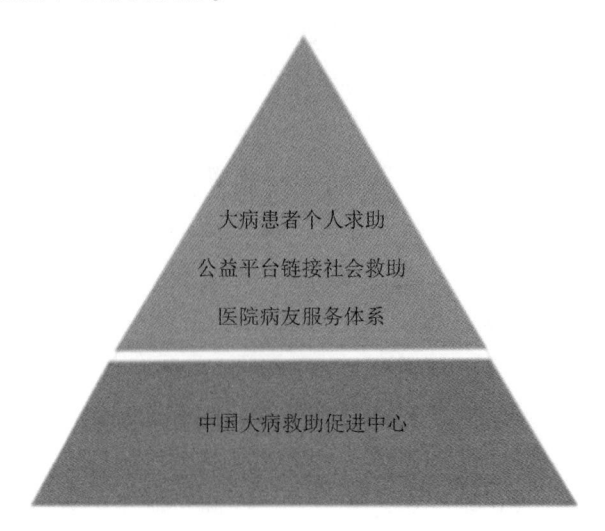

图77 水滴筹"3+1"大病救助工作框架

来源：中国网2020年12月18日

通过这一模式，水滴公司将以水滴筹为主体和各地医院紧密合作，积极搭建基于医院场景的大病救助和医疗保障新模式，除了大病医疗费用，也能帮助患者家庭解决医院内就医指导、专业病床陪护及长期康复辅导等问题，更高效全面地帮助大病患者。

开展基础民生项目巩固脱贫成果

土城子行政村位于内蒙古乌兰察布市卓资县梨花镇。过去，村内有贫

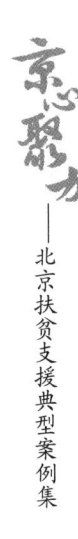

困人口 182 户 375 人，其中因病致贫 111 户 229 人，因病致贫占比 61%。目前，在国家一系列健康扶贫政策的帮扶下，土城子行政村的因病致贫人口全部实现脱贫。

不过，农村因病致贫、返贫风险仍然较高，一是健康状况极大限制了农村人口致富增收，导致抵御支出型贫困的能力偏低；二是落后的农村医疗条件和医疗水平使得农村人口患长期慢性病、大病重病的概率较高，农村家庭医疗负担过重。同时，土城子村乡村卫生事业发展也存在一些不充分的问题，唯一的村卫生门诊配备有心电图、红外线治疗仪、听诊器、血压计、血糖仪等基础诊断设备，无法满足村医巡诊的需求，也就无法为村民提供早期的诊断与转诊治疗建议。2020 年，水滴公司在北京市朝阳区东湖街道指导下，投入 3.8 万元购买全数字彩色多普勒超声诊断仪，解决了土城子村级卫生门诊医疗硬件设备落后问题，进一步提升了村民相关疾病尤其慢病的早诊早治率。

另外为加强中小学生健康保障意识，水滴公司为北京市扶贫支援地区的中小学校提供医疗器械耗材、专业急救培训等方面的支持，帮助建立符合标准的校园医务室。2020 年，水滴公司累计投入 9.3 万余元，在新疆和田等地市 3 所学校建设校园医务室，直接受益 1200 多人，间接受益 3600 余人。

我国的社会医疗保障体系建设仍然处于初步发展阶段，因病返贫、致贫仍是潜在风险，医疗保障等规避风险类产品在三线城市以下地区依然得不到很好的普及，这就使得众筹平台承担中间过渡角色有了历史性的角色意义。水滴公司成立近 5 年来，在大病救助领域积累了一定的经验，并努力尝试与政府的保障和救助工作进行对接，用互联网科技，积极协助政府探索长效防返贫机制，期望共同打造可复制可落地的救助模式，为推动乡村振兴贡献来自企业的力量。

科技帮扶篇

习近平总书记在对科技特派员制度推行20周年做出的重要指示中强调,"广大科技特派员要秉持初心,在科技助力脱贫攻坚和乡村振兴中不断做出新的更大的贡献"。在助力受援地打赢脱贫攻坚战中,北京市充分发挥全国科技创新中心的资源优势,通过建立科特派工作站(技术转移工作站)、引进科技企业、推动科技成果转化应用等措施,将北京科技创新优势转化为贫困地区的产业脱贫优势,助力贫困地区走科技扶贫、产业脱贫的发展道路。

让沙土地种上科技种、结出致富花
——新疆沙田农业综合开发有限公司案例

新疆沙田农业综合开发有限公司（简称"沙田公司"）由北京易农农业科技有限公司于 2016 年投资设立。通过整合资源，该公司将北京技术交易促进中心、中国农科院蔬菜花卉所、北京农林科学院、北京易农农业科技有限公司等产学研机构，与和田地区和新疆生产建设兵团的农业产业连接起来，大幅度提高援疆科技的落地能力，加强当地农业科技的组织培训能力，实现"科技援疆"向"产业援疆"的探索与转型。

在新疆维吾尔自治区科技厅与和田地区科技局等部门的大力支持下，沙田公司经过 4 年的不断摸索，总结出一套企业自身发展与扶贫攻坚相结合的思路："用科学技术创新激活自然资源禀赋、用管理模式创新激活产业与贫困人口"，科技是贫困地区开启"造血能力"的基础，产业是贫困农户得以脱贫致富的抓手，"产学研""产供销"联动式发展成为脱贫攻坚成功的保障。

产学研结合攻关，实现"沙漠到良田的蝶变"

干旱的荒漠、贫瘠的沙土，这是人们对和田的第一印象。但在这里，光照质量好，植物光合效率高；昼夜温差大，瓜果养分积累充分，果品品质高；空气干燥、病虫害少，有利于生产绿色、有机农副产品；冬季少有阴天、阳光充足，是大力发展设施农业的绝佳之地……但这当中有一个无法回避的突出问题：沙子有机质含量极低，由于沙子保水保肥能力很差，单纯靠增施有机肥很难解决问题。2016 年，在北京市援疆指挥部的支持和北京市科委的领导下，在北京市科技进步二等奖获奖成果"蔬菜有机生态型无土栽培体系与技术开发研究"基础上,北京市技术交易促进中心组织中国农科院蔬菜花卉研究所、北京市农林科学院、北京易农农业科技有限公司等产学研单位立项研究,最终形成适宜沙漠荒漠区域高产高效、节水节肥的"改土培肥技术"路线,彻底解决了沙漠温室土壤有机质缺乏、活性不足、严重漏水漏肥等问题,成为和田地区设施农业优质高产高效生产的基础技术措施。

"改土培肥技术"主要采取类基质栽培手段,把种植区与底层沙子隔离,把椰糠、腐殖质与回填沙子复配,辅之以成熟的标准化种植规程,实现"改沙为土、培肥壮秧"的目的。"改土培肥"的土壤较之原有沙土种植,节水70%、节肥50%。以番茄为例,产量从亩产5吨提升到10—15吨,基本达到或超过内地番茄种植水平。该技术路线目前已经推广到200多座日光温室,在和田大型设施农业种植村、新疆生产建设兵团等单位开始规模化推广;农户增收明显,大部分农户从之前的单棚年收入9000—12000元提高到2万元以上,实现了"当年改土培肥、当年增产增收、当年脱贫致富"。

图78　新疆沙田农业综合开发有限公司技术人员指导村民育苗栽培

创新"全托管"生产模式,实现资源高效整合

早在10多年前,和田就通过国家扶贫资金、政府项目资金发展建设了

很多日光温室，但有 60% 的温室没有得到很好的利用。经过调查发现，和田地区贫困农户在自我发展中面临很多实际性问题。

一是农户经济基础薄弱，投资能力不足。设施农业具有高投入、高产出的特点，尤其在沙漠荒漠地区，农户的农资投入需求远远高于内地。二是农户种植经验严重缺乏，学习能力偏弱。维吾尔族农户传统上不习惯设施农业种植，几乎没有任何种植经验。由于语言的问题，种植经验不容易传导到广大维吾尔族贫困户中。三是体制存在不顺的地方，温室设施产权与使用权分离，导致很多农户不愿意对温室设施进行基础性投入。

上述问题绝非政府或者单一市场可以解决，必须结合政府与企业、专家、农户各方的优势，通过政府引导、企业主导、农户参与，以形成农户多维收入分配机制为目标，以尽可能统一化进行投入管理为手段，综合推进解决。

沙田公司结合当地情况与过往实施经验，创新性设计了"专家＋公司＋合作社＋农户"的"公司化全托管运作模式"，让农户在公司当员工，在合作社当股东，依托专家技术指导、公司集约化管理，充分带动农户积极性，大规模推广以"改土培肥技术"为核心的沙漠高产高效节水标准化种植方式，实现企业与农户的双赢，以及环境、生态、经济的可持续发展。

（一）"设施托管"

公司与和田市产业园区管委会就吉亚乡金叶新村的温室大棚托管签订协议，长期为管委会管理其下属日光温室，按照管委会的现有管理方式，分配给农户使用。管理权归公司所有，农户如果退出公司托管温室，管委会为其安排其他温室，同时招募新农户使用公司托管温室。通俗来讲，即"铁打的营盘，流水的兵"模式。

（二）"技术托管"

温室大棚托管后，通过模块化管理引入现代农业管理机制。实施种植规程标准化、日常管理流程化、农事操作人员产业工人化。以 50 个温室作为一个成本最优生产单元，配置一到两名技术人员，一人负责水肥等种植规程，一人负责植保与大棚设施维护，进行标准化管理。在一个生产单元种植一个单一品种，一个茬口，降低管理难度，确保产量和品质。

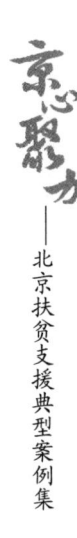

(三)"运营托管"

第一,公司与农户权责共担。农户的义务是按时参加公司组织的农业产业工人技术培训,严格按照公司制定的技术规程进行种植。公司的义务是:托管温室的所有农业投入由公司承担;对加入托管温室的农户,每个月发放1000元"月分红";每茬农产品收获后,扣除公司农资投入和"月分红"等公司投入成本后,所有毛收入按照6∶4比例分红。其中,农户分60%,公司分40%。所有农产品由公司统一销售,分红金额根据销售价格和每个农户负责的温室产量计算。

第二,公司与农户利益共享。农户的权利是每月领取基本分红,农产品收获后根据产量领取产品分红。这样解决了公司化运作中普遍存在的农户劳动积极性不高、主动性缺乏的问题。公司的权利是:农产品统一销售后,享受一定比例的产品分红,用以弥补农资投入、每月的基础分红、公司技术人员费用、管理费用,最后剩余部分才是公司利润。这样可以充分激发公司的管理运营效率。

第三,风险合理分配。管理风险、市场风险、种植技术风险由公司承担。不可抗力自然风险通过购买保险等形式,由保险公司承担。

沙田公司于2017年6月启动项目第一期50座温室的全托管,2018年6月启动项目第二期70座温室的全托管,均获得了成功。目前在和田市吉亚乡金叶新村对总计120座温室实施全托管,助力100人脱贫,产生了300余万元的社会经济效益。

规模化、标准化、订单化种植实现长远发展

目前,沙田公司已经完成了科研实验阶段和模式探索阶段,在技术成熟的基础上开始扩展自有基地和技术托管基地。

公司计划在未来1—5年分为三期,对和田当地3000余座温室大棚进行产业化托管运营。在农户原有土地使用权不变的情况下,引入公司对被托管温室的"管理权"和"投资收益权",带动约2000户农户进行农业产业化生产和品牌化销售。农民在合作社当股东,在公司当员工,既通过农业产业工人培训学到种植技术,又通过产品分红获得收入。

沙田公司在种植的过程中积极培训农户，采取"干中学""线上线下相结合"等培训方式，让农户学得会、种得好、有订单、能致富。公司计划通过实用型农业培训学校和针对沙漠高产高效节水实验室，年培训农户7000人以上。

公司在广泛调研的基础上，认识到绝大部分农户均会使用微信与亲人联系。于是从农民的实际需求出发，自筹资金，开发了一款简单易用、免下载安装的微信小程序"跟我种"，不用下载软件，可以在微信中直接使用。该程序基于卷积神经网络的人工智能技术，根据农户选择的品种和定植时间，可以持续性自动分析关键节点，每天及时推送适合的技术文章。针对贫困地区农户农技水平不高、不懂得分辨蔬菜病害及用药等问题，小程序在大量数据的基础上，实现了蔬菜病害特征的拍照智能识别，给农户提供有益的参考。目前，"跟我种"微信小程序已经对20余万篇农业技术文章进行了筛选。同时，实现了对番茄、白菜、草莓三个品种数十种病害特征的自动识别，已有数万用户免费使用该软件。

此外，沙田公司积极打开外销型市场，基于产业化基地的规模化生产，目前已开始规模化定植100亩贵族南瓜、贝贝南瓜等耐运输、可保存、有特色、能发挥和田沙漠地区资源禀赋比较优势的农产品。通过规模化、标准化、订单化种植，推动和田地区设施农业可持续发展。

以科技创新推动和田产业转型升级

沙田公司只是和田国家农业科技园先导区引进的"全托管"公司之一。和田地区位于沙漠腹地，为了向沙漠要效益，助力各族农牧民精准脱贫，提升当地农业产业竞争力，推动当地农业转型升级，2017年，北京市援疆和田指挥部启动了"新疆和田国家农业科技园先导区"的规划和建设，北京市农林科学院专家、时任北京市援疆和田指挥规划发展部副部长、和田地区林业和草原局副局长的张锐肩负起占地1100亩的和田地区国家农业科技园先导区的规划和建设工作。仅用一年半时间，他就带领干部群众建起了一座国家级农业园区。

针对和田实际情况，结合各地园区建设经验，和田农业科技园先导区采用"科研团队+项目公司+种植户"的模式。依托中国农科院、北京市

图79 北京援疆干部张锐在和田国家农业科技园先导区大棚里查看育苗情况

农林科学院、新疆农业科学院等单位的9个专家团队，和田当地12家农业企业与之对接，全面开展草莓、精品瓜菜、强优势杂交小麦、油用牡丹、文冠果、玫瑰、四翅滨藜等30个项目的示范推广工作。科研团队负责提供新型品种并传授种植知识，项目公司负责消化新的种植技术并组织农产品销售，试验成功后向种植户推广。每一个农业科技示范项目都对接一个公司或专业合作社、精准配备一个专家团队。如今，先导区已建起138座现代化设施农业大棚，酸奶甜瓜、软籽石榴、四翅滨藜等30多种特色农作物长势喜人，1100亩的园区已成为农业现代化科技示范基地、农业科技成果转化基地和农民就业人才培养基地，示范作用初显。"科研团队＋项目公司＋种植户"的运行机制充分调动了相关企业在项目管理、产品销售、示范推广等方面的积极性。先导区推广的都是附加值较高、适合在和田地区种植的作物，为农民带来较高收益，有着美好的发展前景。在这种激励机制下，油用牡丹已经推广1000多亩，芦笋已经推广几十个大棚，和田地区的种植结构正在悄然发生变化。

科技帮扶建三链　创新驱动塑优势
——北京市农林科学院助力通辽玉米产业升级案例

内蒙古通辽地区是我国传统玉米产业带，常年播种面积在1700万亩左右，玉米是当地农牧民的主要收入来源和饲料来源。在京蒙协作背景下，北京市农林科学院与通辽市精准对接，通过推广新品种、新技术，以科技助力通辽贫困旗县脱贫摘帽。2013年以来，北京市农林科学院以北京国家现代农业科技城京科968玉米新品种研发联合体为依托，加快通辽市主导产业的转型升级，并积极落实"千名干部科技人员进千村万户"的要求，持续推进对接帮扶工作，聚焦通辽市重点区域重点村，开展了全产业链科技帮扶，通过科技的力量助推乡村振兴发展，助力通辽向高质量发展迈进。

科技帮扶强基础，完善全株玉米产业链

通辽市地处世界三大"黄金玉米带"，玉米种植已有100多年的历史，由过去的零星种植发展为"铁杆庄稼"。由于该地区日照充足、昼夜温差大，有利于玉米灌浆和淀粉的积累，成为国家重要商品粮生产基地，享有"内蒙古粮仓"之美誉。通辽玉米年播种面积占全国玉米播种面积的3%；总产量200亿斤，占自治区总产量的近1/2，占全国玉米总产量的5%；玉米单产平均550公斤/亩，超过全国平均水平30%左右，全国每20斤玉米中就有1斤产自通辽。通辽市农科院从事玉米新品种、新技术的研发已有近70年历史，并自主研发了黄莫417、哲单系列、通科系列等品种，为通辽黄玉米品种、品质的再提升，助力玉米生物科技产业的发展提供了强大的技术支撑。

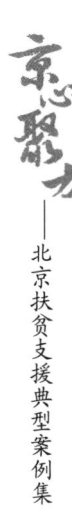

2013年，北京市农林科学院与通辽市开展合作，签署《关于农牧林业新品种、新技术试验和推广的合作意向书》，利用通辽天然的地理优势和强大的技术基础，以京科系列玉米新品种在通辽地区示范推广为依托，并在7个旗县建立玉米新品种科技示范园区，促进京科968、京科665等玉米新品种的大力推广。自2015年以来，京科968种植已经连续多年保持在千万亩级，成为通辽市玉米的第一大主导品种。京科968在大面积生产中表现出高产优质，比之前主栽品种或当前其他品种平均每亩增产100公斤以上，还涌现出大量的农户吨粮田，并具有耐瘠薄节肥、耐干旱节水、抗病虫节药等突出优势。近年来，北京市农林科学院玉米研究所又在京科968基础上，实施优种提升科研育种工作，选育出京华208、京科9683、京科986等系列品种，也得到广大经销商、基层农技人员和农户的赞誉认可和欢迎。

图80　通辽市举办京科968丰收现场观摩会

模式创新谋福祉，完善扶贫对象利益链

为助力通辽打赢打好脱贫攻坚战，让农民种玉米能够增收，京科968在通辽创制出亩产1208.50公斤的高产纪录，规模生产可比以前种植的郑单

958 增产 10% 以上；淀粉含量高达 75.42%，达到一级高淀粉玉米标准，满足了梅花、玉王等 25 家大型玉米精深加工企业对优质玉米加工的需求，100 多亿斤京科 968 不出通辽，就能全部被加工企业转化消化。此外，京科 968 是我国第一个粮饲通用型品种，通辽市是畜牧养殖重要基地，全市牛的存栏量在 300 万头以上，需要稳定优质青贮饲料供应。京科 968 作为粮饲通用型品种，被大面积用于青贮玉米种植。2018 年通辽京科 968 青贮种植面积超过 300 万亩，每亩收获近 5 吨，一吨青贮 400 元，亩收入可达 2000 元。

为进一步提高扶贫的精准度，让通辽老百姓感受到实实在在的好处，北京市农林科学院与通辽市老科协组成技术培训班，技术人员分别走进开鲁县、科尔沁区、科左中旗等地为当地种粮大户、科技工作者、小科技园骨干讲授玉米的科学种植技术，把课堂搬到田间地头。双方还进一步挖掘创新机制，探索将"种业公司＋老科协"的模式转变成"种业公司＋老科协＋农民主体"等推广模式，让贫困的农户进入产业化的利益链，以农民需求为导向，聚焦资源要求，提升配套技术和服务水平，扩展合作领域和渠道，充分发挥了北京市农林科学院在品种、技术和服务上的优势，为当地农民谋福祉，助力快速脱贫。

图 81　通辽市老科协与北京市农林科学院举办玉米小科技园良种良法技术培训班

注册地理标志商标，完善品牌提升价值链

同样的玉米品种在通辽种植，淀粉含量比周边地区高约 3 个百分点以上；与周边城市种植习惯有所不同，通辽地处西辽河冲积平原，"旱可浇，涝可排"的节水型灌溉农业则是玉米稳产的保障；秋季的降雨偏少，气温迅速下降，玉米成熟后脱水快，霉变率、黄曲霉素和赤霉烯酮含量远远低于国家标准。这给通辽玉米提供了巨大的市场需求空间，并带动了玉米深加工业的迅速发展，产品供不应求，发展前景广阔。

通辽市致力于把具有高品质的玉米产品注册为地理标志商标，推动通辽玉米行业公共品牌建设。北京市农林科学院积极对玉米产业进行指导和培育，也把"通辽黄玉米"注册列为重点工作，对申请注册工作实施保姆式跟踪指导。在实际申请注册过程中，帮助通辽地区粮食行业商会完善申报材料所需的历史渊源、挖掘品质特性、设计商标图案、完善商标使用管理制度等，切实把基础性申报工作做实做强。经过长达 15 个月的努力，2018 年，"通辽黄玉米"地理标志证明商标注册成功，标志着通辽黄玉米行业告别了只种植不营销、只销售不维权的落后产销时代，迈入了商标富农、品牌强企的新时期。

"通辽黄玉米"品牌具有非常大的潜在价值，中国优质农产品开发服务协会和内蒙古农畜产品质量安全监督管理中心联合举办的"2018 内蒙古农畜产品区域公用品牌价值评价"评审结果显示，"通辽黄玉米"以超过 287 亿元的品牌价值，成为内蒙古第一大地标。随着品牌建设的不断深入，最直接受益的就是粮农。具体地说，如果达到"通辽黄玉米"品牌标准，玉米价格能提高 5 分钱，那么全市粮农就可平均增收约 500 元；"通辽黄玉米"品牌的成功推广，有助于提升城市知名度，"用最好的玉米养出最好的牛"，还可以拉动黄牛等养殖业的发展；"种下梧桐树，引来金凤凰"，让更多的外地企业了解"通辽黄玉米"的优势，主动来通辽投资建厂，玉米产业链不断延长，产品不断增加，对促进地方经济发展大有益处，更是助力通辽地区贫困户脱贫的关键一招。

图 82　2021 年 10 月 19 日，内蒙古通辽市的 30 多位京科系列玉米种植大户代表专程来到北京市农林科学院玉米所，送来一面写有"造福农民增产增收，振兴通辽农业十年硕果累累"的特制锦旗

以科技帮扶"北京模式"助脱贫促振兴

北京市农林科学院通过完善通辽地区的产业链、利益链和价值链助力科技脱贫，开创了京通合作的新模式：一是完善产业链，利用通辽地区独特的地理优势，发展适合当地的玉米产业，将资源优势转化为产业优势，拓展科技扶贫的新空间；二是完善价值链，选派专业技术人员进驻贫困村抓基地、传技术，深入开展农技培训和科技指导，提升贫困劳动力的就业创业能力；三是完善品牌链，通过注册地理商标保护生产经营者的利益，并为通辽地区的贫困户带来了巨大的经济效益和社会效益。

近年来，北京市充分发挥北京国际科技创新中心的技术、人才、信息、市场等资源优势，通过建立技术转移工作站、科特派产业扶贫工作站、引进农业科技企业、组织技能培训、推动成果转化应用等工作，以"扶志、扶智、扶技、扶业"为抓手，调动整合在京高校院所、企业、协会、联盟等科技创新资源，形成了"创新驱动、平台支撑、人才下沉、产业链接"

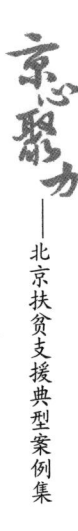

的科技扶贫"北京模式",在助力受帮扶地区精准脱贫,赋能乡村振兴中发挥了先导作用。科技优势就是竞争优势。未来,北京将继续推动更多新品种、新技术、新成果在受帮扶地区推广示范应用,助力全面实现乡村振兴。

把小秸秆做成绿色循环大产业
——爱放牧推动兴安盟秸秆资源化综合利用案例

内蒙古自治区兴安盟是产粮大盟，每年都会产生千万吨农作物秸秆。在过去，每到秋冬时节，遍地的秸秆一烧了之，雾锁大地，造成严重大气污染。2016年，兴安盟引入北京三聚环保新材料股份有限公司（以下简称"三聚环保"）的技术，成立爱放牧（兴安盟）生物质新材料有限公司（以下简称"爱放牧"）。公司采用北京三聚环保公司国际领先的秸秆中低温厌氧快速炭化分离技术，利用兴安盟丰富的农作物秸秆为原料，生产生物炭基肥、高端专肥、叶面肥、土壤改良剂等系列产品。项目总投资2亿元，占地面积100亩，年产生物炭基肥50000吨，土壤改良剂6500吨，液体叶面肥3000吨，掺混肥20000吨，实现年销售收入2亿元，利润3000万元，提供就业岗位180余个。

回收加工，秸秆变"废"为宝

爱放牧主要通过两种途径将农户的秸秆变废为宝。一是建设秸秆造粒扶贫车间，由村集体或合作社经营，贫困户既可以将自家秸秆在车间加工，还可以在这里上班获得收入。到2020年初，兴安盟已建成扶贫造粒车间15处，覆盖80个嘎查村，辐射周边贫困户2000户。爱放牧在建设炭基肥生产车间的同时，根据配套需要，向兴安盟的一些种粮大户提供秸秆造粒技术，方便农户对秸秆进行粗加工。粗加工后的秸秆颗粒出售给爱放牧，便可以作为生产生物质炭的原料了。二是实施"百村千户——秸秆换炭肥"专项扶贫项目。主要做法是，春耕前，公司将炭基肥提供给贫困户；秋收后，

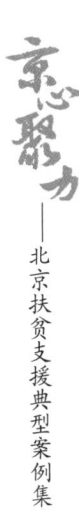

通过回收秸秆抵生资费用,有效缓解了贫困户备春耕生产的资金紧张问题。爱放牧回收秸秆,可让农户每亩增收50—100元;利用生物炭基肥,也可让农户每亩增产10%以上,实际增收100元以上。

图83 北京市农林科学研究院的李红霞(左二)在内蒙古自治区兴安盟对农户进行现场培训指导

科研助力,副产品变身土地"营养液"

利用秸秆颗粒生产炭基肥解决了秸秆利用问题,但农作物秸秆炭化后的副产品——木醋液如何处理却成了难题。2018年,北京市农林科学研究院派出李红霞等专家到兴安盟,成立北京科特派(兴安盟)产业扶贫工作站,潜心开发以精制木醋液为主要辅料的水溶肥料,去除木焦油等对农作物有害的成分,作为肥料示范推广于绿色生态农业产区田地间。这犹如赋予土地"精华液",通过调节土壤pH值,解决日趋板结、盐碱化的土壤问题,为农作物提供钾、钙、镁等营养元素的同时,改善土壤团粒结构,并发挥杀菌、避虫的作用，提高农作物的抗病、抗旱、抗寒等能力，达到减肥减药、提质增效的效果。

在专家的指导下，爱放牧联合有关科技企业，共同建立了木醋液加工厂，生产绿色环保生物农药、木醋—氨基酸水溶肥料。现在每年可转化利用木醋液 3000 吨以上，通过生态农业、绿色发展的系统方案，实现增产增收。

图 84　施用爱放牧生物质炭基肥的农田

绿色循环，经济效益和社会效益"双丰收"

秸秆经过炭化处理后，除了成为农业生产重要的有机肥源，还能够减少秸秆焚烧对大气的污染。因此，这个项目受到了亚洲开发银行的高度认可和青睐。2019 年 6 月，中投保通过亚行项目向三聚环保提供 1.5 亿元贷款，用于其在内蒙古和辽宁开展秸秆生物质综合利用子项目。秸秆综合利用项目在助力大气污染防治的同时，不仅增加了农民收入，还为农民提供了大量的就业岗位，受到了广大农民的高度认可。

爱放牧集团还与京东集团联合打造了"京东爱放牧扶贫农场"，种植户不仅买肥料更省钱，种出的水稻也由京东农场以订单回收，销售后将10%利润给建档立卡贫困户进行二次分红。据了解，爱放牧集团项目全部投产后，可每年消纳秸秆近30万吨，废弃秸秆销售收入上亿元。建档立卡贫困户可通过就业和秸秆收入增收脱贫，每亩地可增收100元。

秸秆转化利用身价倍增，不仅给农牧民带来了收入，更为产业发展提供了有力支撑。当前兴安盟正在实施禁牧和划区轮牧，禁牧不能禁养，用秸秆解决畜牧养殖饲料来源问题，成为贫困群众脱贫致富最现实、最有效的途径。

秸秆变为饲料，实现了就地利用；通过生物制科技，可以做成肥料还田，再往前走一步，还能变成清洁燃料。一根秸秆的"变废为宝"的过程，实现了再利用和可循环，也为天蓝、水清、地沃，做出了贡献。我国年产农作物秸秆8亿吨左右，2吨秸秆的热值相当于1吨标煤。未来，在"双碳"目标引领下，秸秆产业化综合利用大有可为。但目前我国秸秆综合利用水平参差不齐，部分地区因为缺乏秸秆接收消纳主体，尚未建立起完整的秸秆收储运服务体系，经纪人、合作社等服务组织发展滞后，导致秸秆离田难度大、规模小。未来如何实现非补贴状态下的秸秆市场化利用，还有相当长的一段路要走。从长远来看，深度开发秸秆资源，必须重视科技创新。通过加强科技研发，推动秸秆综合利用技术创新和标准化应用，提升以秸秆为原料产品的科技附加值。同时，强化秸秆收储运服务体系建设，建立健全政府、企业与农民三方共赢的利益联结机制，推动形成布局合理、多元利用的产业化发展格局，不断提升秸秆农用水平、收储运专业化水平、秸秆利用标准化水平和市场化利用水平，促进农业现代化和乡村振兴。

滤粹生命甘泉　造福一方百姓
——北京科泰兴达高新技术有限公司案例

锡林郭勒盟位于内蒙古自治区中部，地处内陆封闭式集水流域盆地，受地理环境、地质构造、径流和排泄条件的限制，境内无常年河流。该地区地表水贫乏，地下水资源储量少、分布不均匀且埋藏较深，居民饮水主要以地下水为主。但地下水中氟离子、氯化物、硝酸盐、溶解性总固体等含量较高，不少地区饮用水中的细菌、重金属、砷、硫酸盐、硬度超过国家饮用水卫生标准。居民长期饮用超标的地下水，会患上许多涉水疾病，如皮肤病、大骨节病、骨质疏松症、氟骨病、氟斑牙、消化系统疾病等。保障饮用水的安全在锡林郭勒盟是一件非常迫切的事。北京科泰兴达高新技术有限公司（以下简称"科泰兴达"）成立于2004年，是从事专业膜分离及水处理技术研究开发的高新技术企业，目前已取得60余项专利技术。在企业自身不断发展的同时，公司始终不忘承担社会责任。2013年以来，在北京市委统战部、市工商联的指导下，企业以京蒙对口帮扶为重点，持续加大技术研发，增强产业带动力，为改善锡林郭勒盟饮水安全问题及促进群众脱贫增收和当地经济发展做出卓越贡献，获得了"全国'万企帮万村'先进民营企业"称号。

广泛调研，研发适合高寒地区复杂水质的水处理技术

科泰兴达董事长孟繁欣女士在锡林郭勒盟国家重点贫困县苏尼特右旗经济考察时发现，该地区不仅经济较落后，很多地区水质安全状况也非常令人担忧，有些边远牧区水质非常差，很多牧民都因饮用水的不洁净而患

上了各种疾病。但是锡林郭勒盟地处高寒地区，地下水水质复杂，极难处理。为此，科泰兴达公司专门成立了针对这一地区的技术攻坚团队，在当地政府的支持下，孟繁欣多次带领工程技术人员深入基层，走进蒙古包，实地调研了解当地水环境状况，克服种种困难，带领团队针对性地开发出适合内蒙古高寒地区的复杂水质水处理成套工艺技术，成功解决了水处理过程中的低温和水质复杂等难题，在相关领域获得知识产权20余项。

考虑到当地地广人稀、居住分散、解决饮水安全问题困难较大的现状，科泰兴达采取了因地制宜、集中与分散相结合的办法进行水质改善。在人口比较集中的城镇，建设城镇集中供水净化工厂。对于居住分散、自来水管网无法到达的农牧户，采用安装小型家用净化水设备的方式解决牧民的终端饮水问题。对家中无自来水管道的农牧户，主要采用水桶储水的办法解决饮水问题。科泰兴达公司对净化水设备进行了适用性改造，满足了农牧民家中安装净水机的要求。截至2020年底，科泰兴达已经在锡林郭勒盟完成20余项饮用水安全保障项目，惠及数十万百姓。

图85 科泰兴达锡林郭勒盟苏尼特右旗饮用水水质提升工程项目

依托技术服务民生，持续改善水质安全和群众健康

考虑到牧民经济困难，无力承担设备后期维护费用，科泰兴达董事长孟繁欣决定为贫困地区所有牧户的净水设备终身免除人工及上门服务费，并向牧民承诺所有净水设备免费更换滤芯及膜等耗材。由于牧区水质差，滤芯污堵频率高，平均3—5个月需要更换一批滤芯，而且牧区居民居住十分分散，往往每隔几十公里居住一户，巡检维修车费投资极大，平均每户每年的维护成本高达1000多元。每年仅锡林郭勒盟地区的净水设备维护费用支出就高达3000万元左右。

截至2020年11月，科泰兴达公司通过政府补贴、捐赠或垫资的方式，在锡林郭勒盟西乌珠穆沁旗等10余个旗县及乌兰察布市化德县、兴和县等累计安装31151台家用净化水设备，帮助解决牧民安全饮水问题。在乌兰察布市兴和县等5个旗县和锡林郭勒盟正镶白、太仆寺旗安装村级净水设备109套，解决11村13586人的安全饮水问题。这些净水机\设备每年的维护费（含水泵、水箱维护、滤芯、反渗透膜等耗材的更换及人工维护费用）高达3000余万元，全部由科泰兴达公司以捐赠的方式自行承担。

聚焦产业扶贫，有效带动当地经济发展及人口就业

2013年，北京科泰兴达公司在太仆寺旗建立了内蒙古科泰隆达环保科技有限公司，该公司作为科泰兴达公司的子公司，总投资1.2亿元，已投产5年，上缴税金6506万元，吸纳当地100余人就业。二期项目2021年建成达产后预计可新增营业收入6000万元，新增上缴税金750万元，预计可多带动50人就业。

2017年，北京科泰兴达投资项目落户商都县，计划投资1亿元，在商都县长盛工业园区建设年产水处理专用设备5000台（套）项目，新建工程实验中心及4个生产车间，总建筑面积约1.5万平方米。项目建成后，每年可上缴税金1100余万元，可解决100多人的就业问题。期间，公司以其先进的净化设备和技术，在商都县七台镇索玉地、不冻河水源地建设水厂两座，让全县10.7万城镇居民吃上安全的饮用水。2019年以来，又较好地解

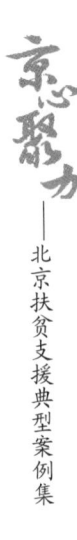

决了该县卯都、大库伦、小海子和大黑沙土4个乡镇8个村的1000多户农户饮用水安全问题，为全县顺利完成脱贫攻坚任务做出了积极贡献。

图86 北京科泰兴达高新技术有限公司承建商都县七台镇不冻河净水厂

用优质饮用水和良好水环境让人民群众放心满意

一是改善了农牧区的饮用水水质，提高了牧民的生活质量。水质提升工程解决了锡林郭勒盟近10万牧民的饮用水安全问题，使牧民得到了实实在在的好处，经净水设备处理后的水又清亮又干净，可直接饮用，不仅氟化物、砷等有毒有害物质含量大幅降低，溶解性总固体、总硬度等指标也显著下降，饮用水水质大幅改善。

二是减少了地方性疾病的发生，提高了牧民的健康水平。牧民喝上了安全放心的净化水，极大地改善了生产和生活条件，远离了高氟水、高砷水、苦咸水等污染水带来的健康危害，比如，常年生活在高氟地区的一个牧民老人患大骨节病，20多年只能依靠拐杖行走，在饮用纯净水不到一年的时间里，疼痛缓解，扔掉了多年的拐杖。农牧区饮水安全工程有效抑制了与饮水不安全有关的疾病的发生，牧民的身体健康和生命安全得到了保障，节省了大量医药费，减少了因病致贫的现象，促进了农牧区的稳定和繁荣。

三是密切了政府和群众的关系，促进了社会和谐稳定。农牧区饮水安全工程的实施解决了与牧民切身相关的饮水安全问题，得到了牧民的称赞和拥护，密切了干群关系。广大农牧民喝上干净的纯净水后，切实感受到了党和政府的温暖，幸福感和获得感倍增。农牧民安居乐业，促进了社会和谐，对维护政治、经济稳定、加强民族团结、促进牧区发展具有深远的意义。

饮水安全是重要的民生问题，关系到千家万户的身体健康及生产生活。解决好农村饮用水安全问题是脱贫攻坚的重要任务之一，也是提高农牧民生活质量、全面建成小康社会的应有之义。北京科泰兴达公司在内蒙古十几个旗县开展了居民饮水安全工程，建设水质提升工程30余项，为农牧民安装小型家用净水机3万多台，并为贫困地区居民终身免除上门维修费，确保每台设备都能长期良好运行。同时，还为牧区多所学校及幼儿园安装了直饮水设备，使得孩子们喝上了干净的水。科泰兴达公司居民饮水安全工程的实施，有效提高了饮用水水质，从根本上解决了内蒙古农村牧区及偏远地区几十万居民的饮水安全问题，对促进和保障人民群众身体健康，减少致癌、致畸疾病等的危害具有重要的意义。不仅如此，科泰兴达还在太仆寺旗、兴和县等地投资建厂，生产水处理材料、设备等，把先进的科技环保产业带到这些地区，既促进了就业，也带动了地方经济发展，在助力内蒙古脱贫攻坚和推进乡村振兴的伟大实践中书写下了精彩篇章。

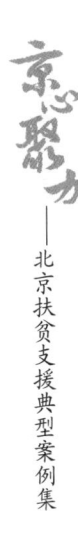

"三金一订单"模式助力脱贫增收
——北京绿山谷芽菜有限责任公司案例

北京绿山谷芽菜有限责任公司（以下简称绿山谷）成立于1998年，注册资本3000万元，净资产2.2亿元，年销售收入9860万元。总部位于北京市丰台区王佐镇，是一家把农业科技化、产业化作为发展方向的科技创新企业，主要从事胚芽苗养殖、芽苗菜无土栽培及芽苗菜系列产品的深加工。

近年来，绿山谷充分利用科技手段，开发绿色种养殖技术，以中国农科院为依托，在种苗繁育上攻坚克难，先后开发有机芽苗菜系列产品共计200多个品种，实现了芽苗菜纸上种植、无肥、免营养液零添加等特性，并达到了芽苗菜种植高芽率、高活率、多茬收获、高营养率、口感好、颜值高等六大指标。2003年，公司制定了《绿色芽苗菜行业标准》，2019年，制定了《芽苗菜功能性专用育种标准》，同时制定了芽苗菜食品、芽苗菜干制品、脱水芽苗菜、芽苗菜固体饮料四大类企业标准，全部国家背书，填补了国家芽苗菜系列产品标准的空白。

参与对口帮扶，开启"公司+农户"订单式扶贫

2016年12月，在北京挂职干部牵线搭桥下，绿山谷到内蒙古乌兰察布市国家级贫困县——兴和县实地调研，与当地多部门组成精准扶贫小组，之后选出当地9个乡镇中的5个镇为绿山谷订单生产芽苗菜专用籽种养殖基地，并对订单生产的5个镇建档立卡的贫困户进行了摸底，结合当地的气候、土壤，提出种植方案。针对贫困户对实施标准化种植的意义认识不足，科学种植管理技术也落后的现状，绿山谷向种植户传授关于播种、授粉及

田间管理等农业技术，并多次到田间地头查看芽苗菜专用籽种长势，一对一指导农户如何管理。

2017年3月，绿山谷在内蒙古兴和县IPO孵化基地成立了绿山谷智慧农业科技有限公司，在当地打造绿山谷科技种业园区，批量化培育纸上种植功能性芽苗菜种源，在园区内开发田园式生态养老项目，并着手芽苗菜生物研究院和生命科学院士工作站的建设。同时，启动芽苗菜精深加工功能性绿色食品产品研发工作，探寻芽苗菜功能性食品对不同的亚健康人群起到的慢病管理食疗功效。此时，绿山谷芽苗菜项目实现一、二、三产业融合，在全产业链的构想中踏出了关键一步。

图87　绿山谷芽苗菜加工车间

当年，绿山谷在兴和县种植芽苗菜种苗约3000亩，农户每亩可增收400元，极大地调动了当地贫困户的积极性。按照"企业免费提供种苗，聚焦建档立卡户利用自有土地参与育种，企业订单回购种苗"这一模式，绿山谷为兴和县城关镇、鄂尔栋镇、团结乡等5个乡镇的428户建档立卡贫困户无偿提供价值87万元原种，用于专用种苗的种植，并统一回购，并对个别特困家庭每亩地发放200元的劳务费，帮助建档立卡户实现脱贫。

当贫困人员领到原种和1万—3万元现金时，兴奋之情溢于言表。在团结乡南三号村,焦玉娥属于残疾人,是特困家庭,常年吃药,生活非常艰难。2017 年得到绿山谷育种订单帮扶后,当年就拿到了 3.7 万元。当年底拿到钱后,焦玉娥大姐握着绿山谷领导的手说:"春节前能装修自家的房子啦,住上漂亮房子是我这辈子的梦想,谢谢北京的亲人,明年一定还让我帮你种种子呀!"

图 88 芽苗菜种植户收到劳务费

张皋镇张皋村的李俊林家,因家庭遭遇意外事故,上三年级的 10 岁女儿和上一年级的 7 岁儿子跟着 70 岁的爷爷奶奶生活,因没有收入来源即将辍学。当 2017 年他们拿到绿山谷提供的 30 亩土地 6000 元劳务费后,家庭基本生活得到保障,并开始参与种植苦荞麦芽苗菜种子,两个孩子不但没有耽误学业,年底又拿到绿山谷回收苦荞麦芽苗菜种子的现金 2.5 万元。爷爷奶奶激动地对两个孩子说:"你们现在能在学校安心地读书,全靠北京的亲人帮助,你们长大后挣了钱一定先感谢北京的亲人去。"

共建扶贫产业园,建立"三金一订单"模式

2017 年,在北京挂职干部的带领下,绿山谷走进河北涞源县白石山镇的贫困山区,当时,按照相关扶贫攻坚规划,白石山镇的贫困山区建档立

卡户整体搬迁到涞源县易地扶贫搬迁县城安置片区（恩泽园），在搬迁户中60岁以上老人和病残人员成为当地脱贫任务的难点。

通过一系列的摸底考察，2018年，绿山谷管理层决定把绿山谷科技专利成果项目正式落地在白石山扶贫产业园，成立河北绿山谷功能农业科技股份有限公司，建设拥有现代化萃取生产线的芽苗菜功能食品生产基地，一产种植、二产加工、三产餐饮及盲人保健按摩的链式都市循环农业在这里体现得淋漓尽致。在当地政府的支持下，绿山谷涞源县芽苗菜功能食品深加工项目实现了当年建设当年投产运行。

绿山谷通过提供种苗、技能培训、订单回收等方式带动涞源县贫困户参与芽苗菜种植，采用"公司+农户种植+提供生产岗位"的"三金一订单"模式，即租金、公益岗位金、薪金和"贫困户阳台种植一订单式"，形成涞源生产基地的稳定原料供应链的同时，也带动了当地建档立卡户实现了脱贫致富。

绿山谷利用扶贫协作资金按比例提供公益岗位，带动南马庄乡古道村、桦木沟村、黄柏寺村、谢台村195户315名建档立卡贫困人口人均稳定增收6000元。在企业生产经营中，直接招募150名建档立卡贫困人口就业，人均年收入达到2.4万元；灵活就业人员272人，人均年收入9600元。此外，在恩泽园搬迁片区，为老、弱、病、残、妇无劳动能力的建档立卡贫困人口免费发放芽苗菜专用种子，架子、托盘、专用栽培纸张及栽培设施无偿

图89　绿山谷创始人张桂琴在芽苗菜车间查看生产情况

提供给贫困家庭,让他们利用阳台进行芽苗菜种植,绿山谷负责每天回收胚芽苗并当天付一元一盘回收费,每户根据阳台大小平均每天收入30—100元不等,此举又带动500户贫困家庭进行阳台种植,每户每年均增收2.1万元。

2020年,白石山迁建区产业园的《支持易地扶贫搬迁创新"三金"扶贫模式》被收录进全国东西部扶贫协作工作推进会案例选编。丰台区—涞源县《两区同建"拔穷根","三金扶贫"全覆盖》入选全国东西部扶贫协作和中央定点帮扶十大优秀案例。

走三产融合之路,继续赋能乡村振兴

随着公司发展壮大,绿山谷主动投入脱贫攻坚战,在河北省霸州市、涿州市、唐县、涞源县、南皮县、康保县等地区开展精准脱贫工作,与承德市丰宁满族自治县政府签订了战略合作合同,与保定市涞源县进行精准帮扶项目对接,近年来在全国发展纸上种植芽苗菜专用原生态育种基地6万亩,带动建档立卡贫困户和低收入户5万多人。

芽苗菜的高附加值使绿山谷发展壮大,是反哺社会的法宝。企业实现社会价值,必然是在双赢的前提下才能够长久。创始人张桂琴带领绿山谷通过科技手段,将芽苗菜产业化,制造出畅销欧盟的胚芽苗粉、植物细胞液等功能食品,产品的价值得到了大幅度提升,也为他们完成对贫困户的帮扶,开拓出一片新的发展领域。

随着科技成果转化的加快和政府的资金扶持,张桂琴带领绿山谷公司多管齐下,以芽苗菜为媒,建立了农户参与种植、企业生产加工、蔬菜配送上餐桌的三产融合之路。拓宽了农户就业增收的渠道,订单式采购,种子运到白石山扶贫产业园生产活体芽苗菜,通过萃取提炼,生产出活体胚芽苗青汁粉植物细胞液等功能性食品,大大提升了芽苗菜的附加值并且拓展了相关产品的国内外市场。

绿山谷的成功模式源于企业拥有高效的科研团队并研发出功能性芽苗菜绿色标准专用育种,将有技术含量的芽苗菜种植技术标准简易化,易推广、可复制、操作性强。专用育种无须土壤种植,只要温度和水分弱光就能满足要求,即可快速成活、成长,即便在阳台、客厅等环境也能实现芽苗菜的种植。同时绿山谷通过培训，提升农户的种养水平，芽苗菜的种植产量平稳，农户种养见效快，回购收入及时能够兑现，对于缺少土地、身体行动不便的贫困户，足不出户就有了脱贫致富的抓手。另外，绿山谷以芽苗菜为基础，进一步开发高附加值产品，将芽苗菜产业化，探索出一条一、二、三产业融合之路，为脱贫攻坚和乡村振兴做出了独特贡献。

帮农民轻松创业　助农民科学致富
——北京天安农业探索科技扶贫新路径案例

2017年中央"一号文件"提出，要打造一批"星创天地"，为发展农业科技带动脱贫攻坚有效导入科技、信息、资金、管理等生产要素。"星创天地"就是农业农村领域的众创空间，是广大科技特派员的"创业之家"，是完善现代农业科技创新体系的重要抓手。

北京天安农业的天安兴农"星创天地"以"帮助农民轻松创业、科学致富"为使命，以"公司+合作社+农户"形式，致力于河北张家口市尚义县脱贫工作，最大限度地扶持农民创业致富，并且凭借"蔬菜全产业链信息化模式"，在尚义县成功建立了蔬菜现代信息化有机生产园区，解决了当地村民的就业问题，并积极引导和鼓励当地农业由粗放型向节约型转变，走出了一条农业产业创新发展带动脱贫致富的新路径。

打造"龙头企业+种植基地+农户"运营模式的智慧农业园

2006年成立的北京天安农业发展有限公司，前身为北京市农业农村局组建的小汤山特菜基地，位于北京市昌平区小汤山镇特菜大观园内，是全国农业农村信息化示范基地、北京市农业产业化重点龙头企业、北京市农业信息化龙头企业，是北京市第一个实现蔬菜全程安全追溯的公司，也是北京市第一家使用企业资源计划管理系统实现信息化管理的蔬菜企业。其注册"小汤山"商标，是北京市商超覆盖率最大的蔬菜品牌，日常供应的蔬菜品种多达150余种，蔬菜年生产供应量达1000万公斤。

2018年初，在北京昌平区扶贫干部、时任尚义县副县长张春清的牵线搭桥下，被誉为"北京蔬菜之王"的北京天安农业发展有限公司落户尚义县南壕堑镇官村。公司引入蔬菜全程质量追溯信息化管理系统，建设成天安农业现代化智慧农业园区，即天安农业尚义农场。当年，公司为尚义农场累计投资1000万元，建立蔬菜夏季冷凉生产基地400亩，其中建立大棚85座，种植蔬菜品种40余种。基地采用世界一流的信息化农业管理技术以及专业的给膜打孔蔬菜包装机等农业高科技应用设备，通过提升农民种植技术水平，提高农产品质量，实现了蔬菜的优质优价；从田间到餐桌实现了全程信息化可追溯可监控可管控的农业生产种植模式；通过公司所覆盖的北京150余家超市和品牌影响力，将尚义农户与北京超市直接连接起来，助力当地脱贫攻坚。

为了让农民持续增收、高质量脱贫，尚义农场在运营管理上，采用"龙头企业+生产基地+种植户"的运营模式，通过产前市场信息共享、产中技术指导、产后产品包销，不断提升当地农户的发展能力和获得感。公司把占地400亩的尚义农场划定4个片区，每个片区任命一位负责人，带领农户承包管理5—20座大棚及50—200亩地，教授农户蔬菜的育苗、定植、移栽、施肥、植保等现代农业技术；实施公司化管理，把农户收入直接和大棚收成利益关联，从根源上拔掉"穷根"，真正做到从"输血"到"造血"的转变。

2019年，天安农业尚义农场夏季供应蔬菜量达350吨，金额300万元，吸纳村民就业并带动脱贫人数达320人，人均增收3000元，助力官村整村脱贫。2020年，在做好疫情防控形势下，天安农业尚义农场进入全园生产阶段，85座大棚全部投入使用，新增就业人员174人次，既增加了当地农民收入，也为保障北京市场新鲜蔬菜供应做出了贡献，并通过引进良种、专业化种植、新技术应用等方法改造农户规模小、效益低、质量差的落后生产方式，逐步走向规模化、集约化和工业化专业生产模式。

利用"星创天地"平台培育本地企业为脱贫提供内生动力

天安兴农集农产品种植、加工、销售、科研及示范于一体，以全产业链信息化技术和全程质量追溯体系为支撑，可以为创客提供一站式创新创

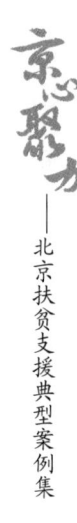

业服务。北京天安兴农"星创天地"的农业科技人员深入尚义县贫困农村，构建了新的科技服务模式，帮助农民掌握农业科技技术，并通过"星创天地"平台培育当地农业企业，加速了农村科技的进步及农业产业结构的调整，并在带动农民致富、促进县域经济增长方面起到了积极的推动作用。

在尚义县，天安兴农对于初次涉农的创业者，提供办公、培训、实习、实践等场所资源；提供天安兴农基金，为创客提供多种创业资助计划，解决创客融资难题；提供综合性营销服务，借助天安信息化优势，线上线下联动，产业链对接创客产品，为创客开辟社区、商超、电商等多种营销渠道，帮助开拓销路等。对于中小型农业企业，提供粗加工车间，以及国内最大最先进的蔬菜鲜切车间，同时，用天安兴农完善的质量管控系统，帮助企业实现严格的质量控制。

图90 天安兴农创客空间

2018年，天安兴农培育河北省尚义县天德农业开发有限公司，公司带头人赵亮的生活因为天安兴农"星创天地"的信息化管理平台发生改变。该平台帮助其拓宽了销路，迅速打开市场，并带动一方百姓走上致富路。目前，赵亮的公司已在河北省尚义和沽源建立基地，产品获得港澳资格，年蔬菜生产销售额220万元，通过"星创天地"平台的培育，贫困农村有了持续发展的内生动力，有效遏制了贫困人口返贫现象的发生。

天安兴农还提供专家智库支持，该公司会集了一批精通技术、管理、金融、品牌营销等知识和企业实战经验的高校老师及企业领袖担任创业导师，为创客提供创业培训、指导和咨询服务。目前，天安兴农聚集了来自中国农业科学院、中国农业大学、北京农林科学院、北京市农业技术推广站的专家学者和市级农业龙头企业负责人共计15人的创业导师，累计开展创业指导20余次，培训农村创客1200余人。

以蔬菜全产业链信息化模式助力农户增收致富

北京天安农业始终把依靠农业科技创新实现产业转型放在首位，通过10多年来的不懈努力，探索出了一套自己的"龙头企业+合作社+农户"的生产和管理模式，利用信息化手段提高企业蔬菜产业链的运作水平和经济效益，实现与合作社和农户的融合发展，不断向产业链的上游和产业链下游延伸，给予合作社和农户技术支持、农资捐赠并开展蔬菜绿色防控工作，通过拓展蔬菜下游销售渠道，延伸产业链，增强产业链环节之间的衔

图91 天安农业订单生产种植基地

接和约束性，提高商品竞争力，不断满足消费者的多样化需求。目前该模式已带动北京及周边地区农户4000余户，累计实现农民增收3亿元。

在尚义县建立蔬菜现代信息化有机生产园区的同时，天安兴农通过利用天安自身信息平台和蔬菜生产、研发、加工、配送、销售一体化的业务模式，联合当地农民、农业合作社，为当地合作社提供综合性营销服务，以全产业链信息化技术和全程质量追溯体系为支撑，线上线下联动，产业链对接市场产品，切实让农民及农业合作社知道市场行情，在供应链管理上实现了全面的信息化，大数据、互联网贯穿于企业内部、上游的合作社、农民以及下游的商超、社区和消费者，形成了天安农业信息化管理模式，推动了蔬菜产销体系高效联动和蔬菜产业信息化水平实质性提升。

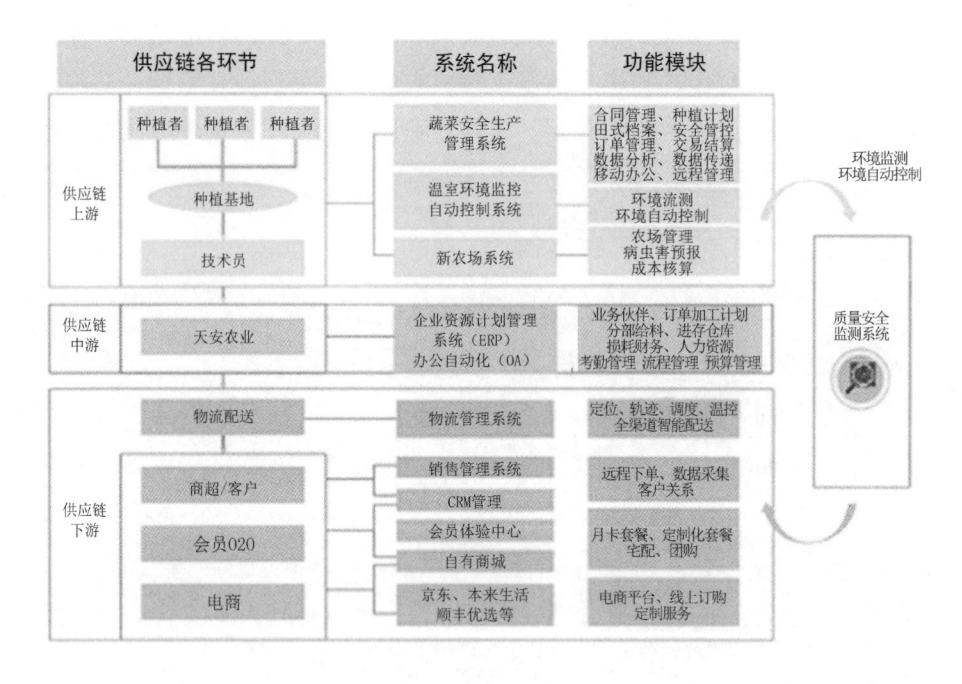

图92　天安农业蔬菜生产、加工、物流、销售全产业链信息管理系统
来源：农业农村部网站

农业科技帮扶要抓住三个关键载体

农业产业科技推广是提升农业现代化的重要途径。北京天安农业充分发挥其农业龙头企业的作用，在张家口尚义诠释了"公司+合作社+农户"

的帮扶模式，并且通过农业园区的创建和全产业链信息化平台的推广应用，进一步丰富了产业载体，乡村振兴工作更有抓手、更有效果。

从天安农业对张家口市尚义县的帮扶可以看出，以农业科技推广致力于农业帮扶工作有三个关键点：一是龙头企业带动模式至关重要。由农业产业化龙头企业等市场主体牵头，面向社会开放部分资源，吸引创业个人、团队依托其业务体系、产业链布局开展创业活动。龙头企业拥有雄厚的资金、技术、人才等条件，善于规模化经营，同时由于市场经验丰富，具有较强的市场敏感性，能更好地把握产业发展的方向，以龙头企业为主体的"星创天地"可以更好地提高创新创业主体的运营能力。二是农村合作社作为新兴农业经营主体，其覆盖范围更广，是参与式乡村振兴的重要载体。以合作社为建设主体，依托合作社服务能力强、覆盖范围广的优势，下一步要创新农业销售方式和农业服务方式，应围绕当地特色农产品生产销售，面向农业主体开展电商技能培训、电商平台推广、基层实体站点建设等服务。三是现代农业产业园区能够带动地方经济发展，改善当地环境，是农业产业发展的重要力量。因此，应利用"星创天地"模式优势，以国家级、省级农业科技园区为依托，充分发挥园区创业孵化功能，以优惠条件提供办公场地及各类创业服务，推动园区内创业主体集聚、新创企业成长。

文旅帮扶篇

习近平总书记强调，"必须促进各民族广泛交往交流交融，促进各民族在理想、信念、情感、文化上的团结统一，守望相助、手足情深"，"脱贫攻坚，发展乡村旅游是一个重要渠道。要抓住乡村旅游兴起的时机，把资源变资产，实践好绿水青山就是金山银山的理念"。近年来，北京市通过开展一批文化活动、推进一批文旅项目、打造一批文旅品牌等措施，构建全方位、宽领域、多层次的交往交流交融格局，推动中华民族共同体意识深入人心，积极助力扶贫支援地区打赢脱贫攻坚战。

打造京藏文化交往交流交融的名片
——"首都艺术家拉萨行"活动案例

北京市发挥全国文化中心作用，2012年以来持续举办"首都艺术家拉萨行"活动，其中"十三五"期间相继举办了第四期（2016年）、第五期（2017年）、第六期（2019年），并于中央第七次西藏工作座谈会后组织"2020首都艺术家文艺志愿服务拉萨行"活动，组织百余名首都艺术家到拉萨市慰问演出和参观交流，进一步促进了两地文化交流合作。"十四五"期间，北京援藏每年将投入专项资金，在"首都艺术家拉萨行"文化交流活动的基础上，升级打造北京拉萨"心连心"艺术周，以开展双向文化交流活动为抓手，进一步增进各族人民"五个认同"，铸牢中华民族共同体意识。

紧贴时代脉搏，内容与时俱进

2016年6月20—30日，70余位首都艺术家奔赴西藏拉萨、林芝两地，开展主题为"共话京藏情 同筑中国梦"的文化交流慰问活动。首都艺术家们深入社区、学校、乡村、驻藏解放军和武警部队，奉献了7场文艺演出、举行了7场书画创作笔会，现场观众近万人，谱写了一曲"京藏一家亲"的民族团结之歌。首都艺术家们精心筹划文艺节目样式，演出涵盖舞蹈、歌唱、杂技、相声、器乐、曲艺、魔术等多个艺术门类，演员以北京中青年艺术家为主，他们精心为藏区群众备足"好料"，展现极具震撼的视听盛宴。在演出的同时，首都书法家、美术家也与藏族书画家开展了书画创作笔会交流，在布达拉宫、大昭寺、罗布林卡等地采风、创作，用手中的画笔描绘心中的"世界屋脊"。

2017年6月6日,"共话京藏情 同筑中国梦"首都艺术家拉萨行文艺交流活动在拉萨市举行。此次演出活动在拉萨举办三场,除了文艺演出,来自北京的6名书画家还与藏族书法家一起挥毫泼墨进行笔会交流,并将现场创作的书画作品赠予拉萨市城关区人民政府。拉萨市文联主席李铭介绍,首都艺术家来西藏举行文艺交流演出活动,不仅带来了首都人民和首都艺术家对西藏人民、拉萨人民的亲切问候和慰问,同时也搭建了两地艺术家进行文化交流的窗口和平台,不仅增进了两地人民的友谊,同时也加强了两地艺术家的了解和学术交流,为促进拉萨文学艺术的发展起到积极的作用。北京市文联负责人表示,这种文化援藏的模式体现了首都艺术家对西藏人民的深厚感情,促进了少数民族文化事业繁荣发展,为民族团结贡献了力量,通过极具特色的文化交流活动,谱写了一首"京藏一家亲"的民族团结之歌。

2019年10月23日,首都艺术家"深入生活、扎根人民"拉萨行活动正式启动。一周时间里,首都文艺服务队共开展了三场慰问演出活动、五场"结对子、种文化"文艺培训活动,同时还举办笔会、座谈交流,惠及群众3000余人,赠送书画作品200余件。从拉萨市城关区娘热乡民间艺术团到堆龙德庆区波玛村,从市实验小学和市北京中学到城关区塔玛社区,从在村民家中聊家长里短到与村民一同围着篝火起舞,从书法、摄影、舞蹈教学交流到激情奔放的慰问演出……所到之处,首都艺术家将自己对艺术的热爱与对人民的奉献之情,倾情播撒在雪域高原上。值得一提的是,此次拉萨行活动中,北京市文联成功打破了传统、单一的"慰问表演"模式,试水以"演、教、谈、创"四位一体的新型文艺慰问形式进行交流。在文艺演出之外,以教学促传承、以交流促创作,走出了一条文艺表演队向文艺服务队转型的探索之路。通过交流活动,西藏艺术家收获到了新鲜的知识,师生们领略到了艺术的魅力,老百姓享受到了文艺的服务,而首都的艺术家们则汲取到了充足的养分,获得了全新的创作灵感。首都艺术家们坦言,此次进藏之路,不仅仅是服务之路、传道之路,更是学习之路、创作之路。从单方面的输出,到交流学习、创新创作,文艺志愿服务从单向输出转变成双向流动。

2020年9月18日,"奋进新时代 同心奔小康"2020首都艺术家文艺

图93 "送欢乐 下基层"文艺志愿服务拉萨行北京艺术家表演

志愿服务拉萨行活动拉开帷幕。这是北京市文联连续第九年组织艺术家到西藏拉萨进行文化交流，也是贯彻中央第七次西藏工作座谈会精神、全面落实新时代党的治藏方略、铸牢中华民族共同体意识、促进民族交往交流交融的具体体现。9月19日，在一曲饱含深情的《珠穆朗玛》歌声中，此次文艺志愿服务的首场演出活动拉开帷幕。来自拉萨市城关区蔡公堂恩惠苑的居民们早早就到达了现场。一位前来观看演出的藏民激动地说："前两年，我们从林周县、空港新区、城关区等地搬迁到新的小区，生活环境更加舒适了，工作办事也更加方便了，大家心里可乐开了花。今天，我们遇到了更加开心的事，那就是首都的文艺家来了，我和全家人早早就来到演出现场，就怕错过一个节目。文艺家们的表演真是太精彩了，我都没有看够，希望他们能经常来。"当天，京藏两地书画家各4位还现场挥毫泼墨，并将作品赠送给了北京援藏指挥部、拉萨市委宣传部及拉萨市城关区恩惠乡代表，表达了全国各民族人民团结奋进，共同书写祖国阔步向前新篇章的美好祝愿。北京歌剧舞剧院负责人则率部分首都文艺家团队前往拉萨市歌舞团进行交流。北京市文联负责人表示，2020年的文艺志愿服务活动更突出强调了观众互动性要强、最基层群众能听得懂、覆盖面积要大等三个重要标准。在活动整体行程的安排上，着重设计了走进社区、走进学校、走进高海拔地区开展文艺演出、书画交流、文化采风等环节。北京市文联将以各种文化艺术形式，为最基层的人民呈现最优质的文化节目和作品，不断提升人民群众的文化欣赏水平和获得感，让拉萨人民在住上新居、享受到更好的物质文化生活的同时，也能让精神生活和文化生活水平有更好的提升。

图 94　2020 年 9 月 19 日，西藏自治区拉萨市城关区，首都艺术家"奋进新时代　同心奔小康"文艺志愿服务拉萨行活动现场

从"首都艺术家拉萨行"到北京拉萨"心连心"艺术周

2021 年 9 月 13 日，北京市文联新时代文明实践文艺志愿服务拉萨行慰问演出在西藏自治区拉萨师范高等专科学院盛大开演。此次演出以"我们的中国梦——文化进万家"为主题。演出中，歌曲、舞蹈、相声、杂技等丰富多彩的节目悉数登场。同时，为了让拉萨群众能够在家门口享受一场"接地气"的文化盛宴，主办方在节目编排上选取了《天路》《西藏风情》等节目。为了增加节目的互动性和趣味性，还在原有基础上，融入了藏语

歌曲、民族乐器等元素，引来现场掌声、喝彩声不断。本场演出是2021北京拉萨"心连心"艺术周的其中一个环节。艺术周启动以来，由北京市文联、中央歌剧院组织的40名艺术家，先后赴拉萨师专、拉萨北京实验中学及拉萨市城关区、堆龙德庆区、尼木县、当雄县进行慰问演出，并在期间开展声乐大师课、书法笔会交流、书法讲座、系列基层采风创作交流活动等。

28岁的夏深深是西藏训保支队新训大队的政治指导员，也是一位来自北京的援藏干部。"非常开心能够在祖国的边疆欣赏到国家级艺术院团高水准的演出，艺术家们来自我的家乡北京，非常亲切，也让我瞬间涌上思乡之情。未来，我一定带着艺术家们的鼓舞，在这里实现稳藏固边的理想抱负。"他说。来自门堆村村民委员会的妇联主席、党建专干卡曲说："从牧区，也是高海拔生态区到固定住所，在北京援藏干部的大力支持下，我们有了如今安稳、幸福的生活，现在还欣赏到国家级的演出，这让我们开阔了眼界。""接到中央歌剧院的老师们来到拉萨学习交流的通知，内心非常激动，对于我们来说，这是非常难得和非常宝贵的一次学习机会。这次大师课上，我唱了一首藏族歌曲和一首王丽达老师的歌剧，在这两首曲子的练习中，还是存在一定的困惑，大师课让我更加知道，如何在方式和技巧上区分唱藏歌和唱歌剧，以及知道要用让艺术生命更长更持久的科学的方法去练习。"这段感触来自拉萨市歌舞团独唱演员次仁拉姆，她是接受中央歌剧院艺术家现场指导的学员之一。在拉萨北京实验中学的大师课现场集中了本校不同年级的学生，也吸引了很多来自不同艺术单位的专业从业者。

拉萨的干部群众享受了高水平的文艺节目，文艺工作者获得了高水平的专业化指导，而西藏的圣洁则给予了首都艺术家内心的力量，当地特色歌舞也给首都艺术家们以启迪。"在雪域高原歌唱，自己仿佛化作自由的雄鹰，让歌声乘着翅膀翻越雪山，传遍辽阔的山间。""在4000米的海拔歌唱，吃药、吸氧都无法缓解身体上的不适应，对于艺术工作者，唯有观众真挚的掌声和质朴的笑脸，能治愈一切高原反应。""在最接近太阳的地方唱《我的太阳》，期望将我的歌声刻印在这座日光城。"来自中央歌剧院的男中音耿哲、女高音梁闰妮及男高音刘怡然等艺术家们在中央歌剧院走进拉萨的演出现场，纷纷表达着各自的激动心情。中央歌剧院男中音王艺清还表示，"西藏原生态的声音和歌唱方式呈现出一种自然的状态，和我们不同，美声更讲究科学与法则，在剧院演唱更讲究配合与关照，原生态的他们则讲究传承与个性，这是给予我们的启发"。

北京援藏干部、北京援藏指挥部宣传联络部部长、拉萨市委宣传部副部长董庚云介绍，首都艺术家拉萨行活动已经连续 9 年开展送文化到拉萨，2021 年为深入贯彻落实中央第七次西藏工作座谈会精神和习近平总书记在西藏考察时的重要讲话精神，北京市在以往"共话京藏情·奋进小康路——首都艺术家拉萨行"文化交流活动的基础上，"十四五"期间每年投入专项援藏资金，升级打造北京拉萨"心连心"艺术周，以开展双向文化交流活动为抓手，进一步增进各族人民"五个认同"，在铸牢中华民族共同体意识上贡献力量。

京藏文化交往交流交融走深走实

北京与拉萨相隔万水千山，但多年来一直因"援藏"而紧紧联结在一起。长期以来，北京市委、市政府高度重视对口支援拉萨各项工作，让拉萨各族干部群众深切地感受到了以习近平同志为核心的党中央的深切关怀，感受到了祖国大家庭的温暖，这其中，文化援藏功不可没。自 2012 年首都艺术家代表团赴藏文化交流活动启动以来，近千位首都艺术家不辞辛苦，将京味文化的雅俗共赏和融合创新深深印在雪域高原。随着文化援藏活动的持续开展，京藏文化交往交流交融不断走深走实，不仅向拉萨人民提供了公共文化服务，增进了"京藏一家亲"的情感，还促进了汉藏民族在文化艺术等领域更加深度的交融。"首都艺术家拉萨行"活动已经成为援藏工作的一大品牌，未来要进一步加强文化援藏工作，持续办好北京拉萨"心连心"艺术周，加强受援地文化资源开发、文化艺术工作人员培训、双向文化交流活动，加快北京、拉萨两地文化艺术界"请进来""走出去"的步伐，以文化为引领，促进西藏与内地群众广泛交往、全面交流、深度交融，激发受援地群众的爱国热情和民族认同，进一步铸牢中华民族共同体意识。

德吉藏家：北京文旅援藏的样板
——拉萨市堆龙德庆区"德吉藏家"项目案例

波玛村是拉萨市堆龙德庆区易地扶贫搬迁安置点，为实现精准扶贫和可持续发展，确保该村 100 户 408 名易地搬迁户"搬得出、稳得住、能致富"，拉萨市堆龙德庆区和美乡村民俗文化旅游有限公司在北京援藏指挥部的支持下，充分发挥西藏世界级文化旅游目的地的优势，实施文旅扶贫战略，通过"产业牵引、项目集聚"的方式，采取"党组织＋龙头公司＋合作社"的运营模式，形成了党委统领、企业带动、农牧民联动的"三位一体"产业扶贫模式，实现了易地搬迁户脱贫巩固和可持续发展。

图95 德吉藏家旅游民宿村，村口矗立一块"北京援建 德吉藏家"的巨石

"迁"与"产"并举激发内生动力

波玛村有100户408人是从高海拔偏远山村、牧区群众搬迁过来的,为确保"搬迁户搬得出、留得住、能致富",在北京援藏指挥部的支持下,堆龙德庆区波玛村实施了"德吉藏家"易地搬迁扶贫开发项目,该项目以文旅产业扶贫为抓手,以藏式民宿为依托,形成村民生产上的"自我造血"机制,实现产业引导下的村民致富奔小康和可持续巩固发展,成为民族地区易地搬迁扶贫脱贫的新典范。项目充分利用地处"拉萨-纳木错旅游线路"途经点的交通区位优势,以及"香雄美朵"生态旅游文化产业园丰富的文化旅游资源,确定"居家就业、原地扶贫"总思路,将易地扶贫搬迁安置房提升改造为具有藏式风格的民宿,通过住庄园、食藏餐、观花海、乐骑游、畅购物等业态,致力打造"和美家园、吉祥藏家",成就藏家民俗文化旅游新亮点。

作为"十三五"时期精品北京援藏项目,波玛村民宿分两期实施建设,一期项目总投资5743.46万元,其中北京资金投入409.46万元;二期项目总投资6000万元,其中北京援藏投资5590.54万元。

创新思路助推藏家民宿发展

德吉藏家在项目运营中,采用"政府+企业+合作社"的"三位一体"合作模式,即由政府进行统筹协调,企业发挥运营管理的优势,合作社入股保障村民的可持续增收。

(一)项目设计思路及开发内容

项目总用地面积64452.7平方米,总建筑面积8961.66平方米,建设期限1年,自2017年开工建设,2018年9月建成运营。项目分两期建设,一期民宿40间,70个床位;二期民宿100间,161个床位。目前已实现140间民宿的开放运营。项目主要规划了"藏家民宿"与"藏乡民俗"两大功能板块,由藏式民宿群、非遗体验区(藏艺、藏食、藏产、藏俗)、游客接待中心、林卡休闲区及滨水休闲区五大内容组成。从各个内容功能定位来讲,藏式民宿群是项目的核心驱动力,非遗体验区是体验消费场所,游客接待中心是旅游服务机构,林卡休闲区及滨水休闲区是休闲娱乐区。整个项目以藏式民宿群为核心引擎，带动藏式民俗与非遗上中下游产业联动，构建藏家民俗与民宿旅游创意全产业体系。同时"德吉藏家"注重游客集散、消费、娱乐等旅游服务配套设施完善，将西藏非物质文化遗产市场产品化，在传播非遗文化的同时获得经济收益反哺非遗文化传承人培养，实现非遗可持续发展的商业闭环。

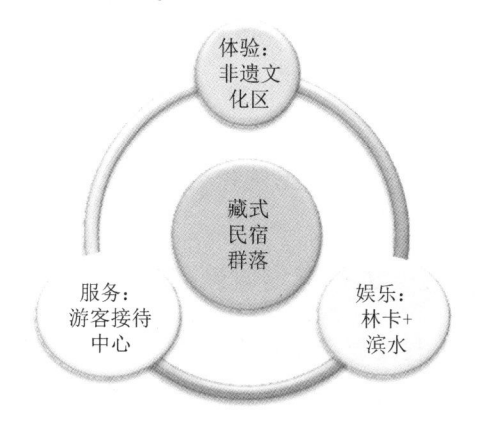

图96 "德吉藏家"项目功能布局图

（二）"家店合一、上下合住"的精品藏式民宿

"德吉藏家"项目采用"家店合一、上下合住"的模式，通过对"波玛村易地扶贫搬迁安置房"进行改造提升，将楼上房屋改造成民宿，楼下为老百姓居住场所，将老百姓生活资料转变为生产资料的同时，增进游客与本地藏族同胞的了解与交流，促进老百姓持续增收，打造共享经济下的新民宿，逐步实现"搬得出、留得住、能致富"。

图97 堆龙德庆区"德吉藏家"异地搬迁民宿项目外景

图 98 堆龙德庆区"德吉藏家"异地搬迁民宿项目内景

(三)"多点汇聚"的持续增收新路径

堆龙德庆区和美乡村民俗文化旅游有限公司在"德吉藏家"的运营中,通过吸收当地农牧民就业为其提供劳动性收入;鼓励和引导当地农牧民销售农副产品和开展其他经营活动(如经营杂货店、开设甜茶馆等)获得经营性收入;将当地农牧民的生活资料转化为生产资料,通过分红方式为其创造财产性收入。每一位入住村民都能公平享受收益,在运营中所产生收入的40%直接返还给提供房间的搬迁户;工作人员都是本村村民,公司每月还会给他们支付3000元工资。多渠道的收入来源有效保证了扶贫成果的长效巩固。同时,该公司还以"德吉藏家"品牌为切入口,构建波玛村文化旅游品牌体系,相继推出"藏戏故事""餐饮故事""篝火锅庄"等延伸服务和特色旅游产品,不断优化产品结构,并持续加大线上线下宣传力度,以增强波玛村文化旅游品牌的影响力和竞争力,助力整个堆龙德庆区域的文化旅游品牌的打造。

(四)"民宿+民俗"结合,助力非遗文化的传承

没有文化的旅游就没有灵魂,没有生命力。传统的自然旅游资源观赏留不住游客的脚步。"德吉藏家"整个项目具备"西藏乡村文化旅游产业"、"西藏非遗文化产业"与"文旅扶贫产业"三重性质,以"民宿+民俗"的理念,在打造藏式民宿的同时建立了非遗文化展厅,对原生态文化进行完整和动态的持续性保护,并对传承人进行资助扶持和鼓励,建立民族民间文化传承机制,对优秀的民族民间文化进行宣传、弘扬和振兴,开设农家夜校、阅览室等,鼓励村民参加民俗培训相关课程,传承地区文化、丰富村民文

化生活，提高村民文化素质和环保意识，在繁荣西藏非遗文化市场的同时，推动西藏乡村文化旅游产业发展，实现易地搬迁户精准扶贫可持续发展。

以文旅融合提高乡村旅游带动力

"德吉藏家"通过集中安置搬迁群众，以文旅融合的形式打造具有浓厚藏文化特色的乡村旅游目的地，对波玛村及其周边的生态环境进行统一规划，对村落周边的自然景观进行保护开发，不仅优化了水源保护，新增了许多绿化带，更是通过向村民普及更加环保的生活方式，从整体上起到了保护并优化了村落周边的生态环境的效果。该项目2018年5月投入运营，在2018年度上下半年的两次分红中，参与民宿经营的易地搬迁村民均得到超过5000元的分红。堆龙德庆区和美乡村民俗文化旅游有限公司一手抓完善基础设施，提升乡村旅游环境；一手抓产业发展，将之作为提高村民经济收入、壮大村集体经济，实现和谐永续发展，除了为当地村民提供就业岗位，还倡导全民创业，鼓励农民发展小加工、小手工、小养殖、小修理、小运输、小中介、小餐饮、小旅店、小农场、小林场涉旅"小企业"，提高乡村旅游可持续发展动力。

共享共建共赢促进旅游扶贫可持续发展

"德吉藏家"旅游扶贫可持续发展项目是以文旅产业促进乡村振兴，从规划设计阶段就融入了民宿建设和后期运营的思路，在不增加安置用地的前提下，合理规划设计，在保证安置面积的基础上，预留发展空间，形成"产业+民宿"的运营模式，确保稳速实现搬迁农牧民脱贫致富奔小康的目标。2019年，"德吉藏家"入选第三批中国少数民族特色村寨之列。

（一）优化顶层设计，健全利益联结机制，提高村民参与度与积极性

社会参与是乡村振兴的重要力量和关键，堆龙德庆区和美乡村民俗文化旅游有限公司在地方政府主导指引扶贫方向、协调扶贫资源；企业控股运营文旅扶贫项目、完善和提升农村产业经济结构、培育原地就业与创业的产业环境；农村集体经济组织参股，保障村民基本收益，充分调动村民留乡参与旅游经营的积极性，实现政府、企业、农村集体经济组织与贫困

群众的有效联结，发挥各方优势，加强乡村旅游项目资源整合、利用的能力，聚合并最大化释放乡村旅游势能。

（二）开发文旅融合新模式，通过"授人以渔"扶贫扶志

该项目以文化为底蕴、以旅游为具体抓手，不断开发旅游新产品，积极推进"文化+旅游"的模式，将当地传统及特色民俗产品融入民宿及餐饮中，形成特色鲜明的旅游产品，吸引游客，逐步推出了"糌粑故事""藏戏故事""餐饮故事""篝火锅庄"等延伸服务和产品，尤其将传统藏族文化故事与餐饮结合，对传统藏餐进行改良，使游客尝到美食的同时更加真切地体会藏族独有的文化。在实践中，"德吉藏家"项目在为贫困群众提供工作机会的同时，更关注他们在思想观念上的提升，激发他们发展的内生动力。通过对贫困群众职业技能和职业素养的培训，增强他们的就业能力和社会适应能力，做到"既富口袋、又富脑袋"。

（三）提高员工素质和技能，培养旅游专业人才

堆龙德庆区在乡村旅游发展的过程中，注重对综合管理人才的培养，定期开展培训课程，坚持按需施教、务求实效的原则对员工分岗位、分层次、分类别地开展培训并及时进行考核评估，全面提升"德吉藏家"项目全体员工的服务水平、业务水平、综合素质和岗位技能，使其工作质量和工作效率有明显的提高，做到文明服务、个性服务、细微服务，进一步提升波玛村形象和效益。此外，堆龙德庆区和美乡村民俗文化旅游有限公司还建立了员工培训奖励机制，充分调动旅游工作者的积极性，营造高技能人才成长的良好环境。

（四）宣传推广品牌，提升知名度

堆龙德庆区和美乡村民俗文化旅游有限公司通过利用媒体报道、新媒体平台和各种推广渠道进行"德吉藏家"品牌宣传工作，配以媒体报道、航机杂志软文推广、自媒体推送等多点联动推广，初步打响了"德吉藏家"项目在区内外旅游市场的知名度，成功吸引了一批又一批游客的视线。同时还通过参与网络红人看西藏精准扶贫活动、堆龙德庆区楚布沟山地自行车越野竞速赛等活动，进一步扩大影响力，吸引更多的区内外游客到"德吉藏家"来，通过树立品牌，优化文化旅游产品供给侧的方式，做强"德吉藏家"在乡村旅游市场的竞争力。

"文旅融合"让牧区百姓吃上文化饭
——当雄县《天湖·四季牧歌》项目案例

近年来,拉萨市当雄县高度重视文化创意产业与旅游业的融合发展,提出了"让沉默静态的旅游自然资源插上文化的翅膀",建设当雄游牧文化传承产业示范园精准扶贫建设项目。以当雄藏北游牧牧歌艺术为特色,以牦牛精神演化出来的游牧文化为背景,打造了当雄原创游牧文化歌舞剧《天湖·四季牧歌》。该项目以中小型文艺演出活动功能为主,兼顾游牧牧歌传唱、特色文化展厅、游牧饮食体验等内容;采用全息技术,营造出虚实结合的表演模式,给观众全新的艺术感受。项目在北京市的大力援建下,于2017年8月4日初步完成,2020年10月20日在北京首映,试运行演出期间,受到群众和游客的热烈好评,取得了预期效果。

"生态+文化"让牧民吃上旅游饭

当雄,藏语意为"天选牧场",是拉萨市唯一的纯牧业县。"天湖",即西藏三大圣湖之一的纳木错。当雄拥有丰富的文化旅游资源,神山、圣湖、温泉、冰川、雪山、湿地,其中包括著名的念青唐古拉山、纳木错等。但由于海拔高,又没有与景点配套的消费场所,多年来,游客都是匆匆来匆匆去,牧民们守着绿水青山,却吃不上生态饭。

为了"留住"观众,北京援藏干部邀请业内专家,根据当雄的羌塘草原风情,创作了游牧情景音画诗剧《天湖·四季牧歌》,并邀请当地的演员出演。2016年以来,北京拨付援藏资金6800万元,精心打造以

《天湖·四季牧歌》为首的文化产业项目,积极探索出一条藏区文化赋能产业升级、产业发展助力文化传播的当雄模式。《天湖·四季牧歌》取材于当雄牧民群众游牧生活,以天湖湖畔的四季轮回中发生的爱情故事为主线,分为《序·天语》《春·融冰·相遇》《夏·富饶·相识》《秋·丰收·相爱》《冬·寻找·相思》《尾声·天湖放歌》六幕,融合发源于天湖之畔的游牧文化、牦牛精神,突出"四季轮回、和谐自然、万物有灵、众生平等"的主题思想,是一个感人的爱情故事,也是一曲优美的生命赞歌。

该剧常年驻演于纳木错景区的天湖·四季牧歌有氧剧场,结合现代舞台技术,通过场景的变换,用音乐、舞蹈等表现形式,为观众营造出一种身临其境的艺术效果,成为各地游客赴当雄旅游度假的"打卡"项目之一,为带动当雄县的文化发展和脱贫增收发挥了重要作用。与《天湖·四季牧歌》一同吸引游客的,还有一系列互动体验场馆。北京援建的当雄旅游集

图99 当雄县天湖·四季牧歌有氧剧场

散中心，包括当雄县赛马场、天湖·四季牧歌剧场、京藏情牦牛体验馆、游客骑马射箭体验馆、世界最大黑牦牛帐篷、集装箱酒店等，成为当雄县展示文化旅游资源、增加消费收入的新载体。如今，当雄县已将其进一步打造成为游牧文化旅游产业示范园及综合文化活动中心，作为展示当地特色文化的窗口。

2019年项目运行以来，通过赛马场管理、游客集散中心、商业楼管理、天湖·四季牧歌剧场等板块业务共计带动就业人数120人，其中含建档立卡贫困户37人，人均年增收3万元，累计年增收360万元。另外，通过有效提高全县旅游收入，带动当曲卡镇当曲村建档立卡户168户581人脱贫，户均分红收益约1000—1500元/年。

进京演出搭建京藏文化交流的桥梁

2019年，北京、拉萨等多地专家对《天湖·四季牧歌》进行了艺术提炼和设计改造，全新升级后的该剧具有了更高的艺术价值和观赏性，成为一部力求使天湖故事和游牧文化焕发艺术与时代光彩的原创游牧文化歌舞剧。

2020年10月20—23日，北京东城区援藏团队携西藏自治区拉萨市当雄县的原创游牧文化歌舞剧《天湖·四季牧歌》在北京东城区北京喜剧院开演，每天一场，由北京导演团队策划、当雄本地演员倾情演出，为市民讲述发生在纳木错湖畔的爱情故事。作品给首都人民送去了一场别样的视觉盛宴，将当雄的文化内涵、旅游特色与主线故事有机结合，呈现出多姿多彩的当雄，让观众更加贴近当雄、走近当雄。此次演出赴京当雄藏族演职人员共38人，连续4天4场次大剧院演出、观众2000余人、实现2场商业售票演出、售票700余张，20余家中央、市级媒体争相报道。

在北京东城区当雄援藏团队的带领下，《天湖·四季牧歌》作为西藏唯一县级代表荣获"2020年国家艺术基金传播交流推广资助项目"这一殊荣，国家艺术基金传播交流推广资助项目将支持《天湖·四季牧歌》继北京演出之后将开展全国巡回演出，广泛传播推广当雄文化，实现边疆地区文化"走出去"。

2021年10月27日，《天湖·四季牧歌》再次亮相北京东城区幸福大街

图 100 《天湖·四季牧歌》宣传海报

红剧场,并以线上直播的形式,为首都观众奉献了一场兼具地方特色、藏族风情的歌舞视听盛宴。本次《天湖·四季牧歌》演出紧跟时代潮流,创新采用云端技术,在 B 站、微博、微信视频号、抖音四大平台首次进行同步云直播,在线收看人数达到 1.8 万人,刷新了该剧单场次观看受众人数记录;为让更多北京乃至全国观众知道了解进而观看这部剧,扩大演出宣传面,200 余家媒体、门户网站进行了报道和宣传;同时,线上线下邀请了 50 余名专家学者观看点评。

演出结束后,《天湖·四季牧歌》在京举办了专家研讨会,中国戏曲学院、中国东方歌舞团、中国舞台美术协会等的专家围绕如何进一步提升、改进《天湖·四季牧歌》演出成效、艺术水平进行了深入研讨,专家团一致认为要持续深化主题思想,打磨升级艺术表现形式,合力将《天湖·四季牧歌》打造为拉萨乃至西藏的"京藏文化交流金字招牌"。

文旅融合助力高原牧区走高质量发展新路

《天湖·四季牧歌》项目是北京援派干部践行"绿水青山就是金山银

山"理念，依托当地的生态、文化资源，探索文旅融合发展的生动实践，不仅让越来越多的游客"走进去""留下来"，还把特色文化产品"带出来""捧起来"，为当地开辟了一条可持续的生态发展之路。作为北京援藏的重要文化成果，《天湖·四季牧歌》也成为当雄县"文化赋能"和北京市东城区"崇文争先"、建设"戏剧东城"理念的沟通交流桥梁。近年来，《天湖·四季牧歌》连续进京上演，已经深耕成为京藏文化交流的一粒"种子"，为铸牢中华民族共同体意识持续发力。

总结《天湖·四季牧歌》项目经验，可以概括为"挖掘文化资源，走文旅融合路"。当雄县拥有悠久的游牧文化和壮丽的雪山湖泊，对口支援方东城区作为首都文化中心的核心承载区，具有文化窗口的独特优势。援受双方携手共同推出原创游牧文化歌舞剧《天湖·四季牧歌》，建立当雄藏北游牧牧歌传唱基地，既可以提高当地民间艺术团演职人员的演艺水平能力及个人收入，还能更好地保护和传承当雄牧歌艺术文化。同时，该项目也是根据当雄县文化旅游产业发展需要，突破文化产业发展瓶颈、推进全县文化旅游发展和经济社会发展的重要举措。一方面，用民族文化要素延伸旅游产业链，在行、游、购、食、住、娱等各个环节中融入文化元素，把丰富的民族文化资源转化成旅游发展的品牌优势；另一方面，大力挖掘旅游产品的文化内涵，用独特的文化品格和文化魅力来诠释旅游，把民族特色文化价值转变为经济价值，实现文化带动旅游、旅游带动经济、经济带动牧民群众生活的良好态势。通过在文化产业与旅游产业融合发展上寻找突破口，延伸文化产业链，提高文化产业附加值，努力形成资源共享、市场共有、互利共赢、文旅融合式的发展道路。

打造中华文化标识
铸牢中华民族共同体意识
——和田文化中心案例

北京对口援建和田已走过 24 个年头,走在和田地区的七县一市,带有北京援建"天坛"标志的学校、医院、富民安居房、工业及农业园区随处可见,在文化援疆、文化润疆方面,北京援疆更是用心用情率先发力不遗余力。在和田地区和兵团第十四师,一批北京援建的文化设施成为城市地标,和田文化中心(现挂牌和田地区爱国主义教育基地)更是首屈一指。

投入巨资,打造和田地区文化地标

和田文化中心建设项目包括和田地区文化馆、博物馆、图书馆和影剧

图 101 和田地区图书馆

院建设，累计投资3.88亿元。建设地点在和田市昆仑路南侧。和田文化中心项目（文化馆、博物馆、图书馆）于2013年10月陆续开工建设，总建筑面积36022平方米，其中文化馆单体建筑面积9906平方米，地上2层、地下1层；博物馆单体建筑面积13493平方米，地上3层、局部4层、地下1层；图书馆单体建筑面积12623平方米，地上3层、地下1层；绿化面积为32802平方米，道路及铺装面积为45179平方米。和田地区影剧院原为浙江省援和工程，单体建筑面积10690平方米，主体建筑2层、局部5层、地下1层，2009年开工，2010年基本完成主体建筑后停工，后交由北京市续建，2016年6月竣工。"三馆一院"文化设施的全面建成，使和田地区有了文化新地标。

图102　和田博物馆

2017年，和田地区"三馆一院"全面投入使用，以全新的姿态、最完善的基础设置，让群众享受到最优质的文化服务。"到图书馆看书、增长阅历；到博物馆学习课本中学不到的历史知识，更加了解自己的故乡，了解故乡的历史文化；累了，还能到电影院看看电影，电影票便宜，效果却很好……所以，每到周末，我最喜欢去的就是地区文化活动中心。"和田市民张爱华说。

"三馆一院"大大改善和提升了和田地区文化设施水平。"北京援建之前，排练室场地小，演员抬杆都困难。"新玉歌舞团演员吐孙江·阿布都拉深有感触地说。全新的和田地区影剧院于2016年6月启用，新玉歌舞团便搬迁至此。如今，400平方米的练功室，演员可以尽情排练。"毫不夸张地说，真是天壤之别！"新玉歌舞团舞蹈队队长玉山江·吐孙介绍，全新的和田影剧院集演出、排练、办公、创作于一体，各种音响设备、舞美布置、软件系统都是国内顶级的。"我去北京很多剧院看过，那里的条件大多数不如我们，和田影剧院至少不比保利剧院差，北京当我们真是亲兄弟，把最好的设备给了我们，我们心存感激。"玉山江·吐孙表示。

图103　和田文化馆

图 104　和田影剧院

强化服务，成为和田文化活动主要载体

建好是基础，用好是目的。投入使用 4 年多来，和田文化中心充分发挥"三馆一院"的政治、文化、历史、教育等诸多方面的引领、带动、凝聚、辐射功能，着力提升其区域文化中心的服务能力和公共文化艺术服务能力，各种活动精彩纷呈、亮点频出，极大地促进了和田地区文化事业的发展。

地区文化馆作为群众文艺工作的重点单位，一直把提高和田群众的文化水平、发挥基层文化阵地的作用当成首要工作，通过开展各种文化活动丰富广大群众的文化生活，向和田各族人民展现丰富灿烂的中华文化。2017 年 5 月—2020 年 10 月，地区文化馆累计举办家风展、非遗展、南疆采风书画交流展、摄影展览、书画及雕塑艺术展览、爱国主义军事展览、剪纸展等各类展览 33 期；举办专业文化艺术普及培训班、舞蹈培训班、书法培训班、电子琴培训班、美术培训班、非物质文化遗产类培训班、雕塑培训班、乐器班、手工艺品班、瑜伽班、乒乓球班、京剧班、送舞龙舞狮培训进军营、送快板培训进校园等培训 56 期；举办各种讲座 21 场次，迎接内地省市艺术家来和田开展艺术交流活动 20 次，创作各类文艺作品 13 部，红色文艺

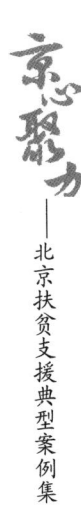

轻骑兵送演出下基层19场次，流动文化馆送文化下基层活动37场次，送培训下基层10场次，极大地丰富了广大群众的文化生活，促进了和田地区的文化建设。

地区图书馆新馆自2017年7月15日开放以来，坚持优质服务、便民服务、惠民服务，充分利用馆藏资源，努力提高服务水平。为吸引读者，提高书刊资源的利用率，全馆实行借阅合一的开放服务模式，近年来还增设了涂鸦海洋馆、电子书工坊、成语争锋、VR诗词、自助借还设备，服务人次26.18万人次，流通册次14.2万册，流通人次16.3万人次，线上服务人次108.5万人次，电子图书下载8.3万人次，图书编目2.4万种9.86万册。几年来，持续开展了"京和书香"共建共享志愿服务活动、"京和书香"读书交流会活动、"书香智远，扶志同行"文化支援志愿服务活动、"我们的中国梦　中华文化耀和田"系列活动、"春雨工程""文化援疆"志愿活动、"听声和田·朗读者"诵读会、和图进万家系列活动、和图e家数字阅读推广活动、"全民阅读·四季书香"主题活动、我们的节日系列活动等447场次，文化下乡活动157次，流动服务286次，视频讲座260场，展览165场，电影展播146场，基层业务辅导252次。并与和田地区七县一市公共图书馆形成总分馆建制，各族群众在全县（市）范围内实现"一馆办证，通借通还"，满足群众的基本文化需求。

和田地区博物馆馆藏文物9553件，其中珍贵文物559件，另有约2000件文物标本，660余本古籍，近800件民俗类物，是一座综合类博物馆。2017年以来，参观游客6117批次，参观人数达到189060人次，成为和田新晋网红打卡地。2020年11月，地区博物馆获评国家4A级旅游景区。此外，地区博物馆先后成功创建自治区爱国主义教育基地、青少年科技教育基地、社会科学教育基地，成为宣传和田历史文化、进行爱国主义教育的基地和对外开放的重要文化窗口。2020年5月18日，第44个"国际博物馆日"当天，新疆维吾尔自治区文旅厅把活动主办地设在和田博物馆，自治区各地州文博系统领导齐聚和田，共同出席和迎接和田博物馆经过近一年的优化提升后的"华丽归来"，展出1300多件珍贵文物。当天举办了"致力于平等的博物馆：多元和包容"为主题的博物馆日宣传活动，推出"五星出东方利中国——和田历史文化陈列展览"。另外该馆还先后举办了"五十六个民族一家亲"摄影展、"读城——大美北京"展览等，增强了和田青少年对国家首都的认知、中华文化的认同和对民族团结进步的自信。与此同时，博物馆坚持"立足实际、面向基层、服务群众"的方针，按照"三贴近"的要求，启动了"流动博物馆"活动，将丰富的精神食粮送到最基层的农牧民群众身边，让那些身在边远乡村的农牧民群众也能在自家门前享受到历史文化大餐。2017年以来共举办流动展出197场次，观众达99334人次，较好地发挥博物馆的宣传教育功能，收到很好的社会效益。

和田影剧院成为新玉歌舞团的主要演出阵地。和田地区新玉歌舞团成立于1957年，1965年受到周恩来总理亲切接见，取"清新美玉"之意将其命名为"新玉文工团"。在60多年的光辉历程中，新玉歌舞团始终坚持"二为"方向和"双百"方针，坚持以人民为中心的创作导向，服务人民群众和经济建设。经过一代代新玉人的付出和努力，新玉歌舞团逐渐形成了以维吾尔舞蹈、民族器乐、和田地域传统艺术瑰宝"莱帕尔"见长的三大立团法宝。在第九届中国舞蹈"荷花奖"大赛中获得金奖、铜奖及最佳服装奖，曾三次受邀登上央视春晚舞台。除了开展各类大型活动丰富群众精神文化生活，该团还举办和田地区春节联欢晚会、元旦、"七一"、国庆等各类大型晚会32场，北京援助项目扶贫励志歌舞剧《买吐送的幸福生活》、续集《买吐送的故事》，以及大型歌舞专场《万方乐奏·融梦和田》等大型节目演出20余场，到和田地区七县一市和兵团第十四师团场下乡演出479场，举办禁毒晚会、教育晚会等地直行业部门晚会20余场。近年来，随着和田夜市名声越来越大，来和田旅游的人越来越多，在完成剧场演出任务的同时，新玉歌舞团还承担了每年不少于50场的和田夜市演出的任务，让旅客享受美食的同时，欣赏特色歌舞，深受旅客好评。

"走出去+请进来"深入开展京和文化交流

多年来，北京始终把文化润疆贯穿援疆工作全过程，通过开展一系列活动，进一步增进文化认同，增进各民族广泛交往、全面交流、深度交融。和田文化中心建成投入使用后，也成为京和文化交流的重要场所。依托和田文化中心，京和两地采取"走出去+请进来"的方式，深入开展各种文化交流活动，进一步凝聚民族团结向心力，铸牢中华民族共同体意识。

2017年10月，和田图书馆挂牌成为首都图书馆和田分馆，双方签订了《首都图书馆、和田地区图书馆合作共建协议书》。2018年10月和2019年7月，首都图书馆连续两年举办"京和书香　共建共享"文化志愿交流活动，精心设计文化志愿服务、地方文献及文献资源建设与服务等专题授课内容，邀请和田图书馆工作人员和志愿者现场学习，并开展了志愿服务和数据库建设等方面的经验交流与分享。2018年8月和2019年11月，首都图书馆先后组织70名文化志愿者前往和田地区图书馆开展文化援疆志愿服务，通过举办专家讲座、馆员培训、少儿活动、手语教学、经典导读、图书馆捐赠和图书加工等众多活动，提高当地图书馆馆员业务能力，为当地民众带去优质的阅读体验，为当地开展志愿服务提供经验和借鉴。此外，以首都图书馆"互阅书香"图书交换与捐赠文化志愿服务项目为平台，向社会广泛募集图书，向和田地区图书馆捐赠图书79473册。

2018年5月，国家大剧院和田实训基地在和田影剧院正式揭牌成立。当天，国家大剧院与和田地区新玉歌舞团签署了战略合作协议。国家大剧院与和田及新玉歌舞团有着长期良好合作。早在2010年，新玉歌舞团排演的大型歌舞《万方乐奏》就在国家大剧院精彩呈现；2015年10月，国家大剧院原创歌剧《冰山上的来客》在和田地区进行了两场慰问演出，特邀新玉歌舞团24名舞蹈演员联袂出演，充分体现了北京与和田地区两地文化交流合作的成果。国家大剧院和田实训基地的设立，是北京对口支援和田地区在文化援疆上的又一项成果，将为促进和田地区的文化演艺事业发展、整合当地优势演艺资源做出积极贡献，构建跨区域文化演艺战略合作机制，推动北京与和田地区文化演艺交流合作向更高水平、更深层次、更宽领域发展。自2019年起和田地区开展"我们的中国梦·中华文化耀和田"活动以来，邀请北京、天津、安徽、河南、陕西、甘肃等6个省市的艺术家来和田与新玉歌舞团同台巡回演出63场次，观众达30余万人次。通过台上台下互动、开展结对认亲、拜师学艺等活动，有效地促进了和田与内地的文化交流，让和田各族群众进一步了解中华文化的博大精深，铸牢了中华民族共同体意识。目前，新玉歌舞团已成为国家大剧院、北京演艺集团、安徽演艺集团及河南戏曲研究院等国内知名专业院团的战略合作伙伴。2021年6月和9月，由中共北京市委宣传部、中共新疆维吾尔自治区党委宣传部联合出品，北京演艺集团联合北京市援疆和田指挥部、和田地委宣传部共同制

图105 2018年10月17日，首都图书馆开展"京和书香 共建共享"文化支援活动

图106 2018年10月23日，国家大剧院，北京市援疆和田指挥部组织新玉歌舞团赴京开展文化交流演出

作，北京歌剧舞剧院、新疆新玉歌舞团共同演出的大型舞剧《五星出东方》，在北京天桥剧场举行了两轮演出。该剧以在古丝绸之路新疆和田段出土的"五星出东方利中国"汉代织锦护臂为题材，诠释了各族人民"像石榴籽一样紧紧抱在一起"，结成中华民族命运共同体的主题，是庆祝中国共产党成立100周年优秀舞台艺术作品展演剧目。

图107 北京市文物局和田文博培训基地揭牌

在和田地区博物馆建设过程中，北京市文物局一方面协调首都博物馆派出展陈工作小组，多次赴和田支援新馆建设评标工作，对和田博物馆新馆的现场空间规划和使用、展陈空间布局、公共服务设施等项目进行现场研讨论证，提出合理化意见和建议。另一方面，选派专家赴和田地区举办文化遗产保护专题培训班，通过异地交流培训，帮助新疆文博工作者开阔眼界，提升技能，为进一步做好文物保护工作打下坚实基础。2020年10月1日，北京市文物局援疆和田文博培训基地和首都博物馆和田分馆在和田博物馆挂牌成立。首都博物馆与和田地区博物馆签订两馆长期战略合作协议，推进常态化机制性人才交流、学习互鉴、文博互展。这是首都博物馆设立的首家分馆，也是北京市文物局在疆设立的唯一一家文博培训基地，将对和田地区文博事业发展、京和两地文博产业互动、和田青少年开阔文化视野、增强文化认同产生举足轻重的作用和深远影响。当天，首都博物馆经过半年策划制作的品牌展教项目"读城"在和田成功举办展览，展览持续至 2021 年 5 月份。由首博培训的和田当地文化小使者开启首场讲解，为大家介绍他们眼中的大美北京，博得观众们的阵阵掌声和交口称赞。展览从城池、四合院、中轴线三个不同的视角呈现了大美北京历史文化的不同方面，用传承美、格局美和精神美表达了大美北京的源远流长、壮美秩序和魅力神韵。而早在和田博物馆开馆当天，北京援疆和田指挥部经过前期的精心策划和组织协调，将中国摄影家协会、中国文联摄影艺术中心鼎力支持的"56 个民族全国摄影大展""全国农民第九届摄影展"参展优选的 100 余幅作品，在和田博物馆举办了"56 个民族心连心摄影展"，历时一个月，深受和田各族群众喜爱。如今，和田博物馆在加强思想文化和爱国主义宣传教育、开展文化润疆工程、充分发挥社会主义先进文化引领作用，铸牢中华民族共同体意识，实现社会稳定和长治久安方面发挥着越来越重要的作用。

文化润疆　北京担当
——"我们的中国梦·中华文化耀和田"首都文化月活动案例

文化认同是最深层次的认同，文化润疆是党中央治疆方略的重要内容。多年来，北京市在文化援疆、文化润疆、各民族交往交流交融等方面用心用情不遗余力，在和田地区和兵团第十四师，一批北京援建的文化设施成为了城市地标，助推受援地文化设施和文化服务上了一个大台阶。为了更加紧密地把北京优势与和田地区文化需求相结合，推动北京文化援疆工作更上一层楼，2019年4月、2020年10月和2021年7月，北京市援疆和田指挥部连续三年组织开展"我们的中国梦·中华文化耀和田"首都文化月活动，在和田地区和兵团第十四师260万各族群众中引起良好反响。其中，2020年首都文化月活动是北京援疆20多年来派出人数最多、持续时间最长、内容最为丰富的援疆文化活动。"十四五"期间，北京援疆将全力打造"首都文化月活动"品牌，形成北京文化润疆工程新亮点。

规模大时间长，"首都文化月"活动反响强

首都文化月活动连续三年成功举办并形成工作机制，无论是主办方还是承办方，首都还是和田的文艺工作者，基层各族群众还是众多媒体记者，均对首都文化大餐送达和田、直抵心田称赞有加。具体看，"我们的中国梦·中华文化耀和田"首都文化月系列活动呈现出以下7个方面的特点。

一是统筹策划繁杂。北京市指挥部党委充分发挥桥头堡和桥梁纽带作用，与和田地委领导做沟通交流，与北京市委宣传部及北京宣传系统多家

单位面谈达成共识。与和田地委宣传部、地区文旅局紧密对接，多次召开策划会，商议策划活动方案及细节。2020年因受疫情影响，首都文化月历经"十月怀胎"，活动时间5次做出调整，方案做了9次修订，最终形成首都文化月实施总方案及文艺演出、读城展览、书画摄影采风、读者见面会、非遗考察、宣传报道等6个分方案。

二是调动文化资源广泛。指挥部先后与北京市委宣传部、北京市文联、北京市文物局、北京演艺集团、北京市广电局、北京市文旅局、歌华传媒集团、首都博物馆等单位主要领导见面会商洽谈，为办好首都文化月和进一步做好文化援疆、文化润疆工作定下基调。北京市委宣传部及北京宣传系统多家单位政治站位高、首善意识强，均派出精兵强将，集聚首都文艺、文学、书画、摄影、群艺、非遗等文化使者赴和田撒播中华优秀传统文化种子。

三是派出阵容强大。三届首都文化月活动中，北京共派出200多名文化

图108　2020年10月11日，新疆维吾尔自治区和田地区和田市团结广场，"我们的中国梦·中华文化耀和田"首都文化月演出活动现场

艺术工作者，尤以 2020 年为甚。北京市委宣传部协调安排北京市文联、北京市文旅局、北京演艺集团等选派歌唱家、舞蹈家、演奏家、文学家、书法家、绘画家、摄影家等艺术家领衔各团队，其中不乏中央音乐学院教授博导，国家非遗传承人，国家一级演员，中央歌剧院、中国东方演艺集团、中国杂技团一线当红演员，五个一工程奖、金钟奖、荷花奖、文华奖获得者，大咖云集，群星荟萃，为和田各族人民奉上了一场又一场的视听盛宴。

四是实施内容丰富。三年中，首都文化月共开展文化交流活动近百场。2019 年在和田地区七县一市和兵团第十四师巡演 14 场，2020 年更是形成规模和体系，开展了"读城——大美北京"展览，市文联"美美与共·水城相生——北京'一核一城三带两区'"专题摄影展，3 支文艺小分队下基层演出，非遗团队考察，书画摄影采风笔会，国学讲座暨读者见面会等 6 项系列活动，共开展文艺演出 24 场，开展国学讲座暨读者交流会 3 场，书画笔会交流 4 场，非遗考察 8 场，文博及非遗座谈会 2 场。同时，援疆和田文博培训基地和首都博物馆和田分馆在和田地区博物馆揭牌。

五是活动跨度时间长。2020 年 9 月 30 日晚召开的"读城——大美北京新疆巡展研讨会"系首都文化月的序篇，10 月 1 日开幕的"读城——大美北京"展览系首都文化月的开篇，该展览在和田地区博物馆展至 2021 年 5 月再转场拉萨；"美美与共·水城相生——北京'一核一城三带两区'"专题摄影展在地区文化中心广场国庆期间展出后到七县一市巡展至 11 月 3 日；文艺演出、书画摄影采风、读者见面会、非遗考察主要集中在 10 月 10—17 日组织开展完成。

六是辐射范围宽。北京市援疆和田指挥部党委强调首都文化月要彰显首善意识，要突出基层重点，要扩大文化供给面惠及更多群众，要覆盖全地区。为此，不仅是北京对口援建的一市三县的群众受益，全地区七县一市和兵团第十四师的基层群众均享受到 8000 里外首都文艺工作者送来的文化大餐。三年来，200 余名文艺工作者满腔热忱、满怀激情奔赴各县市，进乡村、进社区、进夜市、进企业、进易地搬迁点，深入各族老百姓中间，将舞台搭建在群众家门口，广泛交往、全面交流、深度交融，将中华传统优秀文化种在群众脑海中、心坎里，直接惠及群众 4 万余人。来和田的首都艺术家们也纷纷表示，在实施文化润疆工程中，在"种"文化过程中，也被和田这片热土和淳朴善良的和田人民褒奖、激励、滋养和反哺，将创作更多、更优秀、更接地气的文艺作品回馈各族人民。

七是宣传力量强。以 2020 年为例，首都文化月活动邀请新华社、中央电视台等中央媒体及驻疆记者，北京日报、北京广播电视台等北京市属媒体，新疆日报、新疆广播电视台与和田当地媒体等 20 余家媒体及网络平台，打造央媒、京媒、疆媒、和田融媒、自媒等媒体矩阵，全方位、多角度对首都文化月各项活动和北京援疆成果进行集中宣传报道，掀起宣传推介大美和田的热潮，提高祖国大江南北对和田的关注度，扩大文化润疆、北京援疆宣传力及影响力。此外，文艺演出前夕，制作浓郁中国风的首都文化月宣传短片投放地区七县一市 20 余块户外大屏连续滚动播出一周，各县市在抖音、快手等账号上同步发布，在启动式现场团结广场周边各主干道布置首都文化月主题宣传牌 100 块，设置道旗 400 面，烘托出良好的首都文化月氛围。

拓交往深交流，文化润疆细无声

三届首都文化月活动直接惠及和田各族群众达 4 万余人次，首都文艺工作者所到之处深受当地群众欢迎。"听说他们来，我把所有的事情都推了。"27 岁的木热迪力是一名歌手，喜爱音乐的他，常常从电视上的综艺节目中学习、模仿。2020 年，来自北京演艺集团的演职人员和他所在的皮山县文工团组成文艺小分队下乡演出，让他有了零距离学习和同台合作的机会。

图 109　北京艺术家来到和田参与"我们的中国梦·中华文化耀和田"活动

首都文化月活动期间，和田的孩子们更是像过节一样喜不自胜。在和田看北京展览，亲自上阵讲解，画北京兔爷，吃北京月饼，与北京小朋友连线共度国庆中秋佳节，互送祝福和温暖。节目《美猴王》使孩子们个个都欢呼雀跃，与观众互动时，"美猴王"身后跟了一大串小粉丝、"小猴子"，演出结束后，孩子们久久不愿离去，跃跃欲试地捡起树枝，有模有样地模仿起来。在著有《沙海小球王》《红柳花开》的儿童文学作家周敏的国学讲座暨读者见面会现场，孩子们踊跃发言，普通话流畅，真情流露、直抵人心，"我要像《红柳花开》中的阿依努尔一样去北京看升国旗""我也想像穆凯代斯一样成为一名运动员"……已经5次来和田的周敏老师表示年年都会来看望这里的孩子，以他们为原型创作更多的文学作品。

北京为和田送来了"文化大餐"，和田人民也为北京的文艺工作者送上了最热切、最真挚的回馈。北京演艺集团文艺小分队领队申琦介绍，她和她的团队在一周的时间里共演出11场，却丝毫不觉得疲惫。她说，每一次演出，都让她对"促进各族群众像石榴籽一样紧紧抱在一起"这句话有了更加深刻的理解。

增认同强凝聚，绘好民族团结同心圆

最是文化润人心。在2020年召开的第三次中央新疆工作座谈会上，习近平总书记指出，要以铸牢中华民族共同体意识为主线，不断巩固各民族大团结。显然，铸牢中华民族共同体意识，最重要的实现路径就是增强新疆各族群众的"五个认同"。文化认同是最深层次的认同。增强文化认同，就要把牢正确方向，在实施文化润疆工程过程中进一步创新方式方法，让社会主义核心价值观润物无声；就要立足和田地区文化建设发展实际，促进各民族文化交流互鉴，深入挖掘爱国爱疆文化资源，保护少数民族优秀传统文化并融汇进整个中华文化之中；就要锚定铸牢中华民族共同体意识的定位，京和共同努力、协同推进，把共同体意识教育有效纳入受援地干部教育、青少年教育、社会教育，让各族人民打心眼里热爱中华文化，从血液中认同中华文化。

中华文化是56个民族融合之花。"各民族要相互了解、相互尊重、相互包容、相互欣赏、相互学习、相互帮助，像石榴籽那样紧紧抱在一起。"

新疆自古以来就是多民族聚居地区，多种文化包容互鉴、交融贯通，是中华文化不可分割的组成部分，同时丰富了中华文化的深刻内涵。而中华文化则始终是新疆各民族文化发展的深厚土壤，始终是新疆各族人民的精神家园，始终滋养着各族人民的心灵世界。做好文化润疆工程，增进文化认同，推进各民族广泛交往、全面交流、深度交融，各族人民就能抱得更紧，更能凝心聚力，进而激发出更深沉而持久的爱国爱疆之情，共创繁荣而灿烂的中华文化。而中华民族共同体意识在此过程中的强化，也必将助力提升中华文化的魅力，增进中华民族大团结，让我们复兴路上走得更自信而坚实。

文化润疆要打好北京牌。"我们的中国梦·中华文化耀和田"首都文化月活动，旨在借助北京全国文化中心艺术资源优势，进一步推进京和两地文化艺术界交往交流交融，并深入通过联合演出的形式，为和田各族群众奉献精美的文化大餐，使和田普通百姓也能在家门口欣赏到首都艺术家的精湛表演，感受中华传统文化的独特魅力，让和田群众"零距离"感受到来自首都人民的关心关爱，筑牢京和一家亲的思想根基，促进各民族像石榴籽一样紧紧抱在一起。文化是苗，发展是根，文化润疆要进一步发挥北京作为全国文化中心，作为首都集聚首善之区文化人才、文化资源和文艺创作的文化高地优势，着力推动和田地区与北京开展更高层次、更高频次、更多形式的文化交往交流交融，进一步深化文化润疆工程的形式和内容，突出北京特色，持续打造以"中华文化耀和田"首都文化月为首的文化润疆的品牌和亮点，进一步在文艺创作、文化交往交流交融、文化队伍和文化基础设施建设上加大力度，引领推动和田地区各族人民群众增进民族团结融合和中华文化认同。

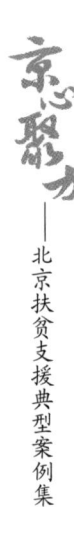

老城改造惠民生　产城融合促就业
——和田市老城区（团城）改造项目案例

和田市老城区"团城"因中心发散、街巷周边环绕而得名，其建筑布局体现了沙漠绿洲中人类与自然的协调，是新疆南疆最典型的传统民俗街区之一，民族特色风貌突出，文化魅力独特，团城"阿依旺"民居建造技术更是被录入国家级非物质文化遗产名录。以前这里的房子低矮破旧，住在这里的居民以交易鸽子、花鸟虫鱼等为生计，被人们称为"鸽子巷"。由于老城内房屋大部分以夯土、砖木结构为主，年代久远，达不到现行抗震设防要求，一旦发生自然灾害，极易诱发次生灾害。加之团城老城区水、电、气等基础设施严重滞后，环境卫生状况极差，严重制约着区域内群众生活质量的提升和城市整体协调发展。

为夯实维稳基础、消除安全隐患、改善人居环境、提升城市发展品位，"十三五"期间，和田市委、市政府对老城区（团城）进行全面改造。北京市援疆和田指挥部对团城改造高度重视，与和田市密切配合，积极探索"援疆资金＋地方政府投入资金＋居民自筹资金"模式解决资金难问题。项目总投资约3.17亿元，其中，北京援疆资金达1.53亿元。改造工程将团城片区定位为以体现传统商业居住、旅游休闲功能为主的历史风貌区、南疆旅游发展提升区和新疆长治久安旧城综合改造示范区，将改造同发展旅游、解决就业、脱贫增收紧密结合，在实施住房抗震安全改造同时，统一改造风格，与老城历史风貌保护有效结合，历史文化得到延续，打造当地民俗风情旅游精品，保障了居民的就业和生计，为当地居民的脱贫致富开辟了新道路。

"整体保护、脉络延续、功能再生、多方参与"改造模式

和田市老城区（团城）改造工程项目占地83.7公顷，共涉及3000多户居民，改造房屋总建筑面积约53万平方米。项目改造采用"整体保护、脉络延续、功能再生、多方参与"模式。

一是注重整体保护、功能再生。总体延续了原有建筑和街巷特征，保持最具原真性的传统民居区，展现和田"阿以旺"民居文化。功能规划布局了商业居住综合体、传统风貌区、民间乐器展示区、民间铜艺展示区、民间手工艺展示区、旅游服务点、民俗风情街等，组成和田团城历史风情街区，为打造和田市老城区旅游中心，挖掘提升和田地区文化品牌起到积极作用。

二是注重公众参与。充分尊重民意，依据和田市总体规划和团城片区改造规划，共改造1091户，改造方案达1000多个，坚持"一街一规划、一户一设计"，充分调动居民自拆自建积极性，对居民房屋立面及结构进行修缮、加固改造、重建、新建，保持建筑形态多样性的同时，也保持了历史的传统特色，形成了一个具有浓郁南疆风情的民间邻里、展示历史文化和风土民俗的古街。

图110 和田市团城新貌

三是注重多方协同建设。在建设过程中，政府没有大包大揽，而是采用"统一管理、自建联建、多方参与"模式。政府提供基础设施及公共配套设施建设，并整体监督施工质量，确保与（经协商达成一致的）图纸一致。住户自行建设或多户联建，政府为每户居民提供按原有房屋面积每平方米580元的建设补贴，补贴按照施工进度渐次发放。

四是注重完善基础设施。和田市老城区（团城）改造工程建设项目配套工程对主要巷道进行基础设施配套建设。通过新建道路并进行道路铺装，铺设市政给排水、电力、通信、燃气管线和安装景观路灯等，创造良好的交通条件、独特的城市格局，为进一步促进开发旅游产业奠定坚实的基础。

改造工程取得一举多得综合效益

和田市老城区（团城）改造工程是一项实实在在的"民生工程"和"民心工程"，产生了良好的社会效益，得到各级领导的肯定，也受到广大老百姓的欢迎。

一是减轻了可能发生的灾害对老城区居民生命财产安全的威胁。项目通过自拆自建结构主体方式，使老城区内居民住上了抗震安居房，提高了抗震防灾的能力。打通了救灾救援道路，外迁部分房屋建设应急疏散广场，完善部分消防设施，提升了老城区疏散救援能力。

二是老城区危旧房改造与历史风貌保护有效结合，历史文化得到延续。一对一设计和自拆自建结构主体的改造方式，完全符合居民意愿，激发了广大群众的聪明才智，有效保护了民族区域建筑风貌。

三是改善了老城区恶劣的居住环境，大大提高了居民的生活质量。改造片区通过实施供水、排水、电力、燃气、公厕、垃圾收集点等基础设施建设，居民生活条件得到根本改善，生活水平和生活质量大幅提高。

四是城市环境质量明显改善。供排水、供热、燃气、环卫等工程的建设完成，不仅使老城区域能源利用更加合理，而且使各类污染物的排放更加利于处理，真正达到了节能减排的目的，改善了城市环境质量，取得了较好的社会效益和环境效益。

五是保障了居民的就业和生计。团城改造受益人群3000多户1.5万人，其中贫困户约900户4000人。以一期为例，平均每户建筑面积约220平方米，其中商铺面积约85平方米，居住面积约135平方米，建安成本按1200元每平方米，总投入约为26.4万元，其中政府补助约8.2万元，居民自筹18.4万元。商铺每年租金收入约5万元，为居民脱贫致富开辟了道路。

六是促进了社会稳定和民族和谐。项目的实施体现了党和国家对新疆的关怀，深得和田市各族人民的支持和拥护，在改善民生中凝聚了人心，是富民兴疆铸牢中华民族共同体意识的生动体现。

团城成为和田"城市会客厅"和"网红打卡地"

2018年，和田市团城改造一期工程投入使用，当年就接待游客9万人，让许多居民吃上了"旅游饭"，2019年成功创建为国家3A级景区。2020年，和田市委、市政府不断加强团城景区基础设施建设，按照国家4A级景区评定标准不断补短板、强弱项，完善景区服务功能，优化景区旅游环境，提高景区管理水平，提升景区生态质量，使景区综合服务水平不断提升，成功从国家3A级景区升级为4A景区。2021年底，新疆维吾尔自治区第一批旅游休闲街区名单公布，和田市团城榜上有名。团城已经成为和田的"城市会客厅"。

图111 和田市团城街巷新貌

旅游业的发展也带动当地居民过上了幸福好生活。2016年，阿米娜·吉力力200平方米的老房子被列入团城第一批老城改造项目，在政府的帮助下，阿米娜家昔日的平房变成了小洋楼，走进她家，仿佛置身于一座小花园，巨大的葡萄架上挂满串串葡萄，古老与现代完美结合的"阿依旺"特色民居建筑风格，使她家变成了民俗街主干道上最显眼的民宿景点。"2021年靠这5间民宿我收入了10万多块钱。"阿米娜·吉力力无比自豪地说。

如今，曾经"脏乱差"的团城已经成为和田市亮丽的城市名片，营业商铺达300余间，独特的维吾尔族传统民居、各色店铺、手工艺制作品、传统民俗等尽在其中。改造后的团城不仅旧城变花园，还成为和田市的颜值担当，成为南疆一条亮丽的风景线。2020年"十一"期间，和田共接待游客55.71万人次，团城成为新的"网红打卡地"。下一步，和田市将继续加强景区环境和服务质量的管理，提高景观质量，不断增强景区竞争力，将团城打造成为独具和田民族特色和文化魅力的历史街区、5A级旅游景区与区域旅游结合提升区、新疆长治久安旧城综改示范区。

让"三江源"生态旅游品牌响亮世界
——北京助力玉树打造高端旅游目的地案例

青海省玉树州地处三江源国家公园核心区,作为全国乃至亚洲重要的生态安全屏障,这里生态地位的特殊性、重要性,已不仅仅是停留在保护冰川雪山、湖泊湿地等源头地区生态系统的层面,以生态保护优先为前提,发挥玉树旅游资源优势,让更多人领略新玉树的美丽已成为玉树旅游人的目标。2010年青海玉树地震以来10年间,玉树坚持以生态保护优先的理念,大力发展文化旅游产业,把生态旅游资源优势转换为经济发展优势,一个集生态体验、环境教育、科学考察、研学旅行等为一体的文化旅游集散地正在形成。2018年,北京首旅集团与玉树州旅游局共同出资成立了玉树州京玉旅游发展有限公司,结合当地特色旅游资源,借助北京资源优势,开发了自驾、漂流、骑马、深度民俗体验等文旅活动产品,提升了玉树文旅品牌,创造了较好的经济效益。

"一条龙"培育玉树高端旅游业发展

深入实地调研,开发高端定制特种自驾游线路。为了验证玉树自驾游线路的合理性,考察自驾环线上旅游基础设施建设情况,体验玉树的自然风光和人文风貌,提升玉树地区旅游知名度,2018年11月27日—12月8日,京玉旅游发展有限公司和青海旅投自驾车旅游营地开发有限公司举办了"三江之源 圣洁玉树"高端定制特种自驾游线路考察活动。邀请到青海省内知名旅行社12家、国内知名户外媒体4家及纪录片拍摄团队,共56人参与,出动越野车及户外功能性车辆共计17辆。本次活动从旅游产品研

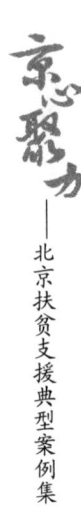

发、旅游基础设施摸底、旅游宣传推广三个方面深入推进,通过邀请省内外旅行社、媒体全程参与体验并拍摄《情满玉树》专题纪录片和踩线活动宣传片,打出了玉树地区旅游宣传推广的组合拳;通过组织参与者进行徒步捡垃圾、公益捐赠、寻访体验牧民生活、祭拜三江源等活动,完成了"旅游+环保、旅游+公益、旅游+扶贫"的旅游融合发展模式的构建。

着眼整体布局,加快玉树州旅游基础设施提档升级。通过开展自驾踩线活动,充分考察了沿途旅游基础设施建设情况,在国道214、上巴塘、囊谦、治多、宗国寺、三江源等自驾沿线主要节点处,规划建设旅游公厕25个、停车场6个、垃圾点26个、景点及道路标识牌9个,通过资源整合和资金投入,进一步完善玉树地区旅游基础设施建设,完善旅游功能配套,提升玉树整体旅游服务能力和形象。

开展当地旅游从业人员培训,提高旅游接待和管理能力。京玉旅游公司组织玉树州市县旅游从业人员共计60人,赴西宁开展了为期11天的旅游从业人员培训。重点针对旅游从业人员业务知识、服务观念、旅游意识及职业道德等几个主要方面,邀请多名专家进行了系统化的培训和讲解。通过培训活动,直接提升了州旅游从业人员的业务能力。今后京玉旅游公司将形成常态化业务培训机制,不断加强玉树地区旅游从业人员素质能力,逐步在"软件"方面提升玉树地区旅游配套服务能力。

采用"聘用+培养"的方式,促进周边困难群体就业增收。玉树是歌舞之乡,文化底蕴浓厚,具备发展文化演艺产业的基础。针对当地群众普遍能歌善舞的特点,京玉旅游公司于2019年初在玉树困难群体中挑选并聘用了一批年轻人,成立舞蹈团,聘请专业的舞蹈教练进行了系统深入的舞蹈培训。公司通过自编自导融入藏族传统而特有的卓舞、伊舞、热巴、弹唱等舞蹈元素,编排了一套文艺演出节目,先后多次为国家、省、州、市及各地到访游客进行了文艺表演,反响良好。舞蹈团也在不断壮大,除舞蹈演员外还聘用了歌手、乐器演奏等人员,团队现已发展到近30人。

建设"京玉1号"巴塘房车营地,增强自驾游配套保障。为了进一步完善玉树地区自驾游服务体系,增加玉树市区周边自驾游配套保障,提升区域自驾游业务接待能力,结合玉树市周边实际情况,京玉旅游公司在玉树市巴塘乡巴吉村通过土地流转租赁的方式,建设了"京玉1号"巴塘房车营地。一期营地占地约20亩,以大型户外宴会帐篷、集装箱酒店、移动

图 112 玉树农牧民以民族歌舞欢迎远方游客

式及拖挂式房车、小帐篷群等为主要设施，集餐饮、住宿、婚庆、会务会展于一体，同时能接纳 500 名游客。由于营地驻地临近玉树机场，能够借助机场客源实现游客导流，在游客到达玉树后，可成为首要观光留宿点，亦可与青海旅投玉树公司位于结古镇东风村的自驾车营地大本营形成互相接应的自驾体系。2019 年 7 月初"京玉 1 号"巴塘房车营地营业以来，凭借良好的设施配套及服务环境，到访游客络绎不绝，更承办了第四届西北音乐节玉树民歌邀请赛、2019 年全国航拍大赛、多家大型企业年庆活动等大型活动，已初具影响力。

图 113 "京玉 1 号"巴塘房车营地

多渠道宣传推介玉树文化旅游品牌形象

为了充分展示和宣传玉树地区的生态文化旅游资源,"十三五"期间,北京援青指挥部设立文化旅游宣传推介专项资金,在北京等地举办文化旅游宣传活动,开展系列的专题推介、玉树特色产品展示活动,向外界推介玉树文化、旅游产品,有力促进了玉树文化旅游产业的发展。

一是组织北京优秀企业参加"青洽会"、"康巴艺术节"(云南迪庆州、四川甘孜州、青海玉树州和西藏昌都地区共同举办的区域性艺术节)、玉树"赛马会"等活动,邀请玉树优秀企业参加北京文博会、北京国际旅游博览会等,为玉树的旅游文化资源与北京相关企业有机对接做好服务。比如,2016年以来,在北京市相关部门的大力支持下,玉树每年组团参加北京国际旅游博览会,通过单独设置展台或展厅、播放玉树宣传片、举行民族歌舞展演、发布精品旅游路线、与知名旅游企业签订合作协议等全面展示推介玉树旅游资源。其中,2018年参会期间还举办了"玉树1+99生态旅游高峰论坛";2018年底还在北京举办了"青海玉树北京首届国际健康旅游博览会",发布了青海玉树7条深度自驾线路和十二大生态文化旅游节庆活动及10项优惠政策。

图114 玉树州在京举办旅游推介活动

二是协助组织开展体育旅游活动推介玉树旅游形象。比如,2018年,协调北京近100家旅行社、旅游企业和新闻媒体参加"CHINA100山地越野系列赛（青海玉树）健力多 RUN2442 第三极黄金挑战赛"（"健力多 RUN2442 酷跑长江，探索无限"项活动之一）。该活动从江苏启东长江入海口出发，途经长江沿线 11 省市区，在终点青海玉树特意设置一场 50 千米个人越野赛——"CHINA100 山地越野系列赛（青海玉树）健力多 RUN2442 第三极黄金挑战赛"作为收官赛事，再次展示了"三江之源 圣洁玉树"的生态文化形象。

三是协助支持玉树开发航空专项旅游。在 2017 年 3 月协调首都航空开通"北京—西宁—玉树"高原航线、架起玉树与首都之间的"天路"之后，进一步谋划开发玉树直升机旅游和通用航空业务。2019 年 9 月，在北京扶贫支援办的积极协调下，北京空行飞天航空服务有限公司、首都国际机场、国投太平洋有限公司、国际旅行社（北京）有限公司、中国摄影家协会等在玉树州召开了"助力玉树专项旅游，完善产业链发展"文化旅游发展调研座谈会，北京空行飞天航空服务有限公司拟引入空客 AS350B3 型直升机，开通玉树至西宁、"一地三寺"、"二环"景区的交通及空客游览服务，支持玉树文化旅游升档升级、快速发展。同时，围绕空客游览线路，开辟玉树文化、自然风光、野生动植物专项摄影项目，形成吃、住、行、游、购、娱等相关服务的专项旅游服务产业链，带动所在地牧民经济收入结构的改变，助力牧民脱贫增收。

用好生态这个最大优势推进旅游业可持续发展

习近平总书记 2021 年 6 月在青海考察时强调，"保护好青海生态环境，是'国之大者'。要牢固树立绿水青山就是金山银山理念，切实保护好地球第三极生态"。可以说，青海最大的价值在生态、最大的责任在生态、最大的潜力也在生态。我国第一个国家公园——三江源国家公园覆盖玉树州全境，根据国家相关规定，国家公园一般控制区将对旅游者公众开放。地处三江源的玉树，生态旅游资源具有唯一性、不可复制性的特点。面对高质量发展的新要求，旅游业是能推动玉树可持续发展的潜力产业，是能调动全州人民积极性的幸福产业，是能体现玉树竞争实力的优势产业，是能赢得玉树未来的希望产业。为此，玉树提出构建"12345"（即"一核、两环、三带、四廊道、五目的地"）旅游产业规划布局，探索"1＋99"生态旅游发展新模式（即"1%的利用换取99%的保护"），以户外拓展、生态体验、环境教育、科考探险、体育竞赛、民俗风情、草原观光、休闲度假为主题，打造三江源国家公园第三极生态旅游品牌。

青海玉树地震后10年来，北京援青为玉树旅游基础设施建设、景区景点打造、品牌形象宣传等方面做出了积极贡献，让这座曾经"养在深闺人未识"的高原之城逐渐向世人展现出它的独特生态文化之美。接下来，北京将继续发挥旅游规划建设管理培训等智力资源密集、旅游企业和旅客资源丰富、高端宣传展示平台众多等优势，与青海省和玉树州携手前行，进一步完善玉树生态文化旅游基础设施，提升游客旅游体验度，打响玉树旅游品牌，让玉树生态优势得到最大发挥，打造国家"两山"实践创新基地。

智力帮扶篇

习近平总书记强调，"扶贫必扶智，治贫先治愚"，北京扶贫支援工作带给受援地的不仅是资金、项目、产品采购等大量有形的物质帮助，还包括新思想、新理念、新方法等无形援助，也就是智力帮扶。脱贫攻坚时期，北京派出各类干部人才8115人次，培训受援地各类人员25万多人次，为受援地全面脱贫提供了重要支撑。

智力帮扶篇

发挥专业优势　创新智力支援
——北京援藏团队实施分领域"小组团"援建案例

2019年是北京第八、九批援藏干部的轮换之年，北京市按照"最急需、最优先"的原则，严格按照拉萨市提出的人选岗位、职责分工、工作经历、学历专业、年龄限制选派干部，确保人选的精准性、保证岗位的匹配度。坚持好中选优、优中选强，配备党政干部49人，教师、医生、企业管理人员等专业技术人才108人，共计157人。北京援藏指挥部根据本批干部的人员特点、人才结构，针对当地的实际情况和阶段需求，总结"组团式"教

图115　北京援藏干部团队参加植树造林活动

育、医疗援藏的成功经验，创新实施"分领域小组团人才援建"，为新时期智力援藏工作注入新活力。

发挥优势成立多个领域"小组团"

创新开展"政务"组团式援藏。成立"政务"小组团，按照拉萨市改革发展需要，在住建、信息化等领域，探索开展"政务"组团式援藏。除选派相应的处级干部担任局领导班子成员外，为相应委办局增加一名专业技术干部，切实补强了相关委办局的人才和技术短板，增强了专业领域的业务水平。通过对当地专业技术人才骨干开展业务培训、"师傅带徒弟"等形式，受援单位普遍反映，相关专业领域的工作水平取得较大提升，为今后开展专业化工作打下良好的基础。

创新开展城市规划建设组团援藏工作。成立"规建管"小组团，积极推动拉萨市城市规划建设管理工作通过"一评、三化、一审"来强化规范，确立拉萨市城乡规划建设和城市风貌委员会机制。一评即相关领域专家参与项目评估，发挥专业技术支撑作用，把好质量关。三化即把专家评估时提出的意见建议细化、量化、图化。一审即市直各职能部门、各级行政主责部门建立联审机制，从教育、消防、垃圾处理、社区管理等多个方面，按照国家相关政策的要求，从定量、定性两个方面，拿出市、区（县）共同认定的、核定的书面意见。积极推动拉萨市城市规划建设管理项目评估审查强化科学决策、民主决策、依法决策，强化国家政策刚性，突出行政主责担当，通过梳理政策、完善标准、优化设计，形成规范，提升品位，把城市规划蓝图变为促进城市高质量发展可落地项目，规避行业风险，提升城市规划管理水平，为拉萨市千年文化古城的城市风貌增添时代的风采。

创新开展信息化组团援藏工作。成立"信息化"小组团，按照拉萨市"信息化领域弯道超车"的构想，利用北京优势资源，重点在政府信息化平台建设、信息化处理和应用等方面发力，扎实推进智慧城市建设。在制度支撑方面，紧扣拉萨的特殊市情、发展实际和条件基础，充分借鉴北京市经验做法，组织拟制了《政府投资信息化项目管理暂行办法》，协调北京市经信局为拉萨有关单位提供数据资源管理、信息共享机制、政务云建设运维、公共图像视频管理应用等方面的制度规定和标准规范，邀请多名北京

图116　北京援藏干部开展城市规划建设管理专题培训

专家分领域开展业务指导和咨询服务。在资金支撑方面，针对拉萨强基补短的急需，充分利用北京援藏资金渠道，组织申报了拉萨信息安全服务中心软硬件建设、北京拉萨信息系统交流学习、多业务赴京培训等援藏项目，为成规模铺开信息化领域对口支援工作提供必要资金支持。在人才支撑方面，面对拉萨籍大学毕业生就业难、拉萨本地信息技术企业招工难的"两难"现状，借力北京人才高地资源优势，联合北京专业院校、拉萨信息技术培训机构和本地信息技术企业，共同推进拉萨籍大学毕业生信息化岗前培训体系建设，为本地培养实用、管用、好用的一线信息技术人才，实现政府、企业和个人三方共赢。

干部人才援藏合力显著增强

通过实施"分领域小组团人才援建"，强化对分管领域工作质量提升和对分管科室人员能力提升，北京第九批援藏干部充分发挥经验优势和政策优势，较快熟悉工作并进入角色，努力为拉萨市"两区两县"谋划蓝图、促进拉萨市经济社会平稳健康发展提供智力支援。

援藏干部内部形成了新合力。通过开展"政务"组团式援藏工作，选拔优秀的专业领域骨干人才，援藏团队的专业技术能力大大加强，而且在一个个"小组团"内部援藏干部之间形成了新的合力,改变了过去单打独斗的局面,为更有针对性、专业化地实施援藏工作奠定了坚实的基础。

推动了拉萨市城市规划、信息化建设工作上台阶。通过开展"规管建""信息化"组团式援藏工作,拉萨市在城市规划和信息化建设上有了较大程度的提升,平台建设和人才队伍培养都取得了较大的进展,为形成科学的城市规划和管理体系奠定了坚实的基础。

北京援藏各部门形成了新合力。通过开展"政务"组团式援藏工作,北京市援藏各成员单位加强了人员的统筹使用和配置,针对拉萨市下一步经济社会发展需要解决的问题选派干部、形成组团,从而在北京市援藏各成员单位之间形成了新的合力。

从"组团式"到"小组团"的再创新

"组团式"对口支援是北京市首创的一个工作品牌。多年来,北京市"组团式"教育、医疗对口支援模式在提升受援地教育和医疗水平、培养培育专业人才等方面取得了明显成效,得到了中央、受援地政府和当地干部群众的认可。开展"小组团"援藏是深入学习贯彻习近平总书记关于援藏工作的重要指示精神,落实新时代党的治藏方略,借鉴教育、医疗"组团式"援藏工作经验,推进干部人才援藏工作的再创新,是丰富援藏内涵、提升援藏成效的重要举措。

"小组团"对口支援首先借鉴了"组团式"教育、医疗支援模式的系统性和专业性特点,变"单一支持"为"系统支撑"、"单打独斗"为"团队作战";增强了干部人才支援的专业性,结合工作需要和援藏干部人才特点特长,通过优化组合、高位嫁接等不同方式,形成众多"小组团",大大增强了对受援地专业人才需求的支撑;另外还有两个新的特点:一是针对性,"小组团"援藏以产业园区、城市建设、信息化等为抓手,有针对性地帮助西藏解决支柱产业、重要领域、关键技术告示方面的突出短板,着力提高对口支援工作综合效益;二是灵活性,通过柔性机制、短期援派、结合专技人才轮换调整等方式组建"小组团",采取短小精专的组团方式,为受援地重点工作和突出短板精准释放大能量。

自2019年中央组织部部署开展"小组团"援藏探索两年来,各对口支援省市纷纷发挥人才资源优势，围绕产业发展、园区建设、乡村振兴、城市规划等领域组建了众多"小组团"，在推进西藏高质量发展中发挥了积极作用。进一步推进完善"小组团"援藏工作，一方面要摸清需求、找准靶向，主动与受援地相关部门对接，摸清症结所在、需求所在；另一方面要精选人才，按照专业对口、业务对路、工作对接的原则，确保把最优秀、最能干、最肯干的干部人才选拔过来；同时，针对"小组团"人才特点，进一步健全完善体制机制，增强集成性、配套性，加强管理，做好服务，最大限度发挥"小组团"援藏效应。

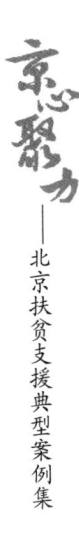

以"党建"带"队建"促援建
——北京援青团队建设案例

自2010年北京对口支援青海玉树以来,北京援青团队(北京青海玉树指挥部)在高寒缺氧、地震多发的艰苦条件下,认真落实中央和北京市对口支援工作要求,加大精准扶贫力度,拓展合作交流领域,创新对口支援机制,充分展示了援青干部"缺氧不缺精神、艰苦不怕吃苦、守纪不碰红线、实干不讲空话"的精神风貌,赢得了当地领导和干部群众的一致好评。特别是第三批北京援青团队深入贯彻中央扶贫攻坚决策部署,精准聚焦玉树发展需求,努力开创打造"'党建'带'队建'促援建"的北京援青模式,助推玉树发展越来越好,人民生活越来越好。

图117 第三批北京援青干部人才到玉树州抗震救灾纪念馆参观学习

党建统领援建，强化和谐团队建设

与前两批相比，第三批北京援青团队的选派方式、人员结构、总体规模均有变化，加之对口支援青海玉树工作涉及面广、任务量大、参与单位多，为此，指挥部创新了"党建"带"队建"促援建的模式，不断强化管理教育服务，建设坚强和谐团队。

一是着力健全党的基层组织。首先是坚持从严治党。第三批北京援青团队到玉树的第二天，就及时召开全体会议，以援青团队4个小组为基础，成立指挥部党委和4个党支部，并创新成立中直机关党支部，并入指挥部党委统一管理，实现了"团队援建一体化"。其次是创新"'党建'带'队建'促援建"的北京援青模式。全面加强指挥部党委和所属4个支部的思想建设、组织建设、作风建设、反腐倡廉建设和制度建设，积极发挥指挥部党委领导核心作用和4个支部的战斗堡垒作用，实现了党委对援青团队和援青工作全过程、全方位的领导和管理。再次是以党建统领和谐团队建设。深入开展"两学一做"学习教育，认真落实"三会一课"制度，做到党建工作年度有计划、活动有方案、过程有检查、业绩有考核，积极发挥中央重视的政策优势、央地协同的团队优势、首善之区的资源优势和专技队伍的人才优势，全力打造富有凝聚力、创造力、战斗力、影响力的坚强团队。

二是立规明矩严格管理执纪。健全完善《党委工作规则》《"三重一大"决策制度》《请假考勤管理办法》等20余项规章制度，确保团队建设和各项援青工作有章可依、规范有序；严格执行各项规章制度，特别是在请销假制度上，严格审批程序和权限，无论因公因私离开玉树，都要在指挥部备案，在岗率、在高原率与年终考核和各种评优相结合；要求所有援青干部自觉遵守团队的管理规定，比如援青干部一律不许开车，严禁酗酒，保持24小时通信畅通，每晚9时前逐级报平安等；严格监督检查，特别注重对援青干部生活圈、工作圈和交际圈的管理监督，落实谈心谈话和思想汇报制度，党委委员、支部委员带头廉洁自律、带头严守纪律、带头接受监督，营造了风清气正的良好氛围。

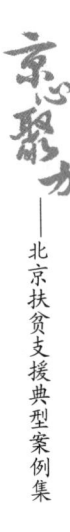

牢记援青使命，全面融入玉树发展

一是牢记职责使命。为推进玉树经济发展，促进玉树社会稳定，增进民族团结，2016年7月以来，北京青海玉树指挥部采取草地上重温入党誓词、帐篷里聆听党课等多种形式，多次召开援青干部工作会议，就援青工作理念、工作定位、工作方法、工作要求进行广泛动员和具体部署，教育引导全体援青干部切实认清自身肩负的职责和使命，履职尽责，用心用情，真正把玉树当作自己的家乡来建设，把援青工作当作事业来谋划，切实增强使命感和责任感。

二是强化有效衔接。第三批北京援青团队到玉树后，迅速与受援单位进行了组织关系对接和工作职责对接，快速投入各自任职岗位，进入工作状态；指挥部多次召开会议学习了解援建政策和项目管理规范，深入实地考察援建项目，整合前两批援建已有的、北京市和国家机关现有的、青海与玉树本地的相关资源，做好在建项目监管和新增项目规划；通过各方面的有效对接，实现了换人不断工作，确保了援青工作的连续性。

三是全面融入玉树。首先是在思想上融入，认真组织学习中央的新精神、新要求，认真研读北京市、青海省各级党委政府的相关文件，切实把思想统一到各级党委、政府的决策部署上来，自觉克服首都干部的优越感，主动增强援青工作的责任感，以高度的政治自觉和行动自觉融入各项援青工作中。其次是在工作上融入，主动适应语言不通、习惯不同、观念滞后、规范欠缺、基础薄弱等工作挑战，深入牧区，调研了解社情民意，虚心向当地干部群众学习，学习藏区工作方法，以主动乐观的心态尽快熟悉业务、适应环境、迅速进入角色。再次是在生活上融入，积极克服高寒缺氧、地震多发、物质匮乏、远离家人、健康受损等生活困难，自觉遵守民族宗教民俗，在吃、住、行等方面坚持与当地干部群众同甘共苦，积极适应个人家庭生活向援青集体生活、都市现代生活向藏区艰苦生活的转变，赢得了当地干部群众的尊重和支持。

聚焦精准脱贫，扎实开展各项工作

2016—2019年，第三批北京援青干部团队深入牧区、医院和学校，累计投入对口支援资金 10.6 亿元，先后实施各类项目 165 个，帮助玉树新建农牧民住房、医院、卫生院、学校、幼儿园、养老院等，圆满完成了 81 个贫困村退出、8.6 万建档立卡贫困人口脱贫的任务。援青干部积极融入、主动作为、敢于担当，援青工作成效显著。

脱贫攻坚是"十三五"期间重大的民生工程。全体干部始终把精准扶贫、精准脱贫摆在突出位置，把对口支援和玉树脱贫攻坚紧密结合，聚力精准援建，取得了良好的阶段性成效。

一是聚焦精准扶贫，助力脱贫攻坚。北京作为支援方，肩负着助推玉树脱贫的共同责任。指挥部紧紧围绕扶贫攻坚大局，实施精准扶贫项目 22 个，扶贫资金 1.69 亿元，间接助推 20 个贫困村 1.9 万贫困人口实现脱贫。坚持把解决当地困难群众最热切期盼的问题作为对口支援的重中之重，让玉树各族群众深刻感受到祖国大家庭和北京的温暖。实施囊谦县、称多县老城区市政基础设施改造项目，支持玉树市平价粮油蔬菜配送及销售供应，方便群众生产生活；在杂多县、曲麻莱县实施边界特困农牧民危房改造项目，解决了 600 多户 2000 余人的住房安全问题；在治多县等偏远地区扩大实施牧户太阳能照明项目，惠及 8 乡 18 村农牧民，当地群众高兴地称之为"眼睛工程"。特别是 2016 年 10 月杂多县发生 6.2 级地震时，北京市第一时间伸出援助之手，拨付抗震救灾资金，帮助当地政府稳定灾民恐慌情绪，体现了北京对玉树、对受灾贫困群众的深情厚谊。

二是改善教育医疗条件，增强教育医疗精准扶贫力度。提升上巴塘附属小学、杂多县二完小等 8 所中小学 3534 名师生教学和生活条件；开展 17 所幼儿园的学前教育科学保教项目，为全州 2850 名幼儿创造良好的学习环境；增加玉树高中异地办班数量，资助 1520 名贫困学生实现异地上学。支持妇幼保健和计划生育服务中心设备购置，开展儿童先天性心脏病治疗及乙肝、结核、包虫病等重大传染病和地方病防控，惠及全州近 2.5 万贫困人口、近 3 万名妇女的医疗安全。北京医疗团队开展"组团式"帮扶，精湛的医术和真情的服务，得到当地老百姓的赞许。利用玉树特有资源，发展特色产业项目，扶持全州 12 家龙头企业、47 家中小微企业，打造科技含量高的玉树特色品牌，解决了 1300 余人的就业。设立农牧业合作社发展专项资金，支持贫困村农牧业合作社项目，实现产业援助带动脱贫、长期扶贫见成效的目标。

三是深化交流合作，增进民族团结共融。北京援青团队积极促进各民族交往交流交融，在社会各界组织开展"结对子、走亲戚、交朋友、手拉手"等活动，把对口支援工作打造成民族团结工程，促进了民族地区经济社会全面发展。多次组织干部、教师、文艺工作者、宗教人士与北京交往交流；邀请北京优秀企业参加青洽会，组织玉树企业参加北京市特色产品展销会，玉树农副产品、民族手工艺品深受京城百姓欢迎。

四是实施人才扶贫，增强发展内生动力。通过人才智力援青，引导玉树依靠自身努力改变贫困落后面貌，增加长远发展的自我造血能力，实现永久脱贫。开设党政干部培训班、"三基"干部学院，为当地培养管理人才；培训市政运营管理人员、农牧科技人才，增加玉树专业技术人员储备；支持玉树州开设"干部人才大讲堂"，实施"千人培训"工程，更新理念，开阔视野；协调清华大学、北京大学及北京市属四所高校帮助玉树培养高端专业人才；从北京选派医疗团队和教育团队直接参与工作，为玉树州医疗和教育提供全方位系统化的帮扶。

坚守首善标准，切实提升工作水平

北京青海玉树指挥部党委将持续深化"'党建'带'队建'促援建"的援青模式，坚持首善标准，努力开拓创新，彰显四种作用、五个转变、六化格局，不断提升援建品质。

彰显四种作用首先体现为参谋助手作用，援青干部做到"尽职不缺位、到位不越位、帮忙不添乱、补台不拆台"；其次为引领带动作用，推动藏区干部职工和牧民群众的思想解放、观念更新，激发脱贫致富内生动力；再次是桥梁纽带作用，促成北京市的六城区与玉树州的一市五县形成结对帮扶关系，实现携手合作共赢；最后是标杆示范作用，树立爱民亲民、爱岗敬业、吃苦奉献的良好形象。

第三批北京援青团队工作期间还实现了五个转变，第一是实现从"北京恩人"向"北京亲人"的转变，呈现藏汉一家、共融发展的新局面；第二是实现从硬件配套向软件提升的转变，呈现发展环境优化、产业提档升级的新局面；第三是实现从"交钥匙"向"交支票"的转变，呈现良性循环、科学发展新局面；第四是实现从"有限输血"向"无限造血"的转变，呈现聚焦发展需求、激发内生动力的新局面；第五是实现从单向受援走向双向受益的转变，呈现交往交流、合作共赢的新局面。

通过援青干部的努力，北京对口支援玉树形成了六化格局，第一是聚焦重点地域脱贫攻坚，确保"项目援建精准化"；第二是发挥教育团队整体优势，形成"教育援建系统化"；第三是依托医疗援青成功案例，助推"医疗援建品牌化"；第四是完善干部人才培养机制，促进"智力援建专业化"；第五是整合援助主体优势资源，促进"社会帮扶多元化"；第六是加强文化领域交流合作，推动"文化援建特色化"。

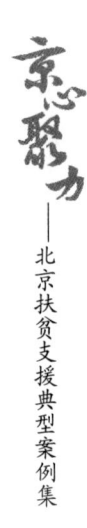

培养全面推进乡村振兴的先锋
——北京援建青海玉树州基层干部学院案例

2016年，青海省玉树州抓好北京对口支援契机，着眼维护藏区稳定、助推脱贫攻坚、提升干部能力素质，成立玉树州"三基"干部学院（后正式命名为玉树州基层干部学院），计划用3—4年时间，在州县两级培养1000名基层干部，充实到村"两委"班子当中，加强村一级工作力量。在2018年结束的全州村（社区）"两委"班子换届中，共选用"三基"学员166名，占总数的47%，其中州"三基"学员44名，市县"三基"学员122名，选任为党支部书记的19名，村（居）委会主任的15名，支部委员95名，村（居）委会委员71名。如今，玉树州基层干部学院已成为培养推进乡村振兴和基层社会治理先锋的摇篮。

图118 玉树基层干部学院培训学员

深化人才智力支持，为玉树实现良性循环发展提供保障

基层干部断层断线，"两委"班子履职尽责不到位，村社党员干部理想信念不坚定、文化素质偏低……多年来，这些问题成了制约青海玉树脱贫发展，甚至影响党执政基础的重要问题。授人以鱼不如授人以渔。北京青海玉树指挥部认识到，输血总是暂时的，无法解决根本问题，造血才是最重要的，扶贫先扶志，第一步就要培养致富带头人。

2016 年，在北京青海玉树指挥部的帮助和支持下，玉树州委贯彻落实青海省委关于"三基"（基层组织、基础工作、基本能力）建设的战略部署，出台了《关于实施千名基层后备干部培养培训工程的意见》。同年9月，玉树州基层干部学院成立，面向全州选拔 30 岁以下、具有高中学历、思想上积极要求进步的牧民人才。玉树州计划利用 3 年的时间，培养 1000 名左右"听党话、跟党走、有本领、敢担当、能干事"的村社后备干部，作为脱贫攻坚的"领头人"和凝聚人心、夯实基础的"领路人"。

加强组织资金保障，培养又红又专的基层干部队伍

2016 年，玉树州基层干部学院成立了由玉树州委副书记为院长，州委组织部、州委党校主要负责人为副院长的院领导班子，制定千名基层干部培养培训意见及实施细则。村级后备干部每期学制 2 年，每年安排半年集中授课、外出考察，半年实践锻炼、远程教育，统一颁发州内视同大专学历的结业证书。

北京对口支援连续三年每年专门安排 500 万元资金支持基层干部学院建设发展，投资开发州县党校多媒体教学系统，筹措资金给州县党校配备培训专用大巴车，州县两级统筹资金 3 年累计投入 2000 余万元；编印学习教材，统一定制民族服、作训服和西服三套校服，定制学习生活用品，发放误工补贴。建立由州委党校、州八一职校教师为主，组织、社保、民政、扶贫、农牧等部门单位领导及科室负责人为辅，优秀乡镇党委书记和村党支部书记、村长为补充的基层干部学院师资库。

玉树基层干部学院所有学员在培训期间衣食住行，均由学院负责。学

员都是从各个村选拔出的青年骨干,他们在这里接受教育,包括党的路线方针政策、基础文化知识、财务知识、计算机、公文写作等实用技能,还要挂职锻炼。学成后,他们将充实到基层中去。

针对该州实际,学院自主开设了思想政治、语文数学、法律知识、农牧科技和日常电脑办公、简单财会等15种科目。注重理想信念教育和党性教育,凸显玉树基层干部学院"精神氧吧"和"党性熔炉"的本色。2年制学业中,共设立15门课程,累计学时达660小时,设立党性教育课程占总课程的40%以上。

坚持"走出去和请进来"相结合,赴延安干部学院、井冈山、海北州"两弹一星"教育基地、中央民族干部学院、内蒙古鄂尔多斯开展现场观摩教学。该学院老师介绍,在基层干部学院中党员占了绝大部分,只要是党员学员,在当地就能起到非常好的引领作用,无论是精准扶贫、政策宣传,还是民族团结等都起到了示范作用。

强化挂职实践、精细考核,提高后备干部实践能力

玉树基层干部学院采取挂职的方式,选聘村级后备干部担任村党支部副书记、村委会主任助理等方式,主动让学员参与和承担村务工作,提高实践能力。实行"一人一档",将基层干部的基本情况、专业特长、培养锻炼期间的工作小结、民主评议等情况整理归档,建立基层干部档案库。实行学业总体考核评价打分制度,考核评价结果作为后备干部选拔使用的重要依据。

2018年9月,玉树基层干部学院培养的第一批村级后备干部毕业奔赴各岗位,为玉树全州的村"两委"班子注入了新鲜血液。2019年初,玉树基层干部学院的第一批350位学员中,已有166人充实到村(社区)"两委"班子中,其中,被选任为党支部书记的有19名、村(居)委会主任15名,支部委员95名、村(居)委会委员71名。

昂旺索南来自囊谦县着晓乡的一个叫优永村的贫困村,他是玉树州基层干部学院的第一批学员之一。作为村里学历最高的党员,昂旺索南在来到学院之前,只接受过初中教育。"见识更多了,对党也有了更新、更深刻的认识。"昂旺索南表示,两年的学习生活充实而快乐。2017年,他成了村

里的支部委员,"宣讲政策,开展生态保护和精准扶贫,甚至是村里要搞一个合作社(主要做藏药),我都能发挥作用"。

藏族传统文化一向重视领头人,因此,在农牧区抓好基层尤为关键。像昂旺索南这样的带头人还有很多。曲麻莱县基层干部学员才丁加回到村里后,积极向贫困群众传达有关精准扶贫文件会议精神,帮助农牧民贫困户发挥对生产生活的主观能动性,改变贫穷懒惰不主动、不思进取等靠要的保守落后思想,调动农牧民贫困户的生产生活积极性,实现了从"要我脱贫"到"我要脱贫"的主观思想转变。在新一届村级换届中,才丁加被选拔为村委会主任,通过他的宣传教育、政策引导,全村贫困群众看到了脱贫希望、学到了脱贫知识、鼓足了脱贫勇气,树立了脱贫信心。玉树市扎西大同村的后备干部江加多杰,主动帮助村党支部建立健全各项规章制度,严格规范落实党内组织生活,提高基层党员的党性意识,激发基层党员参与脱贫攻坚、助推脱贫攻坚的积极性和主动性。扎西大同村是玉树州第一批率先完成任务的脱贫摘帽村,村集体经济收入285万元,人均收入6500元。江加多杰在换届中顺利进入了村支部班子。

把基层干部学院打造成藏区基层干部培训的新阵地、新摇篮,为打赢打好脱贫攻坚战和全面推进乡村振兴提供坚实的人才组织保障,是北京青海玉树指挥部与玉树州委的新目标。自基层干部学院成立以来,北京对口支援通过连续三年每年提供500万元专项资金以及帮助联络师资、总结经验等多种形式,保障学院良好运行和提级升档,为全青海省乃至整个涉藏地区提供了可复制的有益经验,走出了基层干部教育培训的"玉树路径"。

就业帮扶篇

习近平总书记强调,"一人就业,全家脱贫,增加就业是最有效直接的脱贫方式"。"十三五"期间,北京市通过项目带动、产业促进就业、建设扶贫车间、公益岗位补助等多种方式,引导就近就地就业、进京就业和其他地区就业等多管齐下,助力受援地区约30万人实现就业,有力促进了贫困人口脱贫增收。

打造脱贫温暖家园　促进在京稳定就业
——东城区建立"在京务工人员之家"帮扶就业案例

2018年9月19日,东城区人力社保局旗下的职业能力建设指导中心(简称职建中心)建立北京市首家"对口帮扶地区在京务工人员之家",以精准帮扶贫困人口为导向,以解决在京务工中遇到的痛点难点问题为目标,提供"职业介绍、技能提升、劳动维权"三项服务,建立"一库""一册""一专线""一平台"的"四个一"工作模式,全面助力稳定就业,持续增收。2019年,东城区"对口帮扶地区在京务工人员之家"入选"全国人社扶贫典型事例"。

专班"成员"打配合,多个维度搭平台

近年来,东城区人力资源和社会保障局不断深化开展各种形式适合农民工的技能培训、岗位招聘服务,推进与对口帮扶地区的技能扶贫与劳务协作。东城区人力资源和社会保障局特别成立了工作专班,成员包括就业促进科、劳动保障监察队、劳动争议仲裁院、人力资源公共服务中心等部门,通过搭建平台、交流互动、共享资源等5个方面的配合来开展就业帮扶工作。

针对来京务工人员的求职、就业"轨迹",工作专班成员还兼顾咨询业务的功能,结合在京务工人员在人力社保方面的关注焦点与频发问题,组织相关部门集中力量通过专课讲解、专家"会诊"、专题咨询等形式,开展人力社保法律、法规、政策的宣传普及与个性解答,通过正面疏导有效缓

解矛盾，提升在京工作生活的自我维权意识和保障能力。

图 119　2018 年 9 月 19 日，东城区"在京务工人员之家"揭牌

"定制化"服务，精准化帮扶

作为集培训、就业、维权等人力社保职能于一体的综合服务平台，东城区"务工人员之家"建立了"一库、一册、一专线、一平台"的"四个一"工作模式，其中，"一平台"即管理服务平台——建立内部运行响应机制，设计了运转高效的接待服务流程，充分调动就业促进科、劳动保障监察队、劳动争议仲裁院、人力资源公共服务中心等各职能部门力量，全力做好服务，确保每个帮扶需求事事有回音、件件有落实。

在提升农民工就业能力方面，职建中心还推出了各有侧重的"组合拳"。

首先是分类施策。职建中心将辖区内 40 家职业技能培训机构、培训专业、课程进行分类梳理，对应不同的服务对象与就业群体，着力打造农民工培训创新课程体系与模式。面对农民工进京就业的不同特点，指导培训

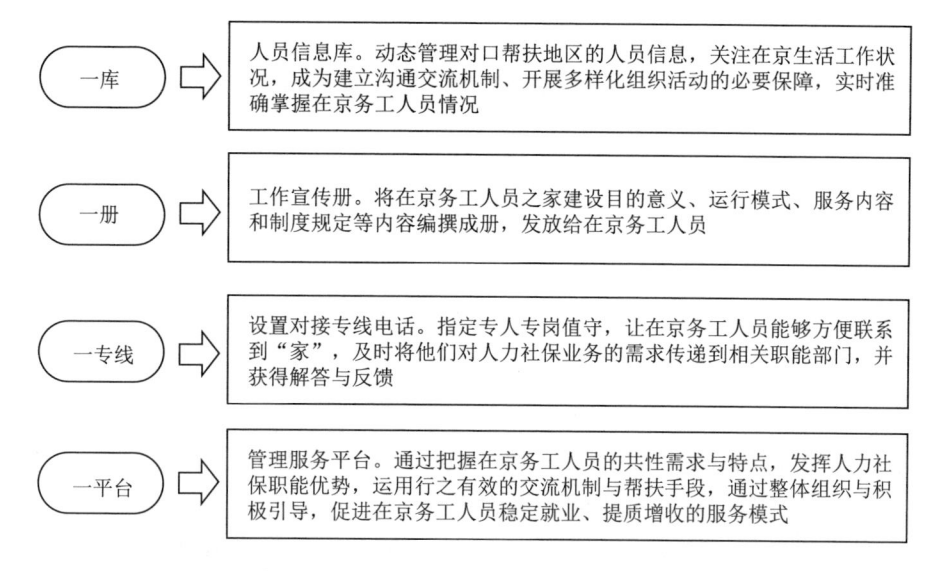

一库	⇨	人员信息库。动态管理对口帮扶地区的人员信息,关注在京生活工作状况,成为建立沟通交流机制、开展多样化组织活动的必要保障,实时准确掌握在京务工人员情况
一册	⇨	工作宣传册。将在京务工人员之家建设目的意义、运行模式、服务内容和制度规定等内容编撰成册,发放给在京务工人员
一专线	⇨	设置对接专线电话。指定专人专岗值守,让在京务工人员能够方便联系到"家",及时将他们对人力社保业务的需求传递到相关职能部门,并获得解答与反馈
一平台	⇨	管理服务平台。通过把握在京务工人员的共性需求与特点,发挥人力社保职能优势,运用行之有效的交流机制与帮扶手段,通过整体组织与积极引导,促进在京务工人员稳定就业、提质增收的服务模式

图 120 东城区"务工人员之家"的"四个一"工作模式图

机构给予分类施策。如刚刚进京务工人员需要快速掌握某项技能,推荐如家政服务、护理、酒店服务等培训时间短、就业空间较大的专业进行培训;对于具有一定学历的务工人员,推荐到智能楼宇、专业维修等技术要求较强的学校参加培训。

其次是精准提升。职建中心组织多种形式的职业技能培训与竞赛,有针对性地提升农民工就业竞争力与稳定性,尤其在家政服务、养老护理、育婴、锁具修理、中烹中面、保健按摩及建筑机械操作等适合农民工就业的专业上,指导辖区培训机构开设课程,并与相关城乡、建工、家政、养老等用工企业对接,提升务工人员的就业能力。

再次是联动机制。职建中心坚持与就业服务相关部门保持高效联动。一方面对于有就业需求的农民工推荐优质、适合的培训资源,通过提升技能扩大自身的就业选择,有效地提升了个体就业成功匹配率;另一方面在技能培训过程中深层次开展职业指导,向他们有针对性地提供就业岗位,以岗技联动的模式促进他们快速实现就业。近年来,经过职业技能培训实现就业的农民工年均 4000 余人。

"请进来+走出去"扩大服务受益群体

职建中心的工作不限于东城区辖区内,与受援地区实时信息对接、精准跨省帮扶的工作也在逐步推进中。中心将北京的技能培训优质师资与岗位信息带到当地，先后与各受援地区开展技能扶贫培训，让当地劳动力能够走出家门，实现就业脱贫。

2019年1月10日，东城区—化德县人力社保局建档立卡贫困人员养老服务专业职业技能培训班在京开班，职建中心为来自受援地的7名建档立卡人员进行为期9天的专班授课。此次培训由受援地内蒙古化德县人保局组织当地建档立卡人员，东城区人力资源和社会保障局通过辖区定点培训机构优质资源实施培训，派遣干部全程陪同，确保培训质量并提供组织保障工作。来京培训时有职建中心在生活、上课方面的"全包圆"服务，回到老家就能带着新加身的技能上岗，这样贴心又到位的帮扶让学员们点赞。

未来，东城区将继续做实做细在京务工人员之家，立足本职、热情服务、完善制度、总结经验，进一步扩大服务覆盖面，帮助在京务工人员解决实际困难，让在京务工的兄弟姐妹们有"家"可回、有"家"可依，成为他们在北京的温馨家园和坚强后盾。

"设站布点"精准帮扶
——朝阳区开展劳务协作对口帮扶案例

河北省阳原县曾是国家级深度贫困县,长期以来受工作实际所限,就业脱贫工作面临瓶颈。"十三五"时期,像阳原县这样的结对帮扶贫困地区,朝阳区对口河北、新疆、内蒙古三省区的5个县和新疆生产建设兵团第14师47团,总贫困人口达到了18万人。这些贫困地区除了贫困规模大、程度深,经济发展能力弱之外,还受资金、人员、地域等限制,在就业脱贫工作中普遍存在着就业帮扶难以深入乡村、无法对贫困劳动力提供精准服务等问题。为了打通就业扶贫的"最后一公里",2018年,朝阳区出台《关于进一步加强劳务协作扶贫工作的若干措施》,一举出台了建立劳务协作帮扶工作站、支持开发公益性就业岗位、加大就业服务力度、支持致富带头人创业、加大职业技能培训、鼓励建设劳务实训基地等6项创新举措,涵盖了队伍建设、就业帮扶、技能培训等多个方面,每年支出1000余万元劳务协作专项经费,从根本上解决了一直困扰受援地就业培训工作的瓶颈问题,推动劳务协作扶贫由大水漫灌式向精准滴灌式转变,取得了良好成效。2020年,北京市朝阳区荣膺"全国人社扶贫优秀成果"。

共建帮扶工作站,让就业扶贫入乡入村

为破解对贫困地区的就业帮扶难以"入乡入村"这一瓶颈,2018年,朝阳区与阳原县劳务协作帮扶工作站正式设立,阳原县、朝阳区共同安排专人负责,统筹两地劳务协作帮扶工作,并在乡村设点,开展劳务协作工作。在工作站统领下,按照"1村1人"的比例,阳原县的每个村也都设立

了就业扶贫公益性专岗，摸清本村建档立卡贫困劳动力的就业失业状况，掌握就业、技能培训需求，并按照工作站的要求跟踪提供就业、技能培训帮扶，由朝阳区给予岗位补贴。

"一站多点"的设置，真正把政策和服务送到了建档立卡贫困劳动力的手中。在此模式下，阳原县每个村的扶贫工作者都有了自己的微信群，定期把北京和本地的就业政策、就业岗位发送到村里每个人的手中，也同时把劳动力的就业意愿和培训需求收集上来，反馈到朝阳区和阳原县人力社保部门，通过建立"需求清单、供给清单、责任清单、效果清单"，真正做到了精准帮扶。

图121　朝阳区在唐县组织就业扶贫培训班

在阳原县取得经验后，朝阳区在其他结对贫困地区均建立了就业帮扶工作站，每年每个工作站给予20万—40万元的工作经费，确保就业服务真正入村入户。同时动员社会力量进站开展就业服务，年均为贫困地区提供就业岗位万余个。

从就业到创业，劳务实训基地培训不断升级

为了强化精准培训，朝阳区通过劳务协作工作站指导受援地龙头企业、

职业技术学校创建了 11 个劳务实训基地，并在区内培训学校中择优创建了 7 个劳务实训基地，采取当地机构集中培、实训基地实训培等方式，为受援地贫困劳动力提供技能培训和实操训练的平台。

唐县王京镇东建阳村村民郭敏卿，之前在唐县实训基地接受月嫂培训。除此之外，郭敏卿和她的同学们也学习护理老人，并参加保育培训。培训后，她到北京工作，月工资 5000 元。

图 122　朝阳区纪委监委驻区人力社保局纪检监察组联合区人力社保局
在河北省阳原县进村入户检查贫困人员劳务技能培训开展情况

来自内蒙古卓资县旗下营青山村的王小青，因为家里孩子生病，生活十分困难，2019 年 3 月在卓资职业中学通过培训后，他成为内蒙古卓越高新材料有限公司一名操作工，现在他每月就能收入 5000 元。

家政服务培训、电焊工操作等培训只是朝阳区在贫困地区开展精准培训的缩影，熏鸡制作、中餐烹饪、种植养殖、手工编织、电子商务等一系列适合当地、适合市场需求的培训也在如火如荼地开展。

麦麦提图尔荪·麦提尼亚孜是新疆墨玉县其纳农牧林农民专业合作社法定代表人，他的合作社主要生产经营葡萄干，有员工 33 人，其中 22 人为建档立卡贫困劳动力。2019 年，麦麦提图尔荪·麦提尼亚孜参加了朝阳区人力资源和社会保障局开展的致富带头人培训。培训结束回村后，他结合在北京学习的技能和经验，建设标准葡萄干加工包装车间，在合作社里成立玉赫葡萄农家乐，实现产游一体化，同时辐射带动周边4个村。麦麦提图尔荪·麦提尼亚孜还向各个村传授技术、管理、培训方面的经验，带领村民脱贫致富。

"走得出、回得去"，贫困地区就业选择多元化

"设站布点"让朝阳区更充分地了解了贫困劳动力真实的需求和现状，就业服务更加精准。针对易于转移的劳动力，朝阳区通过定期输送岗位、开展招聘活动等方式促进其转移就业。2018年以来，朝阳区已与受援地联合开展招聘活动30余场，通过网络平台和现场招聘累计提供就业岗位10万余个。

来自河北省保定市唐县的齐铁虎，对大城市很向往，但是又怕自己无法适应大城市的生活和工作，迟迟不敢走出来。2018年，他通过朝阳区在唐县举办的专场招聘会，顺利地来到了北京，成为中通快递的一名快递员。他来北京后的第一个月工资就有足足6000元。

然而，对更多的贫困地区劳动力来说，转移就业未必是他们最优的选择。大多数建档立卡贫困劳动力年龄偏大、技能水平不高、转移就业困难。针对这一现状，朝阳区"双管齐下"促进就地就业：一方面大力推动和引进相关产业，带动一部分劳动力就业；另一方面联合当地开发公益性就业岗位，对大龄和就业困难人员进行兜底安置。通过分门别类的精准帮扶，推动了就近就地精准就业。

阿米娜·吾序麦提是新疆墨玉县一名异地搬迁户，两个孩子都在上小学，全家的生活都靠阿米娜·吾序麦提一个人的收入维持。通过公益性岗位扶贫项目，阿米娜·吾序麦提在墨玉县第一小学从事保洁工作，月均收入近2000元。和她境况相似的如克耶·阿卜杜哈里克则选择在社区从事保洁工作，这样她既能获得每月2000元左右的收入维持全家四口的生活，还能在工作的同时照顾还未上小学的小儿子。公益性岗位开发，将输血变成了造血，极大地激发了脱贫的内生动力。2020年，朝阳区人力资源和社会保障局在墨玉县加大公益性岗位开发力度，大力开发生态护林、保洁、环

境保护、道路养护等公益性岗位，同时将公益性岗位补贴人数由原来的500人增加至1000人，重点安置就业困难的大龄贫困劳动力，促进当地劳动力就近就地就业。

精细帮扶巩固脱贫成果，助力乡村振兴开好局

2021年是"十四五"开局之年，也是实施乡村振兴的第一年，为切实做好巩固拓展脱贫攻坚成果同乡村振兴有效衔接的各项工作，朝阳区组织专人到内蒙古卓资县、察右后旗、科左后旗三地进行实地调研，了解当地劳务协作帮扶工作站运转情况和就业服务工作开展情况，结合当地劳动力就业能力不足、岗位资源有限、职业指导服务能力偏弱等问题，开出了"长效帮扶、信息共享、平台搭建、服务支持"的"新药方"，分别与卓资县、察右后旗、科左后旗签订《劳务协作就业服务协议》，健全两地就业服务机构常态化交流机制，计划由朝阳区公服中心每年向当地输送优质就业岗位信息不少于1万个，举办专场招聘活动不少于1场，提供就业指导手册不少于500册，不断挖掘和发挥两地人力资源、岗位资源互补优势，围绕"对口帮扶，优势互补，共同发展"的工作目标积极开展就业帮扶工作。

为提升当地就业服务水平，朝阳区将近年来个人在京成功就业典型案例、求职过程中需要了解的基本知识、实现就业的优势等内容精细编制成就业指导手册，向对口帮扶地区进行发放，通过真实案例引导当地劳动力转变就业观念，鼓励劳动力就近就地和外出就业。同时在朝阳区人力资源公共服务中心设立"务工之家"，主要服务于在京务工劳动力，由专人为他们提供就业政策咨询、劳动维权咨询、职业介绍、职业指导等服务，让他们在京也能感受到家的温暖。

一人就业，全家脱贫，增加就业是最有效、最直接的脱贫方式，也是打赢脱贫攻坚战的重要举措。但由于北京产业结构与对口帮扶地区人才技能匹配程度差，再加上"十三五"期间北京加大了非首都功能疏解力度，开展东西部扶贫劳务协作难度较大。在这种情况下，作为北京经济和就业大区，朝阳区围绕"实现精准对接、促进稳定就业"的目标，不断健全劳务协作机制、政策措施，通过实施"设站布点"精准帮扶，真正把政策和服务送到了建档立卡贫困劳动力的手中，实现了从"大水漫灌"到"精准

滴灌"的转变，走出了"精准施策、精准培训、精准就业、精准扶贫"的"朝阳精准帮扶模式"，为促进北京对口帮扶地区劳务就业和打赢脱贫攻坚战做出了重要贡献。在助力对口帮扶地区实现乡村振兴过程中，朝阳区的经验做法仍值得借鉴。

社会帮扶篇

习近平总书记强调,"扶贫开发是全党全社会的共同责任,要动员和凝聚全社会力量广泛参与"。脱贫攻坚期间,北京市创新打造社会各界参与扶贫支援工作的平台,推动社会资源供给和扶贫需求有效对接;发挥枢纽型社会组织作用,积极完善动员社会组织参与脱贫攻坚机制,广泛动员各类社会组织、各种社会力量参与到受援地脱贫攻坚战中。2018年以来,参与脱贫攻坚的北京市区两级社会组织近3000家,开展项目3500余个,总计投入20余亿元。

免费学、包就业、助脱贫
——北京商鲲教育控股集团扶贫案例

北京商鲲教育控股集团（简称"商鲲教育集团"）始创于2006年，作为一家民营教育企业，始终坚持民营企业要讲政治、要有家国情怀、要有社会担当的理念，积极响应党和国家精准扶贫的号召，按照《北京市工商联全面推进扶贫协作三年行动计划》安排，结合自身实际，开展了一系列卓有成效的扶贫工作。为切实参与精准扶贫的国家战略，商鲲教育集团抽调精兵强将成立了扶贫办，以"职教扶贫、精神扶贫、捐赠扶贫、就业扶贫"等为抓手，在全国特别是北京市对口帮扶的贫困地区，实施多种帮扶模式。为强化责任落实，确保真扶贫、扶真贫，商鲲教育集团将北京市对口的7省区扶贫责任分解到集团各高管，每位领导对接一个省区，每名经理负责一个县，每个团队管理一个项目，并把帮扶工作列入集团扶贫工作考核目标，为开展好扶贫工作奠定了坚实的领导基础和组织基础。截至2019年12月，集团已累计为全国建档立卡贫困户子女3200人免学费、专业技能费共计640万元，为13200户贫困家庭子女减免专业技能费792万元。商鲲教育集团还与北京市对口帮扶县、市、区的36所中高职院校签订了职教扶贫协议，累计为贫困地区、贫困户、贫困学生修建基础设施、捐款捐物、减免学费1.7亿多元。

发挥资源优势，积极实施职教扶贫

商鲲教育集团专注职业教育服务，在北京有2所中职、1所高职，17个校区，在校人数突破3万人；京外8所中职、1所高职，合作办学中高职院校 2000 多所，全国登记在册学生 15 万人，是北京市社会责任百强企业、北京市高新技术企业、全国就业与社会保障先进单位、全国脱贫攻坚奖（奉献奖）获奖单位。

职业教育是教育扶贫的排头兵，是见效最快、成效最显著的扶贫方式。商鲲教育集团党委书记、董事长潘和永先生积极响应党中央的号召，充分发挥集团从事职业教育的自身优势，广泛开展智力（教育）扶贫，在全国首先提出"培养一个学生、提供一个岗位、改变一个家庭"的新扶贫理念，并联合中国扶贫开发协会，北京市及全国各省扶贫办，全国各级工、青、妇等群团组织和各类央企、国企，面向全国困难家庭孩子，特别是建档立卡贫困户家庭孩子开展"万人免费上大学包就业教育扶贫工程"。

"万人免费上大学包就业教育扶贫工程"的帮扶对象是全国各贫困地区贫困家庭学生（初中或高中毕业生），对于建档立卡贫困户的初中毕业生全免费就读五年制大专，高中毕业生全免费就读三年制大专，到商鲲教育集团旗下北京中高职院校各校区和全国中高职院校就读期间全免费，学杂费、住宿费，包括餐费全部免除，每生每年学费及其他费用 1.5 万元左右，五年或三年费用合计 7.5 万元或 4.5 万元全免。毕业后发放国家统招大专学历，包就业。学生可以就读高铁服务与管理、城市轨道交通运营与管理、铁道供电与信号、无人机技术、3D 打印技术、人工智能技术应用、计算机互联网、新能源汽车、学前教育、护理、航空服务、会计（银行事务）、客户信息服务、武警消防、烹饪等数十个就业前景好的专业。

图 123　商鲲教育集团密云校区为 2018 级新生进行礼仪培训

发挥师资优势，全面践行精神扶贫

人生应有理想，为人应有梦想，对于贫困者而言，树立信心、敢于追梦至关重要。实践告诉我们，相当一部分贫困者首先是精神贫困，他们对改变生活现状往往缺乏信心，没有远大理想，也缺乏必要的信念与决心。鉴于此，商鲲教育集团充分发挥教育资源丰厚、育人教书能力强的优势，全面开展精神扶贫，逐步改变着一个个贫困者的精神家园。

商鲲教育集团整合校内外的优质师资和教育场所，把励志教育、红色教育、感恩教育作为教育培训的内容，开展"自强做人、自立做事、讲诚信、懂感恩"大讲堂，为北京对口扶贫县平均每年开展三次励志教育、智力脱贫讲座。同时，针对贫困地区人口法律观念淡薄、缺乏法律知识的情况，商鲲教育集团利用其合作伙伴每年到对口帮扶贫困县开展两次普法教育讲座。截至 2019 年 10 月，集团感恩教育团队足迹遍布近 200 所合作学校，共举办了 200 多期培训班，培训学员 5 万多人次，行程 34 万多公里，帮助众多贫困者树立正确的人生观，增强他们脱贫致富的信心与决心。

发挥体量优势，务实开展捐赠扶贫

近几年来，商鲲教育集团充分发挥体量大的优势，务实开展捐赠扶贫。截至 2019 年 10 月，共捐赠学生学习用品、课桌椅、高低床等物资 7000 多件（套）；捐赠衣物 3000 多件（套）；为 13200 名贫困学生免除全部学费及减免 30% 专业技能费 792 万元；为 3200 名建档立卡贫困户子女免除全部学费、专业技能费 640 万元；向地震、旱涝灾区捐款 260 余万元；向儿童福利院及失学儿童捐款 160 余万元。初步统计，近年来，商鲲教育集团共为贫困地区、困难群众、贫困学生捐款捐物、减免学费价值 1.7 亿多元。

2018 年 11 月，为解决北京东城区对口帮扶的河北张家口市崇礼区群众土豆滞销困难，集团上下齐行动，人人献爱心，短短两天就认购爱心土豆 100 吨，不仅有效缓解了崇礼百姓的燃眉之急，让他们过上一个"温暖"的冬天，也成功帮助东城和崇礼之间打通了一条扶贫帮困的蔬菜通道。2019 年春节前夕，商鲲教育集团出资 5 万元用于东城区对口帮扶的内蒙古阿尔山市党群服务中心建设,捐款 5 万元为南里社区居民修建了车棚,向东花市街道捐款 5 万元开展扶贫帮困,与王建生、马建华等 5 户贫困户结成帮扶对子,并多次开展慰问活动。

发挥渠道优势,努力实现就业扶贫

一切教育的终端都要围绕着就业,脱离了就业的教育都是失败的教育。贫困者能否拥有一份适应社会需求的稳定工作,对永久脱贫至关重要。在帮助学员掌握专业技能的基础上,商鲲教育集团还为学员做了一件大实事——包就业。

商鲲教育集团对扶贫地区建档立卡贫困户中具有劳动能力的人员及其他重点帮扶对象,在农闲时间开展养老、家政、安保等专业的技能培训,想方设法把他们安排在北京、天津等一线城市就业,还提供一年的就业跟踪服务;对建档立卡的贫困户子女,集团优先录用,并提供食宿。截至 2019 年 10 月,已在集团安置贫困子女 83 人,在全国共安置贫困就业人员 43500 名。

此外,商鲲教育集团与北京市扶贫支援办、北京市工商联达成战略合作协议,在北京市对口帮扶县市的中高职院校中建设"商鲲教育培训基地",为更多的建档立卡贫困户提供优质的职业教育和就业机会,以提升当地就业脱贫水平,让扶贫教育泽及更多家庭。

图 124　2020 年 5 月 22 日,内蒙古自治区扶贫办与北京市扶贫支援办、北京商鲲教育控股集团有限公司签署三方协议,共同启动贫困家庭孩子免费上大学、包就业行动

实现乡村振兴，职业教育任重道远

职教一人，就业一人，脱贫一家。"十三五"时期，我国职业教育在服务脱贫攻坚中发挥了重要作用。门槛更低、成本更小、就业通道更为直接的职业教育，不仅点亮了贫困家庭子女的人生梦想，也阻断了贫困代际传递，改写了贫困家庭的命运。近年来，职业教育不断敞开大门，让一批又一批贫困学子"进得去、上得起、学得好、有出路"，助力他们战胜贫困。

商鲲教育集团作为一家民营教育企业，把职业教育扶贫作为义不容辞的责任，对来自全国的建档立卡贫困户子女全部免学费并包就业，让众多贫困家庭子女实现了梦想、改变了家庭境况，为脱贫攻坚做出了重要贡献。脱贫攻坚取得胜利后，我国三农工作重心转移到全面推进乡村振兴上。乡村振兴，人才是关键，培养一大批适合农村需要的实用人才，职业教育机构重任在肩。希望商鲲教育集团及更多的职业教育机构，积极发挥优势，勇担社会责任，继续在全面实现乡村振兴中大显身手。

"体教扶贫" 开创社会帮扶新领域
——北京 "姚基金" 公益基金会扶贫案例

习近平总书记指出:"体育强则中国强,国运兴则体育兴。加快建设体育强国,就要把握体育强国梦与中国梦息息相关的定位,让体育为社会提供强大正能量。"随着国家对乡村地区教育事业的不断加大投入,乡村地区学校的硬件水平逐步提升,基础文化课程教学也日臻完善。然而,根据普查数据显示,乡村地区学校普遍存在专业师资不足、教师结构性短缺的现象,尤其是缺少体育教师,影响乡村地区孩子们身心健康成长。

2018年,北京姚基金公益基金会在北京市民政局登记成立,基金会积极响应脱贫攻坚、精准扶贫、体教融合的号召以及北京市东西部帮扶协作倡议,践行社会责任,将发展青少年体育教育作为着力点,不断增强对北京市对口帮扶的新疆、西藏、内蒙古、河北等省区的体育教育支持力度。

开启公益教育扶贫新模式

姚基金主要项目包括希望小学建设、希望小学篮球季、慈善赛以及乡村体育师资培养"星空计划"。其中希望小学篮球季通过专业的志愿者支教、体育课教授、篮球训练、集训及联赛等形式,让更多的乡村学生因体育而获得成长。帮扶计划借助地方青基会、团委体系,自上而下地进入支教学校中,配备硬件设施和志愿者师资。在开展县、市、省级比赛基础上,还有全国集训、联赛、嘉年华等丰富的篮球活动。

该项目每年都会为学校派一名支教志愿者,同时也加强对本地师资的能力提升,通过对校长、本校体育老师(兼职代课)的培训和激励,提升

图 125　2019 年 8 月 16 日，2019 姚基金希望小学篮球季集训及联赛（全国）闭幕式暨表演赛在贵州铜仁圆满落幕

学校体育教学和管理水平。同时鼓励志愿者对本地教师"传帮带"，加强本校体育师资能力建设，让更多乡村学校的兼职体育老师也实现会上、敢上、上得好体育课。

截至 2020 年，姚基金捐建的希望学校已达 27 所，希望小学篮球季活动已连续举办 9 届，与全国 10 余所高等院校合作，累计派出 2672 人次支教志愿者，在全国 29 个省市自治区的 1000 余所学校开展体育支教、篮球培训、集训联赛等活动，同时提供篮球器材、运动装备等硬件支持，组织了 6000 余场比赛，近 137.5 万人次乡村地区青少年从中获益。包括北京扶贫支援地区青海省玉树州，内蒙古自治区赤峰市、兴安盟、乌兰察布市，河北省张家口市，湖北省十堰市等地的乡村学校，通过篮球季等项目获得持续资助。2020 年，姚基金聘请的讲师从课程计划制订、小篮球训练实践、小篮球规则、赛事组织安排等多个方面，为张家口市 4 个县区的 20 个村级小学及全市各县区俱乐部教练员、裁判员共 50 余人进行了培训。受训学员接下来将在项目学校发挥所学，补充学校体育工作。

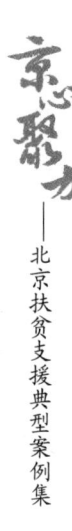

参与北京对口帮扶地区乡村体育教育

脱贫攻坚收官之年的 2020 年，姚基金与北京市东城区政府正式签署战略合作协议，在东城区对口帮扶的内蒙古化德县、阿尔山市及河北省崇礼区三地全部乡村小学开展体育帮扶计划。

帮扶计划充分发挥了姚基金的资源整合优势，一方面联合高校派出志愿者支教，另一方面邀请顶级体育师范院校师资加入"志愿导师团"，通过理论教学结合现场示范，将"名师、名校、名帅、名品、名课"送入帮扶乡村小学，全面提升乡村小学体育工作队伍业务能力。

图 126　2020 年 6 月 17 日，北京市东城区人民政府与姚基金公益基金会召开战略合作座谈会并签署协议

一是培养体育师资，为乡村孩子点亮星空。2020 年 8 月 9 日，姚基金乡村体育师资培养"星空计划"三期在内蒙古阿尔山市举行。全国体育教育方面的顶级教授、专家及国家级篮球裁判会聚阿尔山，针对东城区帮扶地区特点，制定有针对性的课程体系，向学员们传授小篮球、花式跳绳、足球教学、趣味田径、民族特色项目等趣味实践课程及理论知识。本次课程共计培训崇礼区、化德县、阿尔山市共 60 人，有效提升了乡村地区学校校长对体育的重视程度和校园体育教育的管理能力，有效地提升了乡村学校兼职代课体育老师的业务水平和教学能力，让更多数学、语文老师也可

以相对专业地教授体育课程。

二是支持大学生专业支教，补充乡村体育师资力量。姚基金联合内蒙古集宁师范学院体育学院、井冈山大学体育学院、华中师范大学体育学院，招募、培训、选拔了13名体育教育专业在校大学生，在崇礼区、化德县、阿尔山市13所学校，开展体育教育支教帮扶工作。支教期间志愿者根据学校体育课程开展的实际情况，按照"教会、勤练、常赛"的要求，组建校篮球队并带队训练。

三是捐赠体育器材，保障体育活动开展。姚基金向提供支教支持的13所学校捐赠了小篮架、小篮球、篮球服等装备；向15个非中心校捐赠了体育器材包（内含32种器材和1套专业体育教材），公益价值超过50万元，助力各小学体育教育发展，让孩子们能乐享运动。

实施"百校体育扶贫计划"

2019年，姚基金携手中国人寿开展"百校体育扶贫计划"，由中国人寿统筹利用全集团的业务、投资、平台等资源，借助姚基金专业的篮球培训优势，将中国人寿对口支持的广西天等县和龙州县、湖北郧西县和丹江口

图127 2020年10月30日，"中国人寿·姚基金百校体育扶贫计划"
体育器材包捐赠仪式在青海省玉树藏族自治州治多县吉尕小学举行

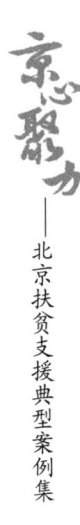

市作为体育扶贫计划试点，通过捐赠运动器材装备、选派志愿者支教、开展专业篮球集训和联赛，以及现场观看篮球世界杯赛事等，致力于改善贫困地区体育教育资源缺失现状。截至 2020 年 10 月，该计划惠及 188 所贫困乡村学校，累计受益师生 18.7 万人次。

2020 年"百校计划"的实施范围在原有基础上延伸覆盖至内蒙古乌兰察布市察右后旗，以及国家深度贫困地区"三区三州"等贫困地区的乡村学校，进一步拓展、丰富扶贫工作的形式、载体与内涵，惠及更多乡村贫困地区青少年。通过"百校体育扶贫计划"，帮助贫困地区的孩子们参与投身各项体育活动中来，开阔视野，增长见识，同时还激发了他们积极向上的学习热情和努力奋斗的青春梦想。

乡村振兴需要社会组织广泛参与

在助力受援地区打赢脱贫攻坚战中，北京市于 2018 年出台《关于广泛动员社会组织参与脱贫攻坚和精准救助的指导意见》，号召社会组织积极参与脱贫攻坚。全市广大社会组织积极响应，踊跃投入到脱贫攻坚当中。教育扶贫是脱贫攻坚的重要内容，体育设施和师资缺乏是我国广大乡村学校的普遍现象，北京市东城区与姚基金签订合作协议，整合各方资源，形成"扶贫＋公益＋品牌＋组织"的协同优势，一方面通过捐赠为广大贫困地区乡村学校补上体育设施短板，另一方面通过专业技术人才的支持，着力解决乡村地区体育师资不足的问题，是政府搭建"大扶贫"格局开展教育帮扶的有益尝试，而姚基金项目也因其独有的解决方向和社会影响力，荣获了包括"中华慈善奖"在内的众多政府、媒体奖项。希望更多力量参与进来，推动该项目越办越好，在助力乡村振兴中发挥更大作用。

千里之外　北京有爱
——和田孩子与"北京爸爸北京妈妈"结对认亲活动案例

习近平总书记在第三次中央新疆工作座谈会上指出,"要促进各民族广泛交往、全面交流、深度交融"。在中央民族工作会议上进一步强调,"必须促进各民族广泛交往交流交融,促进各民族在理想、信念、情感、文化上的团结统一,守望相助、手足情深"。为加强北京与和田两地交往交流交融,促进各民族团结融合,同时解决受援地贫困孩子生活困难问题,北京市援疆和田指挥部、北京团市委共同组织发起了"我在北京有个家"北京爸爸北京妈妈结对认亲活动,并将其打造成"京和一家亲"交往交流交融品牌活动。

结对认亲,建立定期帮扶机制

"我在北京有个家"北京爸爸北京妈妈结对认亲活动,通过开展"希望之星1+1一家亲活动"落实帮扶内容,每名捐方每年为结对孩子捐助2000元,即通过1+5的方式来表达和实现:1000元爱心资助款,加上另外价值1000元的5份礼物,这五份礼物是:9月新学期开学的学习用品、11月的御寒衣服、1月的新年福袋、"六一"的礼物、7月暑假的文体用品;同时与结对孩子建立日常联络机制,每月至少通一次电话或写一封信,并创造机会邀请结对孩子去北京家庭团聚。另外,捐方还积极动员其他社会力量帮助和田孩子。

"我在北京有个家"北京爸爸北京妈妈结对认亲活动是一项开展长期帮

扶的大型开放式公益活动，计划三年实现千人结对目标，建立定期帮扶机制，对和田当地建档立卡贫困户、低保户、生活暂时困难的青少年，用助学经费、礼物关怀、情感互动和两地互访等多种方式实现京和两地、维汉两族人民的交往交流交融交心，为和田青少年了解内地、见证祖国发展成就、拓展眼界视野和增强民族团结提供稳定的帮扶平台，不定期组织"北京爸爸北京妈妈"与和田孩子参与各类活动，两家互住互访，真正如亲人一般相待相助。

北京市援疆和田指挥部、北京团市委经过两年的共同努力，"我在北京有个家"北京爸爸北京妈妈结对认亲活动已经成为"京和一家亲"品牌活动。2018年6月，首批14名北京市青联委员与14名和田建档立卡家庭孩子在和田县第一小学结对认亲以来，活动得到了市青联、青企协、北汽新能源、女企协及社会各界爱心人士的大力支持。北京市女企协发动百名企业家，组成了百名妈妈团队。目前，活动已累计捐款150万余元。

图128　2018年6月20日，"我在北京有个家"——北京爸爸北京妈妈结对认亲启动仪式

春风送暖，感受浓浓亲情

北京团市委、北京市援疆和田指挥部创造机会邀请和田孩子们去北京

家庭团聚，让孩子们感受到来自北京家的温暖。2018年12月，北京团市委组织46名和田贫困孩子赴北京开展"我在北京有个家"北京爸爸北京妈妈结对认亲活动。活动期间，在北京奥运博物馆举行开营仪式，并带领孩子们参观中国科技馆、国家大剧院，在天安门广场感受庄严的升国旗仪式，在国家博物馆参观"改革开放的伟大变革——庆祝改革开放40周年大型展览"。由北京市青年联合会主办、北京青联女性成长学院承办的2018北京青联"爱·梦想"慈善夜——暨"京和结对亲"冬至团圆夜活动，进行了精彩纷呈的文艺演出、慈善拍卖和结对仪式活动，当晚共筹得善款近百万元，用于支持北京青联对口支援地区新疆和田青少年群体。团圆夜现场，来自新疆和田的46名小学生，与他们的北京亲人举行了感人至深的"京和结对亲"仪式。这些活动拓展了和田学生实践能力和认识视野，引领他们认识首都，了解国情，增强民族自豪感，感受来自北京爸爸妈妈及社会各界的温暖。和田孩子们纷纷表态"谢谢北京亲人的捐赠，我们以后一定会好好学习"！

为将"我在北京有个家"北京爸爸北京妈妈结对认亲活动引向深入，在北京市援疆和田指挥部、北京团市委指导，希望工程北京捐助中心、北京青少年发展基金会主办，北京市青年联合会、北京市青年企业家协会、北京市女企业家协会、共青团和田地区委员会、共青团第十四师昆玉市委员会的协办下，2019年4月，在和田市北京海淀小学隆重举办了主题为"我在北京有个家"春风送暖行动和田行活动。活动中，20名北京爸爸北京妈妈与他们在和田的孩子见面，开展了互赠礼物、共同绘制"送给祖国母亲的礼物"、爱心企业赠书、共庆生日、妈妈课堂等活动。和田市海淀小学小朋友还为活动献上了精彩的表演。互动交流中，北京爸爸妈妈的话语像春雨一样滋润孩子们的心田，孩子们的笑容像阳光一样灿烂。和田市拉斯奎镇库勒来克村小学二年级学生吐尔逊阿依·麦麦提艾力指着她与"北京妈妈"共同完成的一幅画并骄傲地说："这是我用张妈妈送我的橡皮泥制作的一个手工艺品，上面有我的北京亲人，穿粉色裙子的是我，我们是温馨的一家人。"12岁的阿卜杜许库尔·阿巴白克见到了日思夜想的"北京爸爸"并激动地说："特别喜欢这位从千里之外专程来看望自己的'北京爸爸'，收到了爸爸送来的崭新的书包、文具和书籍，我一定要好好学习，长大后想当一名军人，用自己所学的知识和本领保卫我们的祖国。"会场亲情满堂，感人至深。

图129 "我在北京有个家"春风送暖行动和田行启动仪式

2021年3月30日，"百年恰少年——京和两地一家亲 携手迎百年"主题活动在新疆和田县塔瓦库勒乡巴克墩村和和田市古江巴格乡托万古江村分别举行。来自北京的"我在北京有个家"认亲活动代表，在这里与维吾尔族小朋友认了亲，至此，1144名和田小朋友在北京有家、有亲人了。

心手相连，彰显社会大爱

"我在北京有个家"北京爸爸北京妈妈结对认亲活动通过动员社会爱心人士，从资金、物质及精神上多方位的帮扶，与和田家庭经济暂时困难的青少年结亲，提升青少年在物质生活上的需求和精神生活上的互动，让他们感受到来自远方亲人的关怀与温暖，使他们能够快乐学习、健康成长。虽然捐受双方两地相隔很远，但是通过彼此之间的书信往来、互赠礼物等互动方式，跟孩子成为朋友、成为亲人，建立起"不是亲人胜似亲人"的亲密关系。

活动搭建了"京和一家亲"的桥梁，与北京的孩子学在一起、玩在一起、成长在一起，通过实地参观爱国主义教育基地、红色旅游景点景区等活动，既提升了和田孩子实践能力和认识视野，开拓了思想和眼界，又让孩子们感受来自祖国大家庭和社会各界的温暖，更是激发起他们为美好未来、为建设美丽新疆之大美和田而努力学习的决心，打好其爱国热情、爱国之志的底色。

活动开展以来，持续受到和田维吾尔族青少年的普遍欢迎和北京爱心人士的大力支持，产生了很好的社会号召力、影响力和辐射力，更多的北京爱心组织、爱心企业和爱心人士纷纷表示要加入到帮扶和田发展、帮助孩子成长的团队中来。下一阶段，北京团市委将继续扩大活动规模，让更多的维吾尔族青少年在北京有个家，深度推进京和两地间的交往、交流、交融。

"保险+公益扶贫"构筑大病致贫返贫防线
——北京人寿开展金融扶贫案例

保险业在为自然灾害、市场风险、身体疾病、意外事故等重大损失提供保障的同时,与扶贫理念天然契合,其作为有效的抗风险手段是精准扶贫的有力武器与重要抓手。2018年2月成立的北京人寿保险股份有限公司是在北京市委、市政府的支持下,由国有企业、集体企业和社会企业共同发起组建的全国性人寿保险公司。该公司成立不久就设立首善基金,用"保险+公益扶贫"的理念,积极构建乡村儿童大病保障平台,为北京对口扶贫支援地区提供公益服务,助力脱贫。并积极开发健康保障产品,通过"保险保障+健康服务"方式,为防止因病致贫、因病返贫方面贡献自己的力量。

开拓"保险+公益扶贫"新模式

北京市扶贫协作和对口支援地区由于普遍自然条件恶劣,因病致贫、因病返贫现象十分突出。现有保障体系受病种、报销比例、保障额度、地域及家庭垫付模式等限制,大多数患儿在患病初期和中期无法得到及时、有效的救治,从而错过最佳治疗时间,发展成重病,最终导致死亡或放弃治疗。贫困地区多数家庭因负担不起昂贵的医疗费用而因病致贫,因病返贫。基于此,在精准扶贫的大背景下,北京人寿保险股份有限公司通过对部分贫困地区和贫困户的深入调研后,创新性地开拓了"保险+公益扶贫"新模式。通过北京人寿的商业型保险救助,转变以往患儿家庭需要向社会公开求助的思路,以大病医疗保险为抓手,为贫困地区患儿增加医疗保障,改善贫困地区青少年儿童的医疗现状，有效减轻患儿家庭的医疗负担。

2018年8月，北京人寿联合北京青少年发展基金会共同展开建立青少年儿童商业保险普惠体系的战略合作，并联合发起首善之约贫困青少年大病保险项目。"首善基金"通过与合作试点地区医保部门对接，积极响应国家政策号召，将"首善基金"的报销体系嫁接在当地基本医保体系，一方面可以提高报销效率，在患儿完成国家基本医保报销后，直接计算出"首善基金"的理赔金额并进行赔付，为患儿家长免去繁杂的手续，通过互联网减少柜台往返奔波频次，实现足不出户即可获得理赔；另一方面通过对健康风险识别、控制和干预为国家提供样板数据，最终实现"首善基金"所筹集的每一笔善款得到有效、合理的使用。

独创青少年公益大病医疗保险项目

（一）青少年公益大病医疗保险项目的特点

独创科学的保险模式。北京人寿首善之约贫困青少年大病保险项目作为国内唯一获得银保监书面批准的健康委托项目，秉持公益、零利润的原

图130　北京人寿保险股份有限公司与北京市援疆和田指挥部、和田地区行署、兵团第十四师昆玉市签署"保险+健康扶贫"战略合作协议

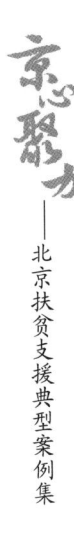

则，每年赔付后结余的保费将自动转入下一年，让每一笔善款得到更高效的使用。为患儿家庭争取医疗资金和公平的医疗机会，实现了由救急到救穷的转变，让每一个孩子都能有尊严的病有所医。

用保险理念替代传统公益。通过北京人寿的公益性质保险的救助，能够让患儿家庭更有尊严，在救助过程中，患儿家庭无须向社会进行公开求助，只需向当地社保或新农合提供住院资料，即可在享受国家基本报销的同时，享受到"首善基金"公益基金的报销。

点面均衡的保障方案。报销范围广，为试点区域所有参保、参合的0—16周岁儿童提供全国跨区域不限病种、可带病投保、无等待期的医疗保障，保障范围包括已患病儿童。

简便快捷的理赔流程。由投保单位为被保障地区适龄儿童参保，产生当期医疗费用的患儿家长只需按照当地社保农合部门要求提交银行账号、确认身份信息，即可获得赔付。

（二）青少年公益大病医疗保险项目的目标

1. 预防贫困地区患儿家庭面临的因病返贫、因病致贫等问题。通过为试点地区所有参保了城乡居民医保或参保了新农合的0—16周岁青少年儿童免费提供公益医疗保险，让患病儿童得到及时救助，让患儿家庭能够负担起医疗费用，减轻患儿家庭的经济负担，免于因病致贫、返贫，从医疗救治的基础上助力滦平县贫困人口脱贫。

贫困地区具有风险抵御能力弱的基本特征，因病返贫的现象时有发生，这使得脱贫工作陷入恶性循环，难以跳脱"年年扶贫年年贫"的局面，根据《中国西部发展报告（2012）》数据显示，我国西部部分地区的贫困人口平均返贫率为15%—25%，部分地区高达30%—50%，脱贫后返贫充分体现了贫困人口风险抵御能力弱的特征，因此北京人寿创新性地引入"保险＋公益扶贫"模式，利用保险的特点，精准识别贫困人口并提升贫困人口的风险抵御能力。

2. 提供试点样本及经验。以在多个贫困地区设立试点的形式，以"保险＋公益扶贫"为基本模式，为国家健康扶贫政策以及进一步优化国家大病医保政策提供更优质的试点样本和基础数据资料，协助地方政府降低政策落实成本，解决脱贫工作面临的几大难点和关键点，同时提高试点地区青少年儿童的医疗保障水平。以此为契机，推动金融扶贫、健康扶贫工作的进一步实施和完善。

3. 多方共创儿童大病救助平台。构建儿童大病救助平台，联合多种疾病救助机构，引入多家支持，在不同的贫困地区试点尝试更多救助模式，利用保险的特殊属性与精准扶贫的理念具有天然契合点这一特点，采用"保险＋公益扶贫"的理念，在减轻家庭经济负担的同时，给予孩子更丰富的医疗救助资源。

（三）青少年公益大病医疗保险项目取得的成效

北京人寿首善之约贫困青少年大病保险项目自2018年成立以来积累了丰富的贫困地区扶贫经验，积极保障贫困地区儿童的健康发展。2018年已和北京市对口支援的青海玉树地区、新疆和田地区、河北张承地区达成正式战略合作，并与内蒙古、西藏于2019年完成战略合作协议的签署。项目运营三年来已累计为25950名建档立卡贫困青少年提供健康保障，获得了社会各界的一致肯定。

巩固脱贫成果保险要发挥特殊作用

金融扶贫，保险先行。保险是社会发展的"助推器"与"稳定器"，扶贫工作中融入保险的特点和优势，有利于提高贫困地区抵抗风险能力，防止"因病致贫、因病返贫"。北京人寿积极响应国家政策号召，率先开拓的"保险＋公益扶贫"新模式，有效地将保险这一金融工具引入到北京对口帮扶地区的脱贫工作中，在提高当地青少年儿童的医疗保障、帮助患儿家庭减轻家庭负担、助推当地打赢脱贫攻坚战等方面做出了较大的贡献。

一是项目提供了扎实试点模型和数据信息，为大病医疗改革提供了决策数据和试点样本。项目实施及前期准备过程中，通过组织志愿者对试点地区进行实地调研收集真实、准确、翔实的经济和医疗数据，包括符合投保条件的人数、年龄分布、3—5年的社保医保数据、地域性多发病种等。项目过程中将收集到当地十分详细且具有可借鉴价值的统计数据，为当地政府探索建立青少年儿童的医疗保障体系提供精准的决策数据，为国家大病医疗改革提供扎实试点样本，降低地方政府落实经验成本。同时，通过对大量医疗数据的整理精算,提供不同地区发病率变化数据,为儿童疾病的预防、控制、治疗提供数据参考基础。

二是项目提供普惠化的保障方案,可推行范围广。50元可以为试点区域参保/参合的0—16周岁儿童提供全国跨区域不限病种的30万医疗保障,保障范围包括已患病儿童。基于此"普惠化"特点,未来可以在全国范围内推广,在为贫困家庭提供医疗保险保障的同时,防止家庭因病致贫、因病返贫,也可以让贫困家庭得到有尊严的救治,实现了由救急到救穷的转变。

三是创新扶贫新模式,促进多层次医疗保障体系建设。建立由公益组织、商业保险公司与地方政府共担风险的模式,打破各地社会保险资金池独立承担风险的现状。将家庭、社会保险、商业保险、社会救助力量四力合一,分散风险承担方式。贫困地区适龄儿童自动参保,家长无须另外提交申请。赔付流程自动完成,产生当期医疗费用的患儿家长只需按照当地社保农合部门要求提交银行账号、确认身份信息,即可获得赔付。目前,部分试点完成了与社保、新农合结算系统对接,医疗费用实时划分,家庭不用提前垫付,支持及时治疗。项目实现了多层次医疗保障体系的建设,切实提高贫困地区儿童医疗救助力度。

四是有利稳固当地社会保险。项目承包对象是参与试点新农合或城镇社保的儿童,因此将积极提升当地社会保险的参保率,这符合国家关于推进城乡社会保障体系建设的大方向,在帮助当地青少年获得医疗保障的同时,助推当地更好地推进国家政策方针。

"一只羊"助力科左中旗残疾人贫困户脱贫致富
——顺义区开展"我在内蒙有只羊"公益项目案例

助力贫困残疾人脱贫致富是打赢脱贫攻坚战的关键环节，北京市顺义区残联创新工作方法，联合顺义区工商联、北京市残疾人福利基金会携手内蒙古通辽市科左中旗残联连续两年发起"我在内蒙有只羊"消费扶贫项目，增强科左中旗建档立卡残疾人贫困户养羊的积极性，开辟当地建档立卡残疾人贫困户脱贫致富的新路径。

图131 "我在内蒙有只羊"公益项目宣传海报

因地制宜，开展特色扶贫

2017年，北京市顺义区与通辽市科左中旗开展结对帮扶，两地残联坚持"输血"与"造血"并重,把能够让残疾人贫困户参与度高、带动贫困户增收致富的特色农牧业确定为帮扶的重要方向。

科左中旗的羊肉远近闻名,肥瘦相间,肥而不腻,营养价值高,凡是品尝过的人都赞不绝口,辽宁吉林等周边省份的百姓都来这里品尝和购买羊肉。这里生长着紫花苜蓿等优质牧草,当地牧民采用青贮饲料方式,将玉米秸梗等粉碎打包存储,制作成营养价值高的天然饲料,不添加防腐剂等。

2019年,顺义区残联与北京市残疾人福利基金会、顺义区工商联、爱心企业家到科左中旗残疾人家庭、养殖基地、屠宰场等实地调研,多方深入了解科左中旗残疾人的具体情况,结合当地农牧业实际特色,共同发起了"我在内蒙有只羊"消费扶贫公益项目。确定由一家养殖基地从残疾人家庭购买三个月龄羔羊,统一饲养管理,统一屠宰、分割包装,检验检疫,经过调研,当地市场一只达到出栏标准的成羊价格在1700—1800元之间,当年8月北京市民出资2000元即可认购一只科左中旗建档立卡残疾贫困户家中饲养的羊羔,来年春节前,可收到宰杀好的整只肉羊。

优化项目,提高助残覆盖面

"我在内蒙有只羊"公益项目不仅通过合作社上门采购羔羊,帮助残疾贫困户解决肉羊销售难和出行难的问题,更重要的是,还能给残疾贫困户带去分红受益。

2019年是"我在内蒙有只羊"项目执行的第一年。工作组确立了先试点再推开的工作原则,选择了胜利乡作为试点。经过前期的考察、调研、宣传,共有北京市爱心市民和企业认购了233只科左中旗建档立卡残疾贫困户家中的肉羊。由于胜利乡残疾人养羊户不足,故第一年采取合作社代购残疾户分红的形式。2019年共惠及建档立卡贫困残疾户20户,受助金额每户2000元,增收资金总额4万元。

2020年是"我在内蒙有只羊"项目的第二年,经过前一年的探索和总结,2020年对项目模式进行了优化。首先,受益范围扩大。2019年是探索期,仅仅覆盖当地少量残疾贫困户家庭。2020年项目受益范围将扩大至科左中旗所有293户建档立卡残疾贫困户。其次,当地养殖合作社基地承担重要工作。从科左中旗每户建档立卡残疾贫困户家中收购羔羊，统一喂养、宰杀、包装及运输，避免出现残疾贫困户家中羔羊生病、死亡、被盗等问题，将风险转移到合作社基地来承担。

科左中旗胜利乡音德日吐嘎查的残疾贫困户肖连权一家，连续两年都参加了"我在内蒙有只羊"项目。2014年肖连权突发疾病，在北京看病住院，花光多年积蓄，还欠下30多万元外债。肖连权身体状况不佳，基本失去劳动能力，常年需要人照顾。妻子施淑辉扛起整个家庭的重担。2019年夏天，女儿考上了内蒙古科技大学，原本就生活捉襟见肘的家庭，又增添了女儿大学学费和生活费的负担。养羊成为整个家庭的最主要收入来源。2019年底，肖连权家从"我在内蒙有只羊"项目中收入5500元，解了燃眉之急。2020年，项目继续从施淑辉家中收购羔羊。

在科左中旗，还有很多像肖连权家这样的残疾贫困户，或是因病致贫，或是因病返贫，或是因残致贫，还有一户多残的情况，通过"我在内蒙有只羊"项目，众多残疾贫困户从中受益。

精准扶贫，履行企业社会责任

2020年，"我在内蒙有只羊"公益项目得到了很多关注和支持，北京爱心市民和爱心企业共认购500多只羊。例如，华贸集团一直关注并支持扶贫助残公益事业，两年来，已累积认购200只羊。两年来，该项目共筹集善款140余万元，购置内蒙古通辽贫困残疾人饲养的肉羊700多只，帮助受援地区293户建档立卡贫困残疾人家庭每户增收2000元。

虑于民也深，则谋其始也精。在北京市残疾人福利基金会、顺义区残联、顺义区工商联和科左中旗残联的联合推动下，"我在内蒙有只羊"项目这一创新型扶贫模式，让更多的社会组织、企业、个人参与到脱贫攻坚战中。2021年，顺义区将"我在内蒙有只羊"公益项目推广到另一个结对帮扶地区——赤峰市巴林左旗，扩大帮扶范围，助力更多脱贫残疾人巩固脱贫成果。

后　记

　　诺贝尔经济学奖获得者约瑟夫·斯蒂格利茨曾经断言，21世纪影响世界的两件大事，一是美国的高科技革命，二是中国的城市化。中国城市化的核心问题是消除城乡二元结构、实现城乡融合发展，这既是实现共同富裕的一项重要要求，也是共同富裕目标的重要内容；同时，消除城乡二元结构、推进城乡融合发展的过程也是推动共同富裕的必要途径。遵循这一逻辑，作为一家研究城市问题的社会智库，北京国际城市发展研究院一直以来都将贫困问题和乡村振兴作为重要研究内容；而致力于推动政府决策科学化和民主化进程的首都科学决策研究会，也充分发挥自身"服务决策、服务发展、服务民生"的信息智库优势，积极参与到北京市扶贫支援工作中。

　　基于对贫困问题、乡村振兴、区域发展等的共同关注，2018年，北京国际城市发展研究院、首都科学决策研究会与北京市扶贫支援办（现更名为北京市支援合作办）联合成立了北京市扶贫协作和支援合作研究中心，陆续开展了系列调查研究工作，形成北京市对口支援西藏拉萨、新疆和田、青海玉树、河北、内蒙古"精准扶贫模式和对策研究"系列报告，以及《北京市深化区域合作研究——以区域联动推动消费扶贫为例》等研究报告，为北京市助力受援地打赢脱贫攻坚战提供决策参考，并受委托完成了《北京市"十四五"时期支援合作发展规划》《京蒙协作"十四五"规划》等规划的编制工作。同时，在广泛深入调研的基础上，北京国际城市发展研究院、首都科学决策研究会积极参与到"总结宣传北京扶贫支援工作成果、讲好中国脱贫攻坚的北京故事"工作当中，推出了《减贫调查——中国脱贫攻坚的北京实践》《京心聚力——北京扶贫支援典型案例集》《首善答卷——北京市助力脱贫攻坚纪实》等出版物，从不同角度、不同层面展示北京市助力受援地全面打赢脱贫攻坚战的重要历程、伟大实践和丰硕成果。

《京心聚力——北京扶贫支援典型案例集》是参与北京市扶贫支援工作各方共同劳动的结晶，我们只是做了汇编和后期加工工作，借此机会向北京市支援合作战线广大干部人才致敬！本书在编辑过程中得到了北京市支援合作办全方位的大力支持，包括提供资料、图片、协助调研、提出指导意见、经费支持等，在此表示衷心的感谢！北京出版集团领导对本书的出版高度重视并给予全力支持，责任编辑侯天保从书名、内容、设计、审校到最终出版提出许多宝贵意见和建议，在此也特别表示感谢！

不忘初心，方得始终。北京国际城市发展研究院、首都科学决策研究会将继续与北京市支援合作办开展合作，为做好北京支援合作工作、讲好北京支援合作故事贡献力量、奉献更多成果。

在编写本书过程中，我们尽力搜集最新资料、吸纳最新观点，以期丰富本书的内容和思想。尽管如此，由于条件和水平有限，书中难免有疏漏和差误之处，恳请广大读者批评指正。

编 者
2022年3月